吴启川 著

寻路非遗

择一事 爱一生

中国人民大学出版社
·北京·

序 言　　　　人活一"嗨"，别活一"该"

　"活"的

　　台北"故宫博物院"珍藏着一幅南宋画家李嵩的名作《市担婴戏图》：老货郎肩挑如山杂件，于清爽秋日摇动蛇皮拨浪鼓招徕买家，回身之际，已有妇人拖儿带女围拢过来，性急的一个小儿更是探足登架自个儿抓取了，讨价还价声不绝于耳，古柳萧疏野趣盎然。如果仔细端详这 25.8 厘米 ×27.6 厘米尺幅之内的细节，扁担货架上的各式玩意儿，才令人叫绝。六层商品，包罗万象：茶具、杯盏、木桶、针线包、草帽、扇子、灯笼、号角等日用品，木叉、斗笠、锯子、锄头等生产用具，风筝、葫芦、弓箭、小旗、噗噗灯、不倒翁、动物玩偶等儿童玩具，花灯笼、扇子等饰品……画上款识显示，货品足足有五百件之多。细心的画家生怕观者看不仔细，特意给部分货品标注了名称，如"仙经""文字""山东黄米酒"。今天的人们睹物思人、念旧，遥想货架上凝聚了古代工坊人力物力所造、所酿的大小物品，怕是又要生出几声慨叹：手艺美好，多已失传！

　　画上的货郎应该无法理解后人对手艺的珍视，更无法理解，遗落民间"野生散养"的活计，竟会上升到民族文化的高度，被加以仰望与传承。如果货郎知道，到了公元 2020 年，有一位李姓女子"仅凭"弹棉花、榨茶油、割猪草、筛糠子、下灶台等"田园手艺"就可引来海内外的 1 160 万拥趸，有一位木匠"阿木爷爷"凭一段造木拱桥的视频和纯手工的卯榫绝活，就能在海外社交媒体收

获 4 200 多万次的观看点赞……货郎老哥怕是要吓一个屁股蹲儿，摸一摸脑门儿，掐一把自己："我没发烧吧，不是做梦吧！"

生活是"活"的。在如今的文化语境里，"非遗"与"传承人"正在成为"显学"甚至"风口"，传统文化为地方文旅、乡村振兴不断赋能，成为人民群众的道德滋养、城市发展的内生动力。提到非遗，人们好像都能说出几样自己的亲身经历；有些手艺成为地方品牌，改变了过去无人问津的处境，有些人借助视频平台成为网红，生活条件得以明显改善；急切的呼吁少了，假大空的口号少了，多了的是云淡风轻的雅致，慢生活与慢文艺的"范儿"。

但需要指出的是，大多数非遗代表性传承人的人生走向，不会因为受到关注的几篇文章、几段视频就得到彻底改变，他们默守的坚持的东西、玩意儿、信条、习俗，早已历经千百年，自有定数。外界红尘滚滚，内心波澜不惊。这份淡然，对当下的时代来说，更有力量。

还需要指出的是，非遗代表性传承人，不是非遗的全部，也不是传承人的全部。他们当然是代表，是所在门类、项目里的高度与标尺，可是，与他们同样站立在山村与工坊里的其他同行、传人，一生劳苦，寂寂无名，甘守本分，一样值得被看见、被记录。正如冯骥才先生所说：在民间文化中，传承人是自然存在的，无须命名。学界眼里的传承人，是某一种代代相传的民间技艺的执有者，往往不是一个人，而是一个群体。政府的"代表性传承人"多是一个人，是人为确定、命名的，是政府保护非遗的一个"抓手"。但这种行政化的"代表性传承人"是否可以确保遗产在民间真正活态地存在与传承，还有待观察与探讨。

具体到每一个人，他们把个人际遇揉搓在故土思绪里，写出绝不雷同的悲欢剧本：物华天宝、人杰地灵、富足农家、渔船倒影；家族悲辛、命运捉弄、因艺遭罪、受尽白眼；在迁徙的来时路上几代人步履蹒跚，在等待被看见的岁月里打转转，在几起几落里感受世态炎凉人情冷暖……这些都是活生生的回忆，是坐在家里对着电脑永远编不出来的故事。

寻路非遗，因缘际会下我有幸得见更多亲切、鲜活、灵动而值得敬畏的人生，那些年至耄耋甚至行将殁去的传承人，用尽一生择一事，守护着或许永远都不会被看见的技艺、信俗、讲述，他们从未奢求被看见，但当真的有人叩门而入，他们又是那样满足与欣慰。这一路的寻访，使寻访者自己也慢慢变成了一个小小的学徒。

🌀 记录

大约从2013年起，我开始误打误撞地接触到"非物质文化遗产"这个领域。先是对部分特定项目有了大致的了解、感受，如参与策划、撰写了关于辽宁各地秧歌的12集系列专题片《辽海情韵》。但那时我仅是觉得，这就是自己从事媒体记者、编辑工作之余的"捎带手的事儿"，基于老资料素材的整理，加上若干专家的点评，撰稿人的架构腾挪，似乎就可成文成片；至于对"非遗"二字的深刻理解，对传承人的深入探访，对行艺、守艺背后的人情、人性的挖掘和敬畏，还谈不上。

到了2015年，国家图书馆中国记忆项目中心受原文化部非物质文化遗产司委托，针对全国各省市的高龄非遗传承人，启动了抢救性记录工程，以传承人个体为单位，按照口述访谈、项目实践、传承教学、综述片等类别，逐年记录，年年验收。我有幸被辽宁省非物质文化遗产保护中心邀请，成为记录团队的一员，时至今日，已经对辽宁省内的共计23位国家级代表性传承人进行了探访，而这项工作至今还在进行中。

在参与辽宁省内的传承人探访的记录工作之余，承蒙国内首家非物质文化遗产资源整合专业服务机构——广州文木文化发展有限公司的信任，我跟随文木团队，开始将寻访的视野投向全国更多省市，如浙江、青海、甘肃、北京、广东等地。这进一步让我丰富了见识，增加了体认。东西南北中各省区市瑰丽而迥异的人文风貌，也令我的采访笔记变得越来越厚重。除了案头工作和前期的文字积累，在参与每一部传承人综述片的撰稿工作的同时，我也开始有意识地思考，自己是否应该做些什么。

数字化的技术手段，自然是对传承人个人生命历程的最直观有效的展示，可白纸黑字的描摹，画里画外的微妙观察，以及记录者个人的直观（甚至主观）感受，同样可以算是抢救性记录工程的一种补充。毕竟，绝大多数传承人都是藏身乡野、太久不被外界关注的平凡老人，应该尽可能多地为他们留下各种记录素材。

在寻路与记录的过程中，我曾有幸聆听民俗学大家乌丙安先生的几次授课，那是乌老离世前对"做学问"的郑重叮嘱。他说："世界广大，随着自然环境的变化，人类的文化生活往往呈现出多样面貌。动植物、人造物、信仰习俗、社群组织往往并不是孤立的单一现象，其背后的联系和学问，需要在地方性的观察和深入的田野工作中挖掘。"对于具体个人和具体故事，他说："学术研究有其严肃性，但使思想焕发生命力往往需要趣味性。生动的故事、深入浅出的表达以及符合当代价值观的演绎，是物质和非物质文化传承中必不可少的重要部分。"这是乌老留给我们

的最后一课，需要我们用漫长的时光、更加敬畏与谦卑的寻人问道之旅，去咀嚼和体悟。

寻人一旦开始，问道便不会停。每一位传承人，性格不同，表达能力不同，与人相处的方式也不同，让他们尽可能多说几句的难度，也各不相同。

在对辽西木偶戏传承人王娜的记录中，我历经近三年时间，才终于走进这位默默固守在锦州的"一个人挑起一个团"的老艺人的内心世界。从对王娜个人的四次正式访谈和多次补访，到对其徒弟、亲友及周边其他人的外围访谈，再到两次陪同王娜进京，分别拜访年至耄耋的辽西木偶风云见证者关维吉、满书香两位名师以及享誉国际的中国木偶皮影艺术学会会长李延年……我甚至跟着王娜的徒弟一起练习木偶艺人的"举功"，站在原地单臂举起木偶30分钟，在那个过程中，我好像已经从记录者变成了参与者。

我总觉得：越是乏人问津的民间"小"团，越是身单力薄的执拗团长，越值得我们努力挖掘人与艺对望痴守一瞬一生的全部过程。

而与人打交道，其实也是在与整个师徒团队、行当规矩、传承人周边关系网络打交道。坐在评书大师刘兰芳的家里，我先访问的是刘兰芳的两个儿子：王岩、王玉。大儿子王岩先哭了，王岩说："希望母亲也能像普通老太太一样，别再那么风风火火地四处演出讲座，慢下来，过正常的退休生活。"二儿子王玉讲起刘兰芳20世纪80年代初不顾安危赴老山前线慰问演出的场景，又反过来把我感动得热泪盈眶。抢救性记录，根本不是一般意义上的采访工作，而是让我也开始如痴如魔的修身之旅，越问越想多问，越写越想再写下一个，透过字迹与文稿，感受传承人们额头上的汗水，触摸到他们手中的温度。

🌀 告别

人，是衡量万物的尺度。非遗保护传承的核心问题，即传承主体——传承人。历朝历代的手艺人、讲故事的人、演唱史诗的人、沿袭信俗的人，大都没有留下名字，人们赞叹传统文化的美妙绝伦，却往往忽略艺术瑰宝、民族遗产背后藏着的到底是谁。找到传承人，才是找到保护和传承的根。

在脾气秉性各不相同的传承人身上，我看到了一个值得敬畏的共同点，就是文化的生命力，就是人对文化的情感。因为有了每个热爱和实践非遗的人，哪怕平凡，哪怕寂寞，非遗才得以存在，得以延续。而他们的这份初心与执守，也回过头来激励着作为记录者的我，激励我通过不懈的努力与时间赛跑，赶在传承人年华老去之前，完成对他们的寻访，将他们的人生经历、精神情操、文化造诣，都凝结在文稿之中。

寻访，每次启程都是风风火火、急三火四，因为时间真的不多，因为有太多的来不及、来晚了。有些人还未找到，已经离世；有些人刚刚接受过一两次访谈，已经不能开口讲话；有些人把人生中最后一次正式访谈留给了我。这些，都让我不得不随时出发，不得不一直在路上。

2017 年 9 月，鞍山，一代评书大师单田芳先生，强撑病体，接受辽宁省非遗保护中心采录团队的抢救性记录，留下了长达 5.5 个小时的珍贵口述，这是单田芳留给书迷和时代的最后一次权威讲述。2018 年 9 月 11 日下午 3 点 30 分，单田芳因病逝世，享年 84 岁。在对单田芳进行访问时，他曾把我叫到身前，轻轻拍了一下我的手说："好好写。"

我曾看过一段影像资料：精怪的传奇渐行渐远，善念的因果总有归处，盘腿坐在炕上的老妇娓娓道来，这是辽西蒙古族群众数百年沿袭下来的讲故事传统，一头系着族群血脉，一头连着土地乡愁。镜头中的人叫刘永芹，是喀左（喀喇沁左翼蒙古族自治县）东蒙民间故事国家级代表性传承人，在生命的最后时刻，她借助当地文化部门的简易设备，把藏在心底的故事尽数留给后人。她没有等到系统的抢救性记录工作团队的到来，便于 2017 年 12 月 29 日去世，享年 71 岁。

刘永芹已经不在了，可我还是去了喀左，想尽力还原刘永芹在世时讲述故事的场景，以及探究东蒙地区民众在由猎转牧、由牧转农的曲折漫长历史进程中的微妙变化，是如何通过故事的题材、人物、情节一一展露的。我知道，"浪再大挡不住鱼穿水，山再高遮不住太阳红"。一转眼天就亮了，一转眼北国又是一年。生命会循着四季的节点演变，盛衰枯荣，自有代谢。但既然有人走过，地上便一定会留下故事的影子。

生是偶然，死是必然，故事则成为生命的一种念想，留在家人心里。付连玉是刘永芹的老伴儿，他坐在我的身边，把刘永芹遗憾中断的故事重新讲起。这段故事叫《天成观石狮子偷吃豆腐》，是刘永芹生前最爱讲的故事之一，付连玉的讲述，多少能为无法目睹刘永芹讲述风采的后人留下几许安慰。

我还遇到了靳宏琴老师，她是喀左当地最早进行民间故事采录的有心人之一。她除了向我还原了刘永芹当年被发现的过程，还跟我提到了一位白大娘临终时的往事：那个白大娘也是个讲东蒙民间故事的好手，有一天早上她把最华丽的衣服都穿上，蒙古头梳上，簪子戴上，跟她的儿子说，这么多年我什么也没给你们留下，一个元宝都没给你们留下，我没有别的本事了，只有一肚子的嗑，给你们讲的嗑，给你们唱的歌，你们记下吧。于是，白大娘从早上到中午就坐那儿讲，讲累了就躺那儿讲，一边讲一边唱，一边唱一边讲，一直到后半宿、到第二天早上天亮了老太太还在讲，再过一会儿太阳快出来的时候，老太太平平静静地咽气了……

　　我们接过母亲手里的剪刀，接过父亲手里的影人，接过师父传下的衣钵，我们讲故事、唱民歌、过年过节……我们日常的生活方式，这些普通的俗常岁月，都因为对非遗的重视而获得了前所未有的文化意涵，具有了重要的文化地位。《中华人民共和国非物质文化遗产法》于 2011 年 6 月 1 日开始施行以来，整个社会对非遗的尊重意识、保护意识和传承意识有了很大的提高，"保护"和"传承"这两个词从来没有被这样强调过，非物质文化遗产保护唤醒了民众对于中华民族文化传统的尊重、热爱和自豪。正因为这样，寻找探访的脚步才一刻不能停歇，突然来临的告别才会那样令人惋惜。对传承人们的技艺，我们必须争分夺秒地"记艺"。

❧ 人情

　　人活一"嗨"，别活一"该"。这是生活在郑州的撂石锁国家级代表性传承人沈少三的一句名言。重达三五十斤的石锁在空中翻飞落下时，他用头接、用拳接、用掌接或用肘接，整套动作行云流水，看似轻巧，实则惊险刺激。原来，河南不光有少林绝学，还有深藏不露的高手在民间。在关于沈少三的纪录片里，有一个画面十分"抢眼"：年近九旬的他还在带徒传艺，而年青一代的撂石锁翻花，拳、肘、三手指接法等方面的技艺，与老人相比竟然落在下风。面对后继无人的江湖，老人坐在一把粉色塑料凳上，沉默不语。

　　关于这个画面是否应该保留，我与负责拍摄的导演曾有过一番交流。导演觉得粉色凳子与大师身份不符，画面也突兀，因此颇为犹豫；我的建议是保留，而且一定要有这个画面。叱咤风云的"一代跤王"、武术大师、非遗传人，在人生暮年仍是壮心不已，哪怕面对时代变迁力有不逮、"大师孤独"，坐在格格不入的粉色塑料凳上，依然保有威严，固执地坐在自己的"席位"上，旁观徒子徒孙们的业余动作，心中的傲、眼中的神，一样不少，没变。老爷子这一辈子，多酷，多倔，多嗨。

　　如何理解沈老的那句关于"嗨"与"该"的话？字面意思其实已经无比明显，前半句是酣畅淋漓的快慰，后半句是洒脱率真的慨叹：人生在世能几时，活就活个痛痛快快，别到头来只剩下一个"该"字，那得是多么无趣、无奈……此处不妨再插播一段我喜欢的歌词，有首歌叫《生活就是这么怪》，是这么唱的：人生它也是这么怪，命运也把玩笑开，想要得的你得不到哇，没想得的那个它还来了，活着就要愉快快吧，憋了巴屈划不来，有钱没钱实实在在吧，无忧无虑耶欢乐开怀吧……

人情与人性，透过对"嗨"的取，对"该"的舍，好像都出来了吧。

江湖路远，儿女情长。评书大师田连元先生对我说，"会讲的讲人物，不会讲的讲故事"。长枪短炮的故事花里胡哨，力透纸背的人情、人心、人性才是根本。

在沈阳市黄家乡八家子村，有一位锡伯族老人，他叫吴吉山，是锡伯族喜利妈妈信俗国家级代表性传承人。2020年1月10日（农历腊月十六）我第一次见到他时，老爷子卧病在床。一次意外的摔倒，让身板一向硬朗的吴吉山无法像往年一样主持对喜利妈妈的敬祭仪式，这一年到底由何人主持这项在吴家已有三百多年历史的信俗活动，成为一个悬念。略显紧张的吴英明，是吴吉山的长孙，平时在市里的一家外贸公司工作，偶尔才会回村。几乎没有什么争议，他就成了唯一的人选，因为他从出生的那一刻起，就注定了与吴家的喜利妈妈信俗紧密捆绑在一起。按照锡伯族的传统，请立喜利妈妈，只有三代同堂且抱了孙子的才有资格。长孙吴英明出生于1987年，吴吉山在1989年农历腊月十六长孙年满两岁的时候，按照母亲留下的喜利妈妈进行仿制，并正式请立。从那时起，爷爷每年的恭请就伴随着吴英明的记忆，而吴英明个人的成长，也融入在喜利妈妈绳索上的挂件里，成为他这一代吴氏传人的缘起。

生命终将衰老和逝去，年俗却在一代代族人的手中虔心传承。在炕上养病的爷爷，瞪大了眼睛注视着孙子略显生涩和紧张的每一个动作，那是无声的祝福与宽容的肯定。

除夕那天，我又去了一次吴家，观看吴家人面对祖先如何恭请、上供、敬香、祝祷。严苛的仪轨各有讲究，对吴英明来说，祖先留下的深意，也许还需要更多岁月的磨砺，才能透彻感悟。可是这最难的第一步，他终究是成功地迈出去了。

人生有涯，记忆成为代际传递的光和热。鞭炮骤响，合家欢聚，新的一年开始了。

囿于篇幅，吴家人、王娜老师、喀左东蒙民间故事家群体，都没被写入本书。其实这种缺憾在任何一本与非遗传承人有关的书里，或多或少都会出现——他们的故事怎么可能写得完、写得尽？这份小小的遗憾，只能留待将来持续弥补了。

致谢

一路寻找，一路记录，我在整理本书所有文稿的过程中，也难得有机会重新回看过去这几年里自己的所遇、所交、所思、所悟。如果没有抢救性记录工程这一额外的工作，我应该还只是一个各类文艺活动的热心观众，一个民间手艺的旁观者。而进入非遗抢救性记录工作日久，也就有一些叫作情怀的东西，在心底里慢慢变烫了。

感谢中国民俗学会副会长江帆教授、文化学者王光老师，以及一路走来给予我专业指引的各位学者、专家、师友。感谢可爱而可敬的各省市非物质文化遗产保护中心工作人员，特别是辽宁省非遗保护中心的宋晓冬主任、赵瑞雪副主任、张晓清事务委员，以及尹忠华、高旭、王舒宇三位挚友。

感谢中国人民大学出版社各位编辑老师的认真审读校阅工作。

本书所配图片，大部分由本人在寻访、采录现场用两部手机拍摄，小部分由传承人或非遗保护中心授权提供。由于分属不同地区、时间跨度较长，个别图片拍摄者姓名佚失，特致歉意。

最后，向本书提及或因篇幅所限暂未提及的各位非遗传承人深深鞠躬，你们的慷慨与情谊，铭记于心，深表谢忱。

天地有盛意，山水总相逢。

吴启川

2020 年 9 月 1 日于沈阳

目 录

卷一

说者

拥书笑谈陈酒香

——北京评书国家级代表性传承人单田芳

　　2017年9月，最后一次在鞍山见到单田芳先生，他是被女儿单慧莉、助理何龙海搀出来的。坐在轮椅上的他，除了头发完全变白之外，面容、神色，甚至沙哑的嗓音都与平时在电视上说评书时没太大区别，有问有答，保持着一贯的睿智与幽默，对早年间的学艺往事，对门内前辈、师友的回忆，对经典作品的短暂示范，张口就来，毫不含糊。如果闭上眼睛，怕是还会产生一种错觉：单田芳还能说书，宝刀不老哇！但时间稍长，就能看出他的身体已至秋暮，半个小时之后，单老咳嗽气喘，连连摇手，指着自己的肺部说："不行了，喝茶都压不住（咳嗽）。"

　　我凑近他的耳朵，对他说起，小学一年级的时候，我在姥爷家的板凳上捧着收音机听他的《封神演义》，错过了下午上学。单田芳嘿嘿直乐，过了一会儿回过神来，问了我一句："小子，你是来干吗的呀？"我说我是来给你写文章的。他又乐了，拍拍我的手："好好写。"就这样，在三天时间里，他断断续续地讲了五个半小时，把这一生的辛酸与荣耀，苦衷与无奈，人情与冷暖，尽数道来。几乎可以肯定，这是他留给书迷的最后一次权威讲述。

一年后，单老辞世。百年曲艺世家，尽说英雄血；耄耋评书大师，一生悲欢泪。从 22 岁名声鹊起的"板凳头大王"，到荒唐年代远离书坛的人生苦痛，再至重出江湖 50 下海的"北漂"岁月，直至年过八旬壮心不已、再说天下风云的挚爱坚守，"凡有井水处，皆听单田芳"，这位北京评书国家级代表性传承人跌宕起伏的从艺经历，伴随了几代评书迷的心灵共振与乡土情怀。探寻单田芳评书艺术的传承缘起和形成的过程，也如完成近百年来书曲行当的文化拼图般，令人心生向往又无限感慨。

🌀 稚音初啼是世家　因病退学要下海

"世上行当甚多，唯有说书难习；评述说表非容易，千言万语须记；一要声音洪亮，二要顿挫迟疾；装文装武我自己，好像一台大戏。"说书讲古，寄托着中国人对孝悌忠信、礼义廉耻的信念情怀，这门古老的曲艺形式自古有之，名家辈出。被评书演员奉为鼻祖的明末清初说书先生柳敬亭，曾被诗家赞誉：荡荡波涛瀚海回，林林兵甲昆阳集。座客惊闻色无主，欲为赞叹词莫吐。自那时起到 20 世纪 30 年代，"开口饭"延绵数百年，京津和关外渐成书曲重镇。

1934 年，单田芳（原名单传忠）出生在天津的一个曲艺世家。外祖父王福义是闯关东进沈阳最早的竹板书老艺人；母亲王香桂是 20 世纪三四十年代著名的西河大鼓演员，人称"白丫头"，父亲单永魁是她的弦师，夫妻俩妻唱夫奏，先在天津的茶楼演出，后乘船到辽宁省营口市；大伯和三叔也都是西河大鼓、评书演员。

单田芳耳熏目染，"祖根儿"传下来的说书种子悄悄萌芽。5 岁那年，单田芳被抱进书场，先是跟在母亲身后扇扇子，扇累了就去台下找个座儿，老老实实蹲那儿。没想到，在书场泡了没几天，小小年纪的他就让王香桂的《呼杨合兵》给俘虏了，也不淘了也不闹了，直勾勾地跟着鼓词指引，进入故事深处。散场后，一个姓张的邻居拿他打哈哈，问道："大全子（单田芳乳名），今天听的啥书哇？"单田芳张嘴就来一句："听的是，小黑儿找老黑，老黑救小黑儿……"老张头一皱眉让他说明白点儿，单田芳清清嗓子就开始模仿自己从母亲那儿"趸"来的《呼延庆上坟》，小嘴"叭儿叭儿"地串讲到最后，重要的"扣子"（书中情节发展到关键处时，中止叙述，故意打结。俗称"悬念"）也没咋丢。这把旁边的单永魁、王香桂都给听愣了，看来这小子天生就是吃这碗饭的料哇！

上学后，单田芳边读书边帮助父母抄写段子、书词，十三四岁时就已经能记住几部长篇大书。

1953 年，单田芳高中毕业后考入东北工学院，但因病退学，又因家中经济陷入困顿，遂拜沈阳评书老艺人李庆海为师，取艺名田芳。

李庆海，名满关东的曲艺界老前辈，也是单家的至交。李庆海非常看好单田芳的"慧根"，隔三差五来单家串门的时候，总是明里暗里拿话点老哥们儿单永魁，夸他儿子："大全子是块好材料，肚子里有墨水，要是学说书，将来必定是一员大将。如果你和孩子都愿意，我愿意当大全子的师父。"自己的儿子被同行夸赞，单永魁心里高兴，却不松嘴。作为圈里人，他深知作艺的艰辛，都说"耕读传家，诗书继业"，"臭卖艺的"算老几呀，不到万不得已，怎么肯让自己孩子"吃开口饭"？因此，李庆海说一回，单永魁就打哈哈搪塞一回。直至单家后来因故衰败，生活无着，李庆海才再次旧话重提，这次他不但找到了单永魁，还单独找单田芳谈了一次心。他给单田芳打强心针："你说书，得天独厚。一，门里出身，长期熏染，娘胎里就带着功底，你不出来谁出来？二，你和其他说书的不同，你有文化，有见识，如今书曲界就缺少你这样的。"三说两说，单田芳心思活动了，李庆海"上赶着"求徒弟，终告成功。

单田芳生前最后一次接受访问时的场景

按照曲艺行的辈分，李庆海是"庆"字辈（"庆"字有赵连甲辈的父亲赵庆山、田连元的父亲田庆瑞等人），排到自己的徒弟一辈应该为"田"字辈，于是，归入"田"字辈的大全子，改名单田芳。

1954 年，单田芳正式下海，其间在辽宁大学历史系函授学习，1956 年成为辽宁省唯一具有大学文凭的评书艺人，放眼全国也是凤毛麟角。也是在这一年，他参加了鞍山市曲艺团，由旧时个体卖艺的艺人转为集体编制的正式演员。

钢都登台遇贵人　澡堂子里与师爷过招

单田芳的评书里，俗语艺谚极多，如这么一句：挨金似金，挨玉似玉；守着金銮殿，准长灵芝草，挨着臭茅房，准长狗尿苔。话糙理不糙，用雅致一点的词形容，两句话可以概括：近朱者赤，近墨者黑；圣人无常师。

在曲艺江湖上谋生，同样需要博采众长。正如单田芳《白眉大侠》里的"书胆"徐良，扬名天下的路上，那是由多少位侠客、剑客组团施教才成了大器，其中包括"云中鹤"魏真、"金睛好斗"梅良祖、"飞天魔女"龙云凤，以及"天聋地哑""春秋四老"等。

书中如此，生活中的说书人更要如此。辞别恩师李庆海，单田芳到了鞍山，依然贵人不断。

鞍山，是中国评书发展史上绕不过去的地界。新中国成立初期，12 万鞍钢产业工人让这座"北方钢都"在市井生活的趣味层面格外夺目。工人们稳定的收入、匮乏的业余文化生活、三班倒的工作性质助推民间娱乐的勃兴发展，全国各地的曲艺演员为生计奔波而云集鞍山，名家名角纷纷落户。

著名评剧表演艺术家李少岩、西河大鼓艺术家黄佩珠夫妇，对于那一时期鞍山的曲艺氛围曾有过一段讲述：鞍钢初建时工人多，文艺生活却相对单调乏味，所以到这里（茶馆）捧场的观众很多。当年听一段评书为 5 分钱，一场三小时共 6 段，加上一壶茶水，每场消费也得 5 毛钱左右。不过即使价格不菲，仍然有很多听众，爆满时一个茶社能有 300 人。

单田芳进入鞍山市曲艺团后，遇到了西河大鼓名家赵玉峰和评书名家杨田荣。辈分上，前者是师爷，后者是师兄，门内情谊深厚；业务上，前辈对单田芳更是倾囊相授，多加指点。短短几年，单田芳艺术水平大有长进。

师爷赵玉峰（1894—1971）可不得了，被誉为天津西河大鼓"三杆大旗"之一，幼年流落天津，初学京韵大鼓，后改学小北口西河大鼓。11 岁开始卖艺，青年时已崭露头角。他的演出活动多在天津、北京、沈阳、抚顺等地，颇负盛名。他一生虚心好学，努力探求，终于形成了自己的艺术特色，成为西河大鼓赵派创始人。他擅长的传统书目有《三侠五义》《隋唐》《包公案》等。新中国成立后，他还积极编演现代题材的书目如《烈火金刚》等。说来也巧，赵玉峰落脚鞍山，团里分配住房，单田芳与赵师爷正好是楼上楼下，俩人接触颇多。

2017年9月9日，单田芳在接受北京评书国家级代表性传承人抢救性记录摄制组采访时，曾谈及与赵师爷的交往细节。赵玉峰不但对单田芳的评书表演予以指点，两人之间也有业务上的平等对话。赵玉峰当时登台说《明英烈》，单田芳坐在台下认真地听，发现叫好不叫座，观众稀稀拉拉，能容得下200多人的茶社，只有寥寥几十位听众。"师爷年岁也是大了，《明英烈》只有一个'荒梁子'（'梁子'，指评书艺人说书的提纲，一般都是口传心授的），记不扎实"，单田芳立刻想到自己的三舅王来君当初也说过这部书，他就把"书道子"（故事大纲，往往伴有处理故事和表演的方法）说给赵玉峰听。单田芳回忆："咱爷儿俩这回见着面，天天约会上浴池洗澡去。洗澡是假，到那儿烫个澡，沏壶水，给他念念'买卖'，后头几十回都是我给他念的。他说：好，这个'道子'好，你们家不错。"这件事也可显见，当时单田芳虽然资历尚浅，但的确有家传的真本事。

赵玉峰演出之余，经常点拨单田芳，告诉他，从艺有三难：首次登台难、把书座（评书听众）留住了难、赚钱难。赵玉峰又教给单田芳不少门道、刀枪架子等技巧，单田芳受益匪浅，学了不少东西。不过，师爷领路，单田芳未必"照单全收"。正所谓"学我者死，似我者生"，单田芳不甘心只做一个"小赵玉峰"，他到鞍山的前进茶社认真观察师爷的表演，仔细品味师爷版本的《明英烈》到底毛病出在哪儿。揣摩了许久，懂了，赵玉峰的评书关节不严，主题游离，"扣子"散漫，抓不住听众。

晚上茶社一散，单田芳跟随师爷返回住处，也是初生牛犊不怕虎，他把自己的想法全都说了出来，还壮着胆子在师爷面前说了一段书。赵玉峰也是爱才之人，听完之后两眼放光，高兴得直拍大腿："好小子，你行，冲你现在的水平，完全可以登台啦！"

1956年农历正月初三那天，22岁的单田芳第一次登台说的长书，正是这部《明英烈》。当然，以他当时的年龄资历，只是团里的学员，不能占"正场"，先尝试"板凳头"。这是书曲行话，就是见缝插针、补空垫场。黄金时间留给名家大腕，剩下的工夫，让初出茅庐的小学徒上去练练胆。客观地说，给他一个"板凳头"的时间段，那也算破例了。

演出时段有了，演啥也有讲究。书曲行里曾有"男五义，女杨家"一说，年轻男演员多靠短打侠义书登台，以热闹的故事遮掩技艺的稚嫩。而单田芳凭借家传的"书道子"和自身的悟性，20 出头就敢讲《明英烈》这样的大书，一时传为佳话。

他的《明英烈》一开书就改变了老书那事无巨细、主次并存的慢节奏，删掉了朱元璋放牛、当和尚以及乱石山七兄弟结拜等与主题关系不大的情节；直接从元顺帝传圣旨，在京城开武科场、选武状元开始，继而引出"七雄大闹武科场""朱元璋逃出险境""襄阳贩乌梅"，直至最后占领南京，建明称帝。删减适当，节奏紧凑，使听众的情绪始终随着朱元璋的命运变化而变化。

单田芳曾对这段年少成名的经历有过一段生动的回忆："我上街，第一次看到了印着自己名字的大海报，每个字都海碗那么大：特邀全国著名评书演员单田芳莅临演出。我一看，这不是糊弄人吗！我从来就没登过台呀。该我上台了，我怎么上的台我都不知道，迈了多少步也不知道，'悠悠悠'就上了台。醒木一拍，恨不能把那醒木都摔掉地上了，'啪'，开书……讲了半天，还有 20 多人没走，我一看这 20 多人还不想走，还叫我'挽'住了，这心还有点儿底，'咔咔咔'就说，脸上的汗一个劲地往下淌。一口气说了俩钟头都多，'嗒嗒嗒'就这么说。后来，掌柜的赵大胡子到台前了，拍桌子叫我：哎哎哎，你书瘾上来了，上这儿说起来没完了，你看几点了，早都过点了。我一看，哎呀可不嘛。"

到了后台，单田芳才发现，贴身的棉衣全都湿了。一扒拉算盘，挣了 5 块 4 毛钱。这在当时绝对是笔可观的收入了。

22 岁，当上了"板凳头大王"，单田芳心气更高了，鞍山全城 21 家大小茶社，都成了他施展才华的舞台。其中，最有代表性的扬名之仗，当属拿下立山茶社。当年的立山茶社可以说是整个鞍山客流量最大、也最能检验演员人气的演出场所，李家哥儿俩担任掌柜，平时脾气大得很，眼光高得很，对借场子演出的艺人经常是趾高气扬，横挑鼻子竖挑眼。可就是这样的掌柜，独独挑上了单田芳，主动邀他来立山茶社演出。单田芳也是初生牛犊不怕虎，暗自憋足了一口气，几经筹备，决定上《水浒后传》。很快，立山茶社门口高高立起了招牌：单田芳，《后水浒》。正式登台那天，单田芳蹬着自己的破自行车，从家到茶社骑了十多里路，到店门口，车子一架，简单整理整理衣服，把呼吸喘匀溜，进屋开书。先是"大闹忠义堂"，接着"时迁、武松误走平凤岭"，再来"火烧少林寺""大闹周家寨"，没过两天，立山茶社满员了。单田芳回忆，那时候每天上午十点半开书，茶社十点就上锁了，晚到的观众根本没有落脚地，有钱你也没座了。

"浮名易得，真艺难求"，单田芳过了立山这一关，创造了当地的最高票房，并未就此止步。"躺在家底上吃老本，早晚得被更年轻更有才的人淘汰，我有这个危机感，所以一直记着那句话：逆水行舟，不进则退。"

在鞍山市曲艺团，单田芳格外珍视师兄杨田荣对他的帮助，亦师亦友的杨田荣，教给了他另一部十分重要的作品——《三侠五义》。

杨田荣（1920—1982），著名评书表演艺术家，自幼学艺，本来是天津市曲艺团的演员，后来到鞍山市说书，以擅长说新书闻名曲坛。其新评书艺术代表作《三里湾》《林海雪原》《野火春风斗古城》《铁道游击队》《烈火金刚》《平原枪声》《红旗谱》《舌战小炉匠》等，引起了社会大众和评书界的强烈反响。20世纪50年代末，《人民日报》以醒目标题报道了他开创新评书道路的事迹，杨田荣被誉为中国曲坛上的"新书红旗"。在行内人士看，新派评书泰斗他是当之无愧。

杨田荣不但热心，而且耐心，长长一部书，掰开了揉碎了给单田芳讲：脸谱怎么开，包袱怎么使，贯口怎么用……单田芳则是"见高人偷三招""鱼过千层网"，念一遍写一遍，然后现趸现卖，进场演一遍，回家再从头捋一遍。几十年后，他的《三侠五义》彻底通过电台、电视风靡大江南北，其实早在年轻的时候，他就已在与师兄杨田荣的一壶茶、两张嘴的尽心传习中奠定了说这一书目的扎实基础。

打那儿起至"文革"前，单田芳先后说过《三国》《隋唐》《明英烈》等十多部传统评书，并在杨田荣的指点下，尝试说演《林海雪原》《平原枪声》《一颗铜纽扣》《新儿女英雄传》《破晓记》《红色保险箱》等新书。

他兼取赵玉峰金戈铁马、声色俱烈的恢宏之气和杨田荣的生动细腻、诙谐幽默之精华，从而形成独特的声情并茂、神形兼备的艺术风格，在说、表、评、

如今的鞍山依然有许多茶馆
保留了曲艺演出的形式

述上自成一体，恰到好处。经他改编、创作的评书，更有其独到之处，在同辈演员的作品中出类拔萃。

三落三起活到底　嗓音背后有辛酸

单田芳说了一辈子嫉恶如仇、眼里不揉沙子的剑侠刀客，路见不平手起刀落，喊里咔嚓人头落地，再寻常不过。可如果说书人自己遭逢时代裹挟、小人构陷、蒙冤受屈，又是怎样的一番光景？而当真相大白沉冤昭雪时，面对始作俑者的若无其事，说书人能否也像书中那些酣畅淋漓的情节一般，略施巧计让对方丑态百出，有仇必报讨个公道？

书是一回事，人生又是另一回事。

"头戴三叉束发紫金冠，体挂西川红锦百花袍，胯下嘶风赤兔马，手中方天画戟，可了不得了……"书迷熟悉、热爱单田芳的独特嗓音，不少演员登台表演时也经常以模仿单田芳的嗓音博取喝彩。但这种略显嘶哑与沧桑的嗓音背后，却是无奈之中的命运偶得。

20世纪六七十年代，单田芳遭受迫害，远离评书舞台十年，更要命的是，因受毒打，满嘴牙都掉了，原本清亮高亢的嗓子也坏了，说话全靠气托着。落实政策后，组织上给他安排了当地一流的耳鼻喉专家会诊，动了三次手术，安上了满口的假牙，又把声带上黄豆大的息肉摘除，终于还给了他一副略带沙哑的嗓子。

单田芳本人极少提及那段落难旧事，一则憋屈，二则纯属人祸。但他在说书时常会有这样的感慨："人生几十年，哪能一竿子到头哇，三起三落才活到底呢。走运也好，倒霉也罢，风水轮流转，谁也不敢说今天干什么明天还干什么，这辈子怎么样下辈子还怎么样。就得上啥山砍啥柴，走啥路唱啥歌。"懂他的人，会从中多少听出些血泪的意味。在为单田芳平反的过程中，事实真相逐渐揭开。所谓的"专案组"两次上报法院要求给单田芳判刑：第一次想判十五年，法院不同意，发回重审；第二次想判八年，又给打了回来。按理说本来就应该放人，没想到一个小头目死活不肯："绝对不能放！单田芳那小子得理不让人，嘴茬子厉害，真要是把他放了，对咱们可太不利啦。给他戴个'现行反革命'的帽子，还怕他不威风扫地，老老实实！"就这样，没有经过任何手续，单田芳就成为"牛鬼蛇神"。命运与艺术轨迹同时变向，耽误了他整整十年。

真相大白，那个坑害单田芳的头头儿被推上了风口浪尖。一次会议之后，该人主动追上单田芳，一个劲儿赔不是："田芳哥，您的案子可没我啥事儿啊，我承认我是给你定案的领导，不过……"单田芳根本就不拿正眼看他，轻轻摆了摆手："你还是实事求是吧，该怎么做，是你的事儿，我个人对冤冤相报、整来整去的游戏根本不感兴趣。"

还有一事，也颇让人唏嘘。冤案昭雪，单田芳在鞍山的亲友凑了800块钱，为他购买了一座独门小院。单田芳的儿子"老铁"学了一手木匠活，叫上几个小哥们儿，连夜赶制出沙发、立柜、五斗橱、写字台，单家陈设可以说是鸟枪换炮。变化更大的当然是外人对单家的态度，小院刚入住，便是宾客盈门，男男女女不请自来，嘻嘻哈哈拱手道喜，似乎几年前对单田芳做过的事，都与己无关。这个时候，单田芳想到的是"升沉不改故人情"，抹不开脸把那些曾落井下石的人拒之门外，但他的妻子王全桂则眼里不揉沙子，直指某个人的鼻子痛斥："出去，我们家不欢迎你这号人。"这反倒给单田芳闹了个大红脸。后来，一旦知道有客人登门，其中如果包括王全桂不欢迎的人的话，单田芳便想法支开王全桂，说"你带孩子上街买菜，别搁家里看着堵心"，王全桂只得睁一只眼闭一只眼、眼不见为净，出门溜达去了。

单田芳满脸春风在家迎候各路"老熟人"，但他内心深处的隐忍甚至悲凉，却又向谁一吐衷肠？或许，他对人生起落、人情冷暖、人心莫测的体悟，只能留在书中加以发挥。

评书《西游记》第二回，孙悟空在南瞻部洲学了十年的人间知识，单田芳借孙悟空之口吟诗一首，来感叹世间无义之人的心态：

> 争名夺利几时休，早起迟眠不自由。
>
> 骑着驴骡思骏马，官居宰相望王侯。
>
> 贪得无厌紧忙碌，忘了阎君把命钩。
>
> 舍生忘死图富贵，哪有一个肯回头。

单田芳家中客厅的陈设

　　铁杆书迷总结过单田芳最爱使用的定场诗集锦，排在前三位的定场诗，如今听来，已分不清到底是在说书，还是在说他自己。

（定场诗一）

说书唱戏劝人方，三条大道走中央。

善恶到头终有报，人间正道是沧桑。

（定场诗二）

人生在世天天天，日月如梭年年年。

富贵之家有有有，贫困之人寒寒寒。

升官发财美美美，俩腿一蹬完完完！

（定场诗三）

走遍天下游遍州，人心怎比水长流？

初次相交甜如蜜，日久情疏喜变忧。

庭前背后言长短，恩来无义反为仇。

只见桃园三结义，哪个相交到白头？

　　如今，亿万书迷为他富有磁性的"云遮月"风格的声音倾倒，而这背后的人生起落与艰难困苦，也真是一言难尽。

　　唯有将生命长河中的各种激流与艰辛化为人生的滋养，待大任到来，方能依然保持名士的风骨，将厚积薄发的底蕴和优雅豁达的态度糅在一处，到达另一重人生境界。1979 年 5 月 1 日，晚 6 点 30 分，鞍山迎春茶社人声鼎沸，灯火通明。45 岁的单田芳，阔别热爱拥戴他的书迷十年之后，重新跨上三尺书台，他用自己最得意的评书力作《隋唐演义》，宣告着自己的回归。上台后，单田芳环顾四周，稍做停顿，待四下安静，深情地说："我个人，在'这十年'中摊上点事儿，可能很多朋友都有耳闻，细的就不说了，感谢党，给我落实政策让我重返舞台。想不到还有这么多朋友记得我，来给我捧场，我一定卖把子力气好好说书，回报大伙儿。开书之前咱可有言在先，多年不登台了，难免生疏，嗓子也坏了，能不能说好，甚至更严重点儿，还会不会说，我心里也没底。不过，我会尽力而为。下面，咱们就开书。"

醒木一响风雷动，开场一番道白掺杂了甘苦自知的无奈与悲辛，但当《隋唐演义》的故事铺展开来，那个为人们所喜爱的单田芳，依然宝刀不老，甚至越发光彩照人。茶社门前一票难求，240个茶座天天爆满，甚至过道里都挤满了人。单田芳，回来了！

茶社装不下书迷的热情，单田芳的阵地又转移到鞍山市广播电台的录音棚。20世纪七八十年代，中国最强大的大众传播媒体就是电台，在单田芳精心搭建的语言迷宫里，听众再也走不出来了。《隋唐演义》在鞍山电台取得成功后，他拥书入关，接连推出《明英烈》《三国演义》《水浒》《白眉大侠》《三侠五义》等，整个华夏大地都开始侧耳倾听他嬉笑怒骂的传奇讲述，大江南北遍布他的铁杆书迷。

☛ 电视书场起风雷　有"平"还得有"爆"

"扶杖苦涉三冬雪，拥书笑谈四月天。"支撑单田芳的有两样东西：未来的希望和从前的苦难。他要把失去的时间抢回来。历经人生起落的他，进入个人创作和艺术生涯的黄金时期。

电台说火了，阵地又转向电视评书。1985年3月，辽宁电视台率先推出电视评书栏目，田连元的《杨家将》开风气之先后，辽宁电视台一跃成为全国各路评书名家争相登场亮相的"竞演舞台"。袁阔成的《三国演义》，刘兰芳的《赵匡胤演义》，陈青远、陈丽君、陈丽洁的《三请樊梨花》，陈青远的《肖飞传奇》，叶景林的《燕子李三》，肖月娥的《神八路》，等等，悉数亮相。而单田芳，则也凭借这一"时髦"的传播媒介，尽展风采。

辽宁电视台《评书连播》栏目编导史艳芳至今记得第一次约单田芳来沈商量录制《三侠五义》时候的场景。"按理说那时候他也就50来岁，但可能前些年遭了点儿罪，站在电视台门口，显得挺沧桑，看着显老，戴个前进帽，像个小老头儿。"史艳芳心里合计：这人咋这么没精神，能上电视吗？结果证明，有些人天生就是为舞台而生的，录制的镜头一对准单田芳，他立刻就显出了自己的说演特色。

"扣子"，也就是故事情节的悬念设置，是评书演员抓住观众的本事。史艳芳回忆："单田芳特别善于说'扣子'，每个人物出来之后他就说他（这个人物）在后边如何如何，那意思（是），想听不，想听你就得继续往下听，不但要听我的《三侠五义》，还得听我其他的书。他下来之后我逗他，我说：谁说要给你录《七杰小五义》了，你怎么把后边的事儿也说出来了？就是他很善于调动观众的期待心理，评书术语叫'拴马桩'，电视台不录都不行，所以我给他录了很多很多的书。"

史艳芳对这段趣事的讲述，倒让人不禁想起单田芳的另一部代表作《白眉大侠》。《白眉大侠》是单田芳根据《三侠五义》的续书《小五义》《续小五义》等作品综合创作改编的评书，以徐良、白云瑞为书胆，讲述了宋朝仁宗皇帝执政期间，包括三侠、五义、小五义、小七杰等在内的众英雄，在八王赵德芳、包拯、颜查散等清官的支持下，为保国泰民安而不顾个人安危，抗强暴、战邪恶、捣匪巢、灭贼寇的故事。

从艺术性来讲，《白眉大侠》不如《三侠五义》结构严谨，但从传播性来讲，单田芳亲手烹制的《白眉大侠》这道"文化快餐"却取得了巨大的成功。究其原因，恐与单田芳对书迷口味的精准把握、对快节奏演播风格的及时适应，调动观众心理、把"扣子"用到极致，有着莫大的关系。

仔细分析《白眉大侠》的故事结构，其突出一个"热闹"，犹如打游戏闯关一般环环相扣、逐步升级，正邪对抗始终牵动人心。大同府黄伦在阎王寨造反，开封府蒋平、徐良等人前去剿灭，阎王寨抵挡不住。阎王寨头目"飞剑仙"朱亮是"下五门"门人，为了报仇，挑拨叠云峰、黑水湖、莲花观、三教堂同开封府为仇作对。白玉堂之子白云瑞出世闯荡，加入开封府，同"下五门"展开血战。而后朱亮被杀，惊动"横推八百无对手，轩辕重出武圣人"于和，后者派出"金灯剑客"夏遂良，联合南海大派"三仙观"，和白云瑞师祖"五宗十三派八十一门总门长"普渡决裂，顿时武林分裂两派，一场大战随即展开。

其中的书胆人物，也犹如时下年轻人口中所说的"宝藏男孩"，各有绝技与人设。书胆一，山西太原府"三手大将""多臂人熊""白眉大侠""山西雁"徐良，徐庆之子。绝艺和宝物有：八步赶蟾，金丝大环宝刀，八卦万胜金刀刀法，七十二路地趟拳，二十八路天龙掌，二十四路魔山剑法。书胆二，金华府白家岗"玉面小达摩"白云瑞，白玉堂之子。绝艺和宝物有：亮银盘龙戟，金丝龙鳞闪电劈，三十六路天罡刀，三路尽命绝后刀，达摩三十六式。

对于给人物"开脸"，也就是塑造人物的外貌特质，单田芳颇有讲究。《白眉大侠》里徐良的徒弟房书安，便是一例。说到房书安出场的时候：脖子细没关系，这脑袋还大得特殊，好像擀面杖上顶着个大倭瓜……这种夸张的手法，有的演员不这么使，但单田芳这种形容可以在最短的时间里把这个人物的外貌形象用最通俗的语言给刻画出来，让人过耳不忘，如在眼前。第一回里给徐良"开脸"，讲述徐良走着高兴，单田芳还唱起来了，唱了一段山西小调。单田芳唱山西地方戏，一是为了塑造徐良这个人物，告诉观众徐良是山西人；二是体现了徐良诙谐幽默的性格。在其后的说书过程中，针对徐良的山西口音，单田芳总能演绎得惟妙惟肖。

说到这部《白眉大侠》，单田芳个人的艺术创作的确功不可没。被誉为"中国曲艺活词典""耿大老爷"的著名曲艺理论家耿瑛先生提到，单田芳文化水平很高，看的小说、电影，看完了就能消化，人也聪明，写本子知道怎么改、怎么写利于观众接受。"比如说沈阳专门说《小五义》的陈伟贤，原先他也想集中说白眉毛徐良，拿出他的本一看我就知道不行：你要突出徐良的人物，（他的本子）丢这个事没那个事，还不如原来的老书。后来又恢复原来那个老书了。而单田芳的《白眉大侠》等于重写一样，原来《小五义》里关于徐良的故事，单田芳重新编写的比例能占百分之八十，编得特别巧，所以观众觉得很新鲜。"

充满画面感的语言，也一向是单田芳的特色。他的徒弟孙刚记得："师父在教给我们说书的时候，会讲他的一些说书的经历或者技巧。比方说两个人对打，南侠和白玉堂对打，两个人刀剑相碰的时候，怎么把刀磕出去，这个刀怎么落的地，怎么飞出来的，他一定有详细的这么一个画面：先是一碰——他一定是碰的，刀再飞出去。在所有听众的感觉当中，这是一个完整的画面。"

评书演员必备的幽默感，单田芳是与生俱来的。1995年，在辽宁电视台《评书连播》开办十周年特别节目上，单田芳说了一段《姜子牙下山》。说的是姜子牙昆仑山修道下山，老友宋义仁得知姜子牙70多了还没有妻室，便介绍邻村马家庄马太公68岁的女儿马小姐给姜子牙。当面提亲时，这位马小姐很难为情便出了屋，谁曾想马小姐出门后，却贴着门侧着身子听宋义仁介绍姜子牙的情况。为了表现出老太太既娇羞又心急的心情，单田芳用"芳心乱跳、玉体不安"这八个字来评说，引得现场观众哄堂大笑。这种事先铺垫好后抖开的包袱，行话称为"挖坑"。单田芳在评书叙述过程中挖坑巧妙，不露痕迹，让观众笑得没有任何思想准备，包袱、笑料达到了预先设计的效果，这就是高明的噱头。

生动、准确、鲜明是单田芳评书的最大特点。说演《明英烈》，介绍元顺帝昏庸无道时，他是这么说的："自他登基以来，荒淫无道，不理朝政，大兴土木，修建宫室，巧立名目，增捐加税，各地官吏乘机敲诈百姓，勒索敛财，敲骨吸髓，如狼似虎。老百姓被逼得家破人亡，苦不堪言。"只用六十几个字，就把故事背景交代得一清二楚。在辽宁省曲艺家协会主席崔凯看来，单田芳通过自己的演绎，将书面语言变成了评书的口头语言，这是非常艰苦的创作过程。

单田芳认为，说书既要有"平"，也要有"爆"。"爆"也叫"浪头"，能够达到异峰突起的效果。以评书《百年风云》"韶关镇钦差遇刺"一回的"浪头"安排为例："林则徐掀开轿帘，坐在轿内看着老百姓那种欢欣鼓舞的样子，心中特别高兴，

单田芳与沈阳市曲艺家协会名誉主席郝赫在一起

万没想到从二楼跳下一个人来，恰好落到了林则徐的轿前。说时迟，那时快，只见这家伙把钢刀一捧，恶狠狠地对着林则徐的前心便刺，同时还吼道：'姓林的，你就死在这儿吧！'"这个"浪头"，一下子把听众的情绪振奋了。紧接着做了一番衬托："再看保护林大人的亲兵卫队，一个个都惊呆了，他们瞠目结舌，手足无措，连腰刀都拔不出来了，林则徐心头一凉，只有等死了。"这些情节又是为后面的大"浪头"做铺垫："就在这千钧一发之际，从人群之中蹿出一人，快似猿猴，疾如闪电，跳到刺客身旁……与此同时从太白楼上又跳下一个人来……"这一"蹿"一"跳"，把"浪头"推向了高潮。短短的几分钟内，竟起了四个"浪头"，真是平中有"浪"、"浪"中夹议、跌宕起伏、扣人心弦。由此，可以看出单田芳独具匠心的情节安排所产生的艺术魅力。

提前退休当"北漂"　"东北腔"风靡全国

　　电视评书只是单田芳突破传统说书人"窠臼"的一小步，与同行相比，单田芳出新出奇、"出奇冒泡"的事儿还很多。马季先生曾赠单田芳一幅书法作品，上书五个大字——"艺高人胆大",可谓恰如其分。

评书演员不但要养家糊口,还要与时俱进、富足体面,这是单田芳对新时代的体认。48 岁时,已经成为鞍山市曲艺团业务团长的他,就颇有些"惊世骇俗"地决定提前退休,"北漂"下海。当时团里和文化局的领导接过他的报告,都有点儿不敢相信自己的眼睛:他这是闹脾气了?还是要更高待遇的某种策略?领导们给出的答复是"我们研究研究",单田芳则根本不给领导"研究"的时间,说走就要走。

让领导批准自己的退休请求,也有段插曲。单田芳最开始的借口是身体不好、积劳成疾,领导说:那你开诊断证明拿来我看看。单田芳硬着头皮到区里的医院做检查,好家伙,还真有毛病。医生举着 X 光片皱着眉头说:"你这情况还真挺严重,你看这儿,颈椎错位,还有这儿,腰椎第七节劈裂性骨折,要不然你干脆今天就办住院手续吧……"听完医生的话,单田芳反倒若无其事地乐了:"太好了,不用弄虚作假,我是真的有病,可以光明正大地提前退休了。"至于意外查出的颈椎病、腰椎病,单田芳认为应该是当年"下放"时落下的后遗症,平常根本察觉不到,索性暂时不理。

有 X 光片傍身,单田芳再次找到领导。这次领导的话说得更直接了:"你没听说?团里马上就要分房子了,三室一厅,你是最有希望的一个。你要真退休了,这房子肯定是没戏了,工资也只能有百分之七十左右。里外里你损失了多少,自己好好算算。"单田芳听完嘿嘿一乐:不劳领导费心,我走定了。

单田芳放弃体制内的舒适身份,选择独闯商海单干,轰动一时。

1994 年 5 月,单田芳带着女儿单慧莉到北京录书,住的地方是北京广播学院"外事公寓"。巧的是,视听中心一楼有个剧组也在日夜赶工。与评书演员茶馆说书时相似,这个剧组拍摄的时候居然也带着现场观众,演员拍戏的时候台下观众乐得房盖都要掀开了。出于好奇,单田芳背着手走过去想一探究竟,心说:这电视剧名字取得还真是实在,叫《我爱我家》。很快,单田芳就和剧组里的英达、英壮、梁左等人混熟了。某天晚上朋友们聊得兴起,有人提议:"单先生,既然您都已经单干了,何必还总是鞍山、北京两头跑呢,干脆定居北京算了。"单田芳一听,也来了兴致:一不做二不休,咱也赶一把时髦,当一回"北漂"。

1995 年,单田芳在北京成立了单田芳艺术传播有限责任公司,担任董事长。从提前退休、个体单干到毅然"北漂",他的这些举动,每次都在行内引发不小的震动。

面向市场的单田芳,眼界更加开阔,演绎的作品也更加多元。在创作《乱世枭

单田芳录制评书时的场景

雄》这部书时，既有学术和史实的考据，也有艺术化的编排与升华，作品里的人物与思想，在庙堂与村野、大义与真情之间达到某种平衡，描画出一个绚烂又辽阔的文化空间。当时正值海峡两岸关系缓和，为此，单田芳不光把主人公张作霖当成一名军阀来讲述，还加入了自己的理解，以一个相对正面的角度去评价张作霖，也将张作霖之子张学良去往台湾的这段经历和评价融入书中。可以说，他不单单是在讲一个枭雄，更赋予了这部书、这个人物以历史意义。在录评书《百年风云》时，他参阅了《一百年英烈》《太平天国》《天京之变》《慈禧前传》《清宫十三朝》等几十种资料，但并没有把近百年的历史面面俱到地叙述，也没有把所涉及的人物逐个介绍，而是把这一历史时期的重要事件和重要人物以一条主线贯穿下来，用生动、有趣的故事情节加以表现。

虽是当了"老北漂"，单田芳说书使用的依然是他标志性的"东北普通话"，不光是说书者本人，就连剑客游侠、英雄豪杰都操一口"东北腔"，这使"单迷"爱上了东北话。"按雁翅推绷簧，腱子肉翻翻着太阳穴鼓鼓着，脚后跟踢屁股蛋，舌尖一点上牙膛，'噜'，就上去了"，这种很市井的口风，也就是单田芳说出来最对劲。

他满腹经纶、出口成章，评论的时候诗词歌赋脱口而出，说白的时候乡村俚语张口就来。在他极富特色的语言里，既有博人解颐的包袱、且俗且雅的调侃，也有蕴含长者之风的劝慰、洋溢着亲和力的说教。

文学评论家孙郁这样评论单田芳的评书："通俗而不庸俗，广博而不浅薄，有时苍凉悲苦，但善意绵绵，如日光流泻。"

评书演员王寿成对单田芳的艺术风格推崇备至："他善于塑造人物特定的性格，使每个人物的动作和语言都符合人物身份。在单田芳的评书中绝对不会听到秦琼张口骂粗话，但程咬金满嘴的粗话却显得更加符合角色。这里的粗话不是脏话、脏口，而是市井的粗话，这种粗话赋予了他表演时的角色感，同时也赋予这个人物特定的性格和语言。"

好汉来到酒楼，小二出来迎客，一来一去的招呼，都体现了单田芳深厚的语言功力和对江湖烟火气的细致描摹。店小二擦抹桌案："这位客爷，您用点儿什么？"好汉豪爽无比，回道："你们这儿有什么拿得出手的，烧鸡、扒鸭子，什么香给我上什么，再给我来一壶酒。"接着到了店小二表演的时刻：

> 客官！您若喝酒：有十国公，状元红，葡萄露，老白干，山东带过来的五凤头，汴梁产的高粱烧。您若吃菜：有山中走兽云中雁，陆地牛羊海底鲜，河里螃蟹去了爪，煎炒熘炸样样全。您若吃饭：有花卷馒头七星饼，麻花油条大米饭，面条饺子水煎包，馄饨火烧削面片。反正是天上飞的，地上跑的，水里游的，草窠里蹦的，水捞的，锅蒸的，干炸的，火烧的，无一不有，样样味美价廉。

这番话说下来，不光好汉听了嘴馋，连围拢在收音机旁的听众，怕也要直咽口水了。

有心人曾对单田芳评书中的经典语录加以盘点，俏皮嗑、歇后语、"硬词儿"、"生古词儿"令人印象深刻又捧腹难忘。

1. 上联写——兮乎间轻生丧命，下联配——打新春两世为人，横批——好险好险

在房书安的角色塑造上，单田芳的确下了很大的功夫，除了对房书安每次出场浓墨重彩的描摹外，其个人的标志性语言也多为单田芳的"偏心"赋予。能耐不咋样、行走江湖运气好到爆的房书安，每当转危为安时，不止一次地说过上面这副对联。在《龙虎风云会》第62回中大破三仙岛以及《白眉大侠》中攻打三仙观时，房书安和白云瑞、张笑影、方宽、方宝逃出迷仙洞后，老房诗兴大发，甩了"兮乎间轻生丧命，打新春两世为人"这样的文词，既显示自己"文武双全"，又感慨人生无常。

2. 鸟随鸾凤飞腾远，人伴贤良品自高

想成为栋梁，就要与人品好、学术精的人为伍。很多说书的老艺人，都曾说过这句为人处世的至理名言，这也是评书的精髓——劝人向善。在《白眉大侠》中，身处三仙岛的"山药蛋"尚怀山，为了让白云瑞收自己做书童，就用"鸟随鸾凤飞腾远，人伴贤良品自高"这样的话，来形容自己实心实意地追随白的决心。

3. 上山虎遇到下山虎，云中龙遇到雾中龙

在单田芳的袍带书或短打武侠中，但凡是两强相遇、实力对比均衡时，一定会

有这样的句子出现。在《龙虎风云会》的第 25 回中，"飞云道长"郭长达与"疯僧醉菩提"凌空打斗了八十回合未分输赢，单田芳就用这句"上山虎遇到下山虎，云中龙遇到雾中龙"，来比喻势均力敌的两位武林高手在对打时的火爆程度。

4. 气死小辣椒，不让独头蒜

在单田芳评书中，这句话不单单是指专门爱挑刺、得理不让人的女人，更多的是形容像《隋唐演义》里的罗成，《三侠五义》里的白玉堂、白云瑞父子，《龙虎风云会》里的武英杰这类骄傲成性的美男子。他们的共性是：身怀绝技，但目中无人、自视甚高、一意孤行。

5. 胳臂肘往外拐，调炮往里揍

这句是单田芳非常喜欢使用的土话俚语，多用在贼寇内部起了矛盾，或为了利益，自己人打自己人的时候。几乎每部单田芳评书中都有同伙"反水"的情况发生。《白眉大侠》里，当徐良带着官兵攻打阎王寨最后一关遇阻时，守山的房书安突然反戈一击——用小片刀刺死了水军大帅林玉，并打开寨门放开封府众侠进寨。天德王黄伦在得知阎王寨失守的消息时，发怒大喊：没想到，这个"细脖大头鬼"居然是个"胳臂肘往外拐，调炮往里揍"的人，真是可杀而不可留！

说到评书演员的"评"，由于录制时间所限，单田芳较少长篇大论详加点评，但到非评不可的关键节点，他也是毫不含糊。

单田芳在《三侠剑》中讲到，十三省总镖局的镖师胜英回到家后，第一时间，没先回房里跟夫人打招呼"起腻"，而是径直来到老母亲的房里问安。单田芳对此适当评说道："过去古人都讲'百善孝为先'，您说现如今如果谁家孩子不孝顺爹妈，可能工作和对象都找不着。胜英作为一个老镖头，对于母亲的孝，体现出中华传统文化的美学价值。"寥寥几句点评，却让人会心一笑，同时领悟一定的人生道理。再如《乱世枭雄》这部书，其中讲杜立三和张作霖二人不和，杜立三总想着如何整死张作霖，于是，张作霖给他讲过去"八拜结交"和"桃园三结义"的故事。单田芳在其中加入了"群鬼斗荆轲"这个故事，讲的是弟弟为了报答哥哥对自己的恩情，举剑自刎，随后哥哥带着几百鬼魂和荆轲决斗，讲得让人潸然泪下。而这种"书外书"的使用，俗称"拉点"，也是"评"的一种，单田芳用得恰到好处。

"童心徜徉云天外，老骥漫游山海间。"生活中，单田芳不守常规、爱好广泛。年过古稀开博客、微博，是不折不扣的"老潮人"。

老了老了，单田芳还开始追星，追的居然是迈克尔·杰克逊。他说："我外孙子给我介绍的，说：姥爷你别老合计你那书的事，我给你开开心，看看外国文艺。一开始我反对，他那玩意儿蹦蹦跳跳的我也不懂；后来我去沈阳录书，白天没事呀，开开心吧，放迈克尔·杰克逊的带子，这一放，把我吸引住了。我说：迈克尔·杰克逊跳得是真好，真是无与伦比呀，难怪倾倒了世界上那么些人；他到法国去了，一上台，一打招呼，那么些妇女都昏迷不醒了，马上叫车推出去了，抢救——真迷到那种程度。"

永远追新的单田芳，并非图一时新鲜和好玩，他还是为了书："了解最新的时事，对我说书也有帮助，随时都可以把一些最新的东西加进去。这样，我虽然说的是老书，但是老瓶装的是新酒，观众听着不觉得陈旧，就有生命力。"

说尽人情方是书，台前幕后多少起伏，最后都要"言归正传"

时代金声难再回　下回谁人来分解

纵观单田芳的每一部书，力求出新，是他不变的追求。或有新颖的情节，或诞生令人过耳难忘的丰满人物，或呈现对人性和历史新的思考。在充满画面感的讲述中，虚构的神仙斗法、豪杰争锋宛若近在眼前，写实的历史事件、近代枭雄更添传奇神韵，他的评书艺术，时刻与时代的审美保持同步。

"话须通俗方传远，语必关风始动人。""单派评书"风格终成，其后的发展历程，已为书迷们所熟知。单田芳以武侠故事、历史公案和人物传奇为载体，传播民间智慧与传统文化；其评书语言，又亮，又帅，又亲切，属于口语体、漫画式、粗线条、东北腔。

认真回顾单田芳的艺术人生，"持续性地服务书迷"，是其难能可贵的一个特点。在"文革"以前，他是鞍山市曲艺团的评书演员，"文革"以后他一直固守舞台，年过 80 仍能坚持演出，没有间断过与书迷的联系。持续在一线连编带演评书，与同辈艺人相比，单田芳应该是时间跨度最长、最完整者之一。

"作品体量巨大""高质高产"，是其第二个显著特点。其他几位大家单从书目数量上看，远远不能跟他相比。他的艺术人生的长度、广度和厚度，都超过了他的大部分同代人。更难能可贵的是，他的影响力是超越不同年龄段的：如果没有单田芳在广播、电视里面二三十年来长期的坚守，许多"80 后""90 后"的年轻人，可能已不知评书为何物。

再有一点，其作品内容涉及的领域、跨度，无比宽广。著名文化学者吴文科评价单田芳是"一个评书的海洋"。"单先生堪称当代中国评书的第一人，这一点我想他的同行都是公认的，也是我们广大评书听众和观众公认的。他的作品直到如今还在网络上被人们传扬、点播，被再度创作再度开掘，所以说这一点我认为他是功德无量的。这是他作为一个承上启下的人物，对历史的继承，对评书的传扬，对传统的坚守。"

话说 20 世纪 70 年代末，师兄杨田荣病逝之前，曾与单田芳有过一次深谈。杨田荣拿当时单田芳录制的《隋唐演义》举例，说："我给你的评书归纳了八个大字——'刚则有余，柔则不足'。柔，是啥意思呀？大气磅礴之外，还得有涓涓细流，梨园行称之为'密不藏针，疏可跑马'。听得出来，这么多年，你下足了苦功，技艺长进很大，行当里讲究的'平、爆、脆、帅'你都具备，如果再加上一个'柔'，就更没挑儿啦。"病中的杨田荣强撑起精神，继续加以说明："田芳啊，你说'张子燕盗令'这一段，就需要柔的功夫，需要细致入微地表现儿女情长。为啥这样呢，因为张子燕本是那靠山王杨林的干闺女，父女俩感情深厚。为了笼络秦琼秦叔宝，杨林把干女儿许给了秦琼，这时候官府密函到了，子燕偷看密函才得知，秦琼乃是江湖响马、朝廷要犯。一边是恩重如山的父亲，一边是发自内心敬重的丈夫，两难之间的弱女子能怎么办？这个时候你必须得把戏唱足，究竟是舍身取义还是舍身取爱？可是你这段咋说的呢？"杨田荣说到此处，已经气喘连连，但还是提高了音量："田芳啊，你这个地方就没处理好，只是浮皮潦草地讲了几句'冒着生命危险'之类的套话就应付过去了，依我看，这是你的不足之处。"

　　江湖同门，关系再好，也有门户设防的戒心。因此，杨田荣对自己这个师弟知无不言言无不尽的往事，长久留驻在单田芳的内心之中，每每想起，都会不胜感慨。单田芳说："'刚则有余，柔则不足'，这八个字就像钉子一样一直钉在我的脑海里，我走哪儿说书，都始终拿这八个字对照自己，不敢懈怠。"

　　几十年后，功成名就的单田芳，也循着师兄的坦荡胸襟与授艺路数，指引着自己的徒弟。常年坚持在营口老街的泰顺祥茶馆说《明英烈》的刘靖坤，是单田芳最喜爱的徒弟之一，他回忆师父的一次教诲，也反复提及了刚柔相济："师父看我演出之后，下来就问了我一句，说：你这么说书累不累呀？我说：不累呀，感觉行。他说：你还是年轻，但是用劲不要全是刚，要有柔和，一味地刚，也就体现不出刚来。只有刚柔并济，才能体现出刚，才能更突出柔。不能'刚则有余，柔则不足'。师父把这句话告诉我了。"

　　在单田芳的支持下，女儿单慧莉在鞍山成立了"单氏评书传承班"。单田芳觉得，评书不管怎么改革，最终还是要让更多说书的人出来，只有这样，明天才会继续有人说、有人听。"我恨不得找一些（人）……只要你们热爱评书，有心把这门艺术继承下去，不给钱，在我这儿喝茶水，随便；没有饭吃，在这儿吃饭。我无条件地传授给你，使这枝花别枯萎了，就是这么想的。"

单田芳的女儿单慧莉在鞍山开办了评书传承班

2009 年，单田芳入选国家级非遗项目北京评书代表性传承人。

2012 年，在第七届中国曲艺牡丹奖颁奖典礼上，单田芳获得终身成就奖。这是单田芳入行以来获得的第一个奖项。接受采访时，单田芳不改诙谐："我听说评委们在颁奖前做了很多研究。他们翻阅档案，发现我从 21 岁到 78 岁从未得奖。每年都是零。他们觉得这个人太可怜了，连喊了 57 年也没得奖，就把奖给了我。"

2014 年 12 月，迎新年鞍山评书专场演出现场，气氛火爆。书迷们翘首期盼，阔别家乡许久的单田芳压轴出场。难掩病容的评书大师，被工作人员搀扶着缓缓上台。当年他正是在这里意气风发地说向全国，蜚声海内外，如今再回故土，所做的竟是从艺生涯中最后一次公开表演。座椅就在身后，老人再三谢绝，坚持以手抚案，勉强站着说完了一段《三英战吕布》。鲜花掌声光环名利，俱是过往，唯有把书讲完，才算不留遗憾。这是单田芳留给舞台、后辈与书迷的最后一声：且听下回分解。

人生风云散尽，艺术方为根本。单田芳的评书已成为中华传统文化的一个重要符号。他独特的嗓音，且俗且雅、醇厚隽永的评书艺术，是几代人的共同记忆。

拥书笑谈，陈酒留芳。曾有资料说，单田芳录制的评书作品超过百部、15 000 回。根据其本人勘正，准确数字应为 72 套书。由于电台、电视台录制书目有所重合，才有了百部之误。但即便如此，论高产、丰产，单田芳确属当代"评书大王"。这是什么概念？评书前辈品正三号称"品八套"，指的是他可以连续讲说从隋朝到北宋的一系列讲史书，有《九老兴隋》《隋唐》《隋唐后传》《龙潭鲍骆》《富贵寿考》《五代残唐》《大宋飞龙传》《盗马金枪传》等 8 部书，故称"品八套"。一辈子能说好 8 部评书作品就非常不易，而单田芳能说 72 套！

"一生尝遍甘苦，书中说尽情仇，时代经典傲神州，听众闻声静候。"2018 年 9 月 11 日下午 3 点 30 分，单田芳因病逝世，享年 84 岁。

新华社在《大师远去，留给我们什么》一文中写道：

> 下回再无分解，但一个个故事广博而不浅薄，如绵绵善意，流淌于岁月长河。……
>
> …………
>
> ……大师和他们的作品既属于时代又超越时代。我们的精神高地需要大师作品当标尺，我们的心灵之塔更需要大师品格做支撑。在这个伟大的时代，人们真正需

要的是一边叩问世间百态、一边描绘沧海桑田的黄钟
大吕来震烁奋进的精神，需要弘扬民族文化的超凡之
音烛照我们前行的方向，更需要可供后人咀嚼品味的
经典之作来铭刻我们探索的足印。

　　凡被后世铭记的文艺家，无不是怀着对人民真
挚、彻底、持久的爱，在对"为了谁、依靠谁、我是
谁"的不懈追问中，倾其一生用时光雕刻自己，用生活
磨砺自己，成就了艺术，升华了艺德，陶冶了大众。

时至今日，人们仍在用各自最好的方式，深深铭记
着单田芳：在穿梭于夜色中的出租车里，在手机电台
APP 软件里，不断重温着他的经典作品，聆听着他的沙
哑嗓音，回味无穷。

念兹在兹，情浓情牵，乡土眷恋，雅俗经典。

"书接后世再难下回分解，代代美谈口碑自在民心。"

单田芳与本书作者合影

妙兰奇芳情未老
——北京评书国家级代表性传承人刘兰芳

　　展开《清明上河图》，12世纪北宋都城汴京的城市风貌纤毫毕现。画卷左侧第一个十字路口，右上角的小铺前，清晰可见一位大胡子说书人，听众饶有兴致，沉浸在他纵横开阖的讲述中。

　　关于说书起源于何时，一种说法是，东周时期的周庄王乃评书祖师爷；也有人说，评书源于唐代出现的一种曲艺形式——"说话"。李商隐有《骄儿》一诗："或谑张飞胡，或笑邓艾吃。"说明当时百姓已在简单运用说话这门曲艺形式聊以自娱。至于宋代的公案传奇演义，明末清初"以评话闻公卿"的柳敬亭，柳敬亭的徒弟王鸿兴于雍正十三年（公元1735年）在掌仪司立案授徒，等等，俱是后话。

　　这些说书的人，常被叫作"说书先生"；女性演员进入书场，则是近百年内才有的"新鲜事儿"。在传统行当的风气之下，舞台上常要有意模糊性别的差异，舞台下女性演员也通常默默无闻地甘居幕后，因此女性在评书历史里被随之忽略，至少被遮蔽了一部分她们应有的地位和成就。

直到新中国成立后，特别是 20 世纪 70 年代末以来，女性评书演员终于光明正大地走到台前，其中最有代表性的一位，当属一代评书大师刘兰芳。

女学员，启蒙学艺

1944 年，刘兰芳生于辽宁省辽阳市一个鼓曲世家。母亲刘茹莲和大姨、二姨都是东北大鼓艺人，带着年幼的她四处漂泊卖艺。由季羡林主编、汪景寿等人所著的《中国评书艺术论》记述：清同治、光绪年间（公元 1862—1908 年），北京第四代评书艺人冯万春和第五代评书艺人王奎盛、第六代评书艺人戴德顺，取道天津来到沈阳开拓评书阵地，一炮打响，为这一古老的曲艺品种在东三省播下微小火种。至刘兰芳生长的年代，辽沈地区早已是可与京津分庭抗礼的曲艺重镇。跟随家人泡在书馆的刘兰芳，从小就"熏"下了《一针飞》《马跳檀溪》等名段。

刘兰芳的第一个师父杨丽环是河北人，她技艺精湛，能演唱东北大鼓、西河大鼓、河南坠子以及单弦等多种曲种，尤以演唱西河大鼓的长篇书目《薛家将》见长。关于这段拜师经历，刘兰芳说："1958 年，我母亲请来了引见师、保师以及众多亲朋好友，在辽阳福海兴饭庄摆下拜师宴，按行规立下了门生帖：'刘书琴（即刘兰芳）情愿投奔杨丽环门下学艺。今后虽分为师徒，但情如母女。对于师门，当知恭敬。身受教诲，没齿不忘。学徒期间，如果马踩车压，投河觅井，天灾人祸，师父概不负责。三年学艺，一年效力，供吃不供穿。中途不学，包赔饭伙。情出本心，绝无反悔。谨据此证。'就这样，我磕头行了拜师礼之后，师父给了我个'季'字，改刘书琴名为刘季红。那一年我 14 岁。"

跟随杨丽环学艺的经历，可谓凄苦。2017 年 7 月，刘兰芳坐在辽宁大剧院宾馆三楼会议室里，曾向笔者讲述过这段难忘的往事。她说："我先跟师父去的海城，开始学弹三弦和演唱西河大鼓。当时她有三个孩子，怀着一个孩子，再带上我；她的丈夫在茶馆里负责给客人提壶续水，挣不了几个钱，全家就指我师父说书。她一个人的嘴，养活这么多人，那太难了。我记得很清楚，吃嘎嘎汤，什么叫嘎嘎汤，就是那个苞米面烫完之后，拍成饼，再切成一块块的四方块，用手揉，揉成一个一个球，下锅，连稀带干的就算吃饭了，恐怕连窝窝头都不如。实在太困难了，我就开始想家，我师父看出来了，就说，孩子呀，你还是回去找你妈吧，这一年的饭钱我也不管你要了。就这么着，我又回到了辽阳。"

这一年，刘兰芳学的主要是西河大鼓。据她说，师父杨丽环是河北人，天生带着"垮音"（河北中部农村地方口音）；而刘兰芳是东北人，这一项是短板。所以她学了段《鲁达除霸》之后，回到辽阳就又开始跟着母亲等人学唱东北大鼓了。

1959 年，鞍山市曲艺团的鼓书演员杨呈田到辽阳说书，正在台上讲《岳飞传》呢，无意中发现台下有个小女孩听得认真。了解到刘兰芳的家传与师承背景后，杨呈田便把她带到了鞍山。刘兰芳回忆："杨呈田老师跟我妈怎么具体谈的，我不太知道。后来明白了，也就是跟我妈说，鞍山曲艺团招收说书学员，是不是叫你女儿去考去？当时我妈特别高兴，家里生活其实和我第一个师父杨丽环家一样困难，有上顿没下顿，一听要带我走，少个吃饭的，那太好了，去呗。杨呈田说他休息日回鞍山，孩子就可以跟他走，我妈说，行。就这么简单。"

上一辈艺人之间的几句简单托付，造就了刘兰芳艺术生涯的重要起步。

鞍山市曲艺团组建于 1956 年。钢都十多万产业工人三班倒，这些工人下班后，手拿稳定工资，急需文娱生活，听书看戏绝对是首选。曲艺团的老团长王俊明说："有这样的庞大市场，必然吸引了全国各地评书艺人云集到我们鞍山。那时候鞍山比较像样的评书成手有二十多个，鞍山的曲艺茶社有三十多家，遍布鞍山的铁东、铁西、立山等城区，评书氛围可以说是非常兴旺。"

来到鞍山的刘兰芳，先后跟随鼓曲艺人孙慧文、赵玉峰和盲人弦师阎春田等学唱鼓书，并由孙慧文赐艺名"兰芳"，取"妙兰奇芳"之意。"孙老师的演唱艺术，无论声音、语气，还是唱腔、音调的高低起伏，都惟妙惟肖。我特别喜欢'倒口'（语言模仿），学傻小子、山西人或南方人，都学得可以乱真。当时读书不多，但是，在台下记'书梁子'，孙老师说得再快，我都能拿笔记下来。当然，那字写得是龙飞凤舞，好像天书，别人看不懂，只有我自己明白。"

艺谚有云：只许人家不听，不许自己不会。台上赵玉峰说《三侠五义》，孙慧文说《呼杨合兵》《三下南唐》，杨呈田说《岳飞传》《杨家将》，刘兰芳天资聪慧，加之博采众长，16 岁便能正式登台。

正规院团经历，让刘兰芳受益至今。她回忆："我有今天，必须得感谢鞍山曲艺团的老师们，没有他们的无私教学和相赠，就没有我今天的成绩。那时候的学习环境特别好。旧社会老艺人保守，研究出个书道子，观众认可了，绝对不给你，不教你，叫'宁舍十吊钱，不把艺来传'：你没钱了，我给你钱，但是我不教你能耐。因为说书是一层窗户纸，一捅破了，你会了，就抢我的饭碗。可在咱们鞍山曲艺团没有那样。团里的建制也很严谨，旧社会那一套都不让了，不许端大茶缸子，夏天不许穿裤头，趿拉鞋也不行，都利利索索给我来上班，用延安文艺座谈会的精神来改造老艺人。我觉得那阵儿对我来说，影响还是不小的。"

经过启蒙、学艺，刘兰芳于20世纪五六十年代开始坐馆说书。台上的女孩初生牛犊不怕虎，台下的听众找点儿曲艺乐子，彼此之间就这样达成了相安无事的默契，小演员练书练胆，进步神速。

当然，女孩上台，也有尴尬的事。刘兰芳记得：阴暗的小茶馆，没玻璃，全是纸窗户，夏天推开、支上就可以了；窗后边直接就是个小便池，听书的都是大老爷们儿，灌了满肚子水，来尿了直接晃悠到窗外"哗哗放水"……听书的可以随时方便，演员则不行，一上台就是仨小时，不能上厕所——中间休息十分钟不假，顶多喝口水喘口气。想上厕所？茶馆里压根儿就没预备女厕！也是因为这个客观条件限制，刘兰芳说，直到现在她也能连说仨小时不停，七个小时不喝水都没问题。这都是那阵儿养成的习惯。

女演员说书，还有很多忌讳。老先生教导，腰以下不要说。《林海雪原》，说蝴蝶迷这屁股，大得够四个小鬼子坐那儿打扑克。男性演员说完，底下观众都在乐；女性演员这么说就不行了，这等于"把自己卖了"。再比如《肖飞买药》，刘兰芳说："男演员腿功好，上下车的动作，高抬腿做出来很潇洒漂亮；换我们女演员，一抬腿太野了。你缺这个怎么办？用其他方式弥补。语言、眼神、手势、手指的方向，给观众不同的暗示，艺术效果一样可以达到。"

以《岳云锤震金蝉子》为例，刘兰芳向弟子刘朝讲解女性演员说书时的注意事项

生活可以困窘，精神可以压抑，那藏在内里的对生命真挚的爱、对传统艺术天生的敬，仍使刘兰芳的脸上有了笑容，往着那千变万化的故事里去。

好姻缘，神仙眷侣

在鞍山曲艺团学艺期间，刘兰芳经盲人弦师阎春田介绍，结识了快板书演员王印权；1965 年 3 月，二人成婚。此后半个多世纪的岁月里，王印权协助刘兰芳，改编、原创了大量脍炙人口的评书作品，二人成为令人艳羡的事业搭档、神仙眷侣。王印权年长刘兰芳 4 岁，是著名快板书大师李润杰的高徒。为了支持妻子的评书事业，多年来王印权牺牲了自己的大量演出机会，甘当人梯，从旁协助。刘兰芳能够取得今日的艺术成就，王印权功不可没。

鞍山曲艺氛围十分浓厚，评书演员经常受邀到电台录制节目。在年青一代评书演员里已有小成的刘兰芳，很快就被电台编辑李喜元选中，参与一些短段节目（那时候叫"革命故事"）的录制。到 70 年代末，李喜元再次找到刘兰芳，准备录制一部传统长书《岳飞传》。

刘兰芳一听对方的来意，马上想起了自己和《岳飞传》的许多往事——也算冥冥中早有注定吧。"小时候就听我妈在茶馆讲过岳飞，岳母细沙当纸、柳枝当笔教岳飞识字和刺字'精忠报国'等故事深深吸引着我。那时候小，里头的深刻含义咱不懂，但我妈在台上'使活'（表演节目）的精气神，台下观众肃然而坐的场景，我一直印在心里。到 16 岁那年，我跑到茶社听《岳飞传》，说书先生正是当时鞍山曲艺团书曲队杨呈田队长；他见我听得认真，就把我招进团里，第一次上课教的就是《岳飞传》。之后又经过三年学习，我开始登台演出，说的还是《岳飞传》。《岳飞传》是我的'底活'（一般指整场演出中最后登场、最有分量的节目），我与《岳飞传》这部书，的确剪不断的缘分。"

《岳飞传》是刘兰芳从艺生涯最辉煌的印记之一，但这绝非她一人之功。在她身后，站着她的丈夫王印权。

单就《岳飞传》这部书来说，由于当年杨呈田所教的书道子多有散轶，不足以支撑电台录制，王印权与刘兰芳从图书馆旧资料里找来《说岳全传》，增删补移，完善内容。为了跟上录制的进度，两口子每天都要分上、下半夜"倒班"赶工，第二天一早，刘兰芳带着经王印权润色定稿的"梁子"，直接去电台录书。

夫妻二人相互配合的往事，至今想来依然令人赞佩。那时刘兰芳家居住条件特别差，二十平方米，前边一个小卧室归两口子住，后边归孩子和老人，中间很窄的一条过道，白天是生火做饭的灶台，晚上把"嘎斯座"（点火的煤气炉子）一撤，就是工作台。刘兰芳说："我们两人基本是互相打替班：他睡觉，我在这儿写，写完到下半夜他来改，完了我睡觉。第二天早晨，五六点钟我起床背诵几遍，八点电台录音，大概要录四五个小时。好评书要字斟句酌、反复修改，有时候对作品不满意，我气得撕了重写。其实各行各业都一样，要想取得成绩绝非一日之功，必须倾注心血。"

夫妻俩把《宋史》《金史》中关于岳飞、金兀术的记载都看了，把有关《岳飞传》的京剧剧目都看了，再加上听过的民间传说，又重写了一份材料。对比之下就发现杨呈田书道子的一个最大缺陷：岳飞活到 38 岁，28 岁到 38 岁这段一点故事都没有。这不行，他在进监狱以前、被秦桧陷害以前正是最好的时候，没有故事能行吗？出战河北、打金兀术、打伪齐，后来都被两口子给增补上了。

丈夫王印权评价："我总结刘兰芳这人，就是能吃苦。她从小家困难，有上顿没下顿的，就养成个习惯，一定要靠自己改变那个环境。靠什么？靠奋斗。按理说（后来成名成家了）就应该有歇一歇、休息休息这种想法，她不是，始终还是在一步一步地前进。她这一辈子体现的就是四个字——'自强不息'。有的时候困得不行了，书稿没写完，不行，起来，写。'男儿当自强'这五个字，是她的口头禅。"

从左至右依次为：大儿子王岩、刘兰芳、丈夫王印权、二儿子王玉

忙，是夫妻俩的常态，对孩子的照顾，刘兰芳经常顾不上——那年月的文艺工作者讲究的是"上山上到顶、下井下到底"，到处巡回演出。刘兰芳说："我没给孩子开过家长会，没送过上学，没接过放学。说实话，我不主张年轻人这么做，不要欠孩子。我耽误了孩子。老大自己就那么地随便放养，后来辽阳地震，爷爷奶奶没有房子了，就搬到我这儿来了，那阵儿孩子就十多岁了，都上学了。大的念了高中，不考大学，不念了，二的初中毕业，不念了，俩就在家院子里撒丫子这么跑，完了家里还有小三。这三个小子加一起，爷爷奶奶实在照顾不了，就告诉我：兰芳，不行啊，这孩子这么跑不就完了吗？打架呀，都男孩呀……大的当时虚岁 18，周岁 17，就到了待业青年劳动服务公司当锻造工，打铁去了——17 岁能打铁，跑那儿去了。二弟当时是 14 岁，属于童工，进曲艺团吧，当时没给算工龄，转过年15 岁算工龄，就把学业给耽误了。老三也是，中学念完就不念了——没人管哪，爷爷奶奶管吃管喝，还管别的呢？把这几个孩子都给耽误了，永远是歉疚，对不起孩子。"

父母心中满是愧疚，孩子心中则是从以前的不理解，到如今的疼惜。2017 年夏天，笔者曾对刘兰芳的大儿子王岩（时任中国人民解放军火箭军政治工作部文工团曲艺队队长、快板书演员）进行过一次采访，王岩流着泪说："有一天我给我老妈发微信——老妈她最近身体不太好，我说：老妈，您在人生道路上走了这么多年了，在艺术上有了成绩了，到了今天了，我希望您拿出时间来陪陪我们，让我们也陪陪您，让我们这个家庭的幸福走得更远一些，走得更长久一些，可以享受享受家庭的温暖，不要再想着事业了。我是个拖后腿的性格，我觉得不应当再干了；可是他们离不开，离不开观众，离不开舞台，离不开评书艺术。所以对我来讲，我希望此时此刻她是我妈妈，而不是艺术家，不是一个广受欢迎的艺术家——她可以没有舞台了，但是她不能没有家，没有我们这个幸福的家。"

❦ "说岳"，一书成名

有失亦有得。对家人的愧疚，暂时放在一边；对"说岳"的执着，到了收获的时刻。

经夫妻二人通力合作，1980 年，从鞍山电台起步，全国有六十多家广播电台播出了刘兰芳的《岳飞传》。有一次刘兰芳被请到鞍钢演出，进了正门，司机把车停下，回头说：刘老师，你看大家正在那儿干吗呢？刘兰芳往车外头一瞅，远处一个大喇叭正哇啦哇啦地放着什么，喇叭下面围着里三层外三层的工人，互相也不说话，站那儿低着头听着。刘兰芳说：坏了，难道是哪个大人物故去了，大家在默哀呢？司机哈哈一笑：你合计啥呢，这都是在听你的《岳飞传》呢！

此时刚满 36 岁的刘兰芳，借助天时、地利、人和，一书成名天下知。她说："说实在的，我水平有多高吗？我的老师应该比我高。（但他们）没有这个影响，原因是什么呢？我赶上了好时代，广播这个空中舞台把我送到千家万户。过去的艺人，（就算有）天大的本事，出市都难，出省更难了，是广播把我送到千家万户。"

《岳飞传》为什么能受到大家的欢迎？刘兰芳觉得主要是胜在了书，胜在了人，胜在了情。"在我看来，这是一部好书。首先，作品本身具有广泛的人民性。抗金英雄岳飞遭到奸臣的陷害，屈死在风波亭，这是古代一大冤案。借说书人之口，听众得以宣泄特定历史时期胸中的积郁，缅怀忠烈。人同此心，心同此理，这是很自然的。其次，岳飞是值得我们永远纪念的英雄。他的'精忠报国'与我们国家现在提倡的爱国精神是一致的。当年孙中山先生提倡'岳飞魂'，这是对爱国精神的高度概括。"

《岳飞传》如此之火，有着深刻而复杂的时代因由。刘兰芳风格独具、充满激情的出色说演，使评书艺术"古事今说"和"借古喻今"的审美传统得到了很好的彰显。尤其是故事中蕴含的对奸佞的痛恨与批判，对忠良的崇敬与同情，已然使得原本属于艺术欣赏和娱乐审美范畴的曲艺听赏活动，实际发展成广大群众寄托政治理想、渴望思想解放、追求社会进步的特殊情感和情绪的释放。可以说，《岳飞传》和刘兰芳的成功，是特殊时期，天时——群众渴望欣赏传统艺术，地利——广播电台的强势媒介传播，人和——符合世道人心、极易引发人们情感共鸣，三者统一的产物。此前几十年来，还没有哪一部评书和哪一个评书演员能够造就这样一种艺术现象。

当然这个东西是"时势造英雄"。所以刘兰芳能够在那个时代走红，既有主观因素，又有客观道理，更有社会条件和观众心理的推波助澜。所以说命运有时候就是这样。

《岳飞传》其实是边说边改的，因为这书太火，提意见的也多。刘兰芳没有因为红了就变得说不得、碰不得，反倒是更加低调和谦虚地吸收专家与同行的意见，力求做到完美。当时的中国曲艺家协会主席陶钝说，岳飞童年写得不够，三岁看到老，英雄是怎么成长的，童年有什么根，需要说说。刘兰芳觉得有道理，回去就改了。史学家邓广铭先生写了本《岳飞传》，有一段说岳飞的弟弟岳帆后来也参加岳家军，牺牲了。那段挺好，刘兰芳脑子快，立马就加上了。

原中央人民广播电台文艺部高级编辑、曲艺作家陈连升回忆，刚开始说《岳飞传》的时候，讲到大宋国和金国交兵见仗，少数民族地区的听众给刘兰芳写信提意见，认为把两个民族说成两个国家是错误的。听到这种反馈，刘兰芳马上虚心接纳，紧急联系电台编辑重新录制，加上了夹评。夹评是这么说的："那时候'国'的概念跟现在不一样，古时候一个民族政权就是一个国。还有什么'三国''五代十国'，甚至一个地区就是一个国。"这样夹评，不仅使听众弄清了概念，还传播了历史知识。以后她又改进了夹评，指出："这种交兵见仗是当时大宋朝和金国统治阶级之间的斗争……至于两国人民，那是友好的，谁也不愿意打仗。"陈连升说，刘兰芳还按照电台要求，把全本《岳飞传》分成100余回，几乎每回都有一个独立的小故事，利用"开门扣""连环扣""紧箍扣"，巧妙地把听众的心紧紧地扣在书中，想不听都不行。当时有的老先生对刘兰芳的这种演绎方法不赞成，说她不会说评书，只会"跑梁子"。面对前辈艺人的指责，刘兰芳坚持了自己的观点。她说："过去说书为了挣钱吃饭，故意卖关子，把书拖长，横拉竖穿。《锤震金蝉子》，一举锤就是一个月。照这种说法，每天半小时都能说上一年，什么事情都耽误了。这种说法等于扼杀听众的生命。如今生活节奏加快了，我们也要跟上时代的步伐，否则就会被时代所淘汰。"

绝大部分艺人穷极一生也难以博得的盛名，刘兰芳似乎在一夜之间就赢到了手中。面对个别同行怀疑的目光，她于20世纪80年代初，在全国进行了多场巡演，与各地同行切磋交流，甚至"打擂"，终于用纯熟的技艺和无可辩驳的演出效果证明了自己。刘兰芳记得，有次在敦煌，一个人站在体育馆里，给五千多名观众说了两个小时。"说完之后天黑了，几千人往外跑。第二天人家告诉我，那鞋捡出多少筐来。警察说：'我往外拽人，叫人把新买的手表就那样给撸走了。'我说：'这不得伤人吗？''没事，倒是没伤着，就是都给挤够呛。'就那么大影响。"

1986年，刘兰芳到老山前线慰问演出，走到部队卫生营的门口，离老远就看见用松枝搭成的彩门上写有一副对联。上联：志在岳飞背。下联：技在华佗手。"志在岳飞背"，含义就是精忠报国，用岳飞精神鼓励战士英勇尽忠保卫祖国；"技在华佗手"，就是激励卫生营的战士们学会高超的医术报效国家。"我还碰到一个小战士，从家里带出一整套《岳飞传》录音带。他爸爸告诉他，要用岳飞精神来激励自己，要不怕牺牲，英勇战斗。"

生活中常有人问刘兰芳，打仗的时候学习岳飞精神，那么在和平时期我们怎么样学习岳飞的精神呢？"在我看来，当代人要学习岳飞的人格、思想、行为与业绩，归纳出来，我觉得是'忠、孝、严、廉、强'五个字。他的那首《满江红》：怒发冲冠，凭栏处、潇潇雨歇。抬望眼、仰天长啸，壮怀激烈。三十功名尘与土，八千里路云和月。莫等闲、白了少年头，空悲切……是中国人民在战争年代的动员令和进军号，也是和平年代居安思危的警世钟。我曾写过一副对联——'岳飞精神传万代，浩然正气贯千秋'，表达了我对岳飞、对岳飞精神的敬佩和推崇。我想，《岳飞传》会永远讲下去的。"

时光终将流逝，美的记忆长存，一整代人聚拢在车间大喇叭和家中戏匣子周围，完成了一次前所未有、酣畅淋漓的心灵共振。《岳飞传》的录制，确立了刘兰芳在中国评书史上的卓然地位，也让这门古老的曲艺艺术，得以迎来又一个春天。

❧ 声韵美，书坛奇"芳"

"艺术是对现实的幻想。"评书这一艺术形式，对于这句话是再好不过的证明。龙虎风云、公案探秘、古今传奇，通过说书人之口，把人间的秩序与道德安定重新编排；在这秩序和安定之外，是回环运行的天，是粗犷豪砺的地，是善恶有报的理想世界。

每一代评书艺人，都会结合师承门派与自身生理特点，进行艺术实践与发展改良。刘兰芳评书说演亦有其独特的风格：激情洋溢、豪迈雄浑、声韵富有美感。关于前两者，但凡听过她说演的长篇评书《岳飞传》《陈毅传》，短篇评书《民族魂》《第二次接吻》的人，都会有深刻印象。而她声韵的美感，更是独步天下。

首先，她的吐字发声，堪称"念字千斤重，听者自动容"。许多演员在台上嘴皮没劲吐字飘，丹田没气打不远。而刘兰芳所展现出来的，不仅是训练有素的扎实功底，还有一丝不苟的良好台风，她做到了"字字都当心，句句不走神"，达到了"神完气足"的艺术效果。

其次，在语言节奏上，刘兰芳叙述表现不同情节内容时，格外注重语速、语流和语气的综合运用；为了避免平铺直叙，在"跳出跳入"的摹学代言之外，十分注重"赋赞"（评书艺术所使用的歌、赋、诗、赞、对仗等文体的总称）、"贯口"（将篇幅较长的一段词一气说出，要求流畅清晰、节奏明快）、"串口"（也叫"垛句""叠字句"，评书表演中用排比重叠的句式加以夸张，给人以强烈印象的技巧）等手法和技巧的有机运用。正是由于刘兰芳在原本以"散叙平说"为主的评说表演中，善于将这些韵语说演的手法技巧有机穿插，其语言节奏才能做到高低起伏、散韵交织、色彩斑斓、错落有致。

最后说她清脆俏美、富有乐感的声音造型。其中既包括叙述说表的描摹交代，也包括人物代言的语气口吻；既包括各种情境的渲染铺排，也包括各类声响的摹拟仿学。传统评书表演徒口叙述的"讲着说"，在她那里由于追求清脆俏美而成为一种富有乐感的"唱着说"。刘兰芳非常注意语言字音"头、腹、尾"之"吐字、润声、归韵"的音声处理，这使其对于语言的运用，即说演呈现，具有根据情节、情境、人物、情感等千变万化的无数可能。

刘兰芳的表演手段，可用"说、演、评、噱、学"五字概括。

在说的方面，她疾徐快慢自如，道事叙理从容，快而不乱，慢而不断，高而不喧，低而不闪，闻而不倦，贫而不诌。

演，专指模拟人物。艺谚有云："手眼身法步，严喜缓谐逗，身份凭语调，举止看性格。"表情动作，贵在含蓄，讲究点到为止，否则就会适得其反："喘吁吁，满台转，观众看着眼发乱。没方向，没视线，人物情节难表现。"模拟人物，追求的是刻画人物的性格，主要手段是语言，性格化的人物靠性格化的语言来表现。如《岳飞传》里刘兰芳对于牛皋粗鲁憨直、忠心耿耿的形象演绎，就十分具有代表性。

评书不评，演员无能。刘兰芳在"评"字上，既可针对书中人物，也可针对书中事物，有时采用韵文，有时则是散文，见景生情，灵活多变。

噱，也就是笑料。从评书《康熙买马》中，就可见刘兰芳十分喜欢见景生情、当场抓哏，于叙述古人之中暗地讥讽时事，不露芒角，令人会心莞尔。

最后一个字是"学"。一是模拟自然或其他外界的声音，俗称"八技"，如号子、擂鼓、马嘶、马蹄声、鸡鸣、犬吠等。二是模拟人的声音，最普遍的是倒口，也就是学方言。刘兰芳是样样精通。

刘兰芳还有一个偏得。她是学唱鼓书出身，用"竖嗓子"（东北大鼓演员的发声方法），不仅明亮圆润，而且利于持久，从来不倒。当其他同辈艺人纷纷老去、淡出舞台时，刘兰芳的这副好嗓子依然如初，演起赋赞、贯口，其气息、吐字、韵味，与盛年时期几无不同。

对于赋赞，不妨多说几句。赋赞，历来被说书人视

刘兰芳表演评书《康熙买马》

为珍宝，他们直接或间接从生活中提炼创造，在长期演出中不断改进积累，形成了稳定的艺术程式。赋赞的特点：一是节奏感强、通俗易懂，是活在演员口头的艺术语言。文体上有时是韵文，有时是散文，有时是韵散相间，观众一听就懂，马上受到感染，达到"话须通俗方传远，语意易懂始动人"的境界。二是形象生动、特点突出。好的赋赞对于各种人物、场景等做具体生动的描写，不仅形似，还能神似。刘兰芳经常利用赋赞给英雄人物"开脸"，肤色、面貌、兵刃、甲胄，八面威风，无比英勇。三是言简意赅、精练优美，具有一定的文学性。四是实用价值也很高，特别是老艺人在茶馆等处演出时，善用活用，才能说得有声有色、多姿多彩、吸引听众。

赋赞之余，刘兰芳常以贯口穿插，在排比重叠且合辙押韵的叙述句式中，对所述内容进行浓墨重彩的渲染和夸张，给人以强烈的印象和美感。

此类例子在刘兰芳说演的评书节目中非常之多。先看《岳飞传》中如何借金兀术的眼睛给岳飞开脸：

> 金兀术在珍珠宝云旗下，带住坐骑：吁——哎——吁——闪目往对面观瞧，只见迎面一匹白龙驹，马上一员将，跳下马来：平顶身高九尺开外，细腰乍背，双肩抱拢。头戴亮银帅字金盔，朱缨倒洒，黄金抹额搂海带，密密麻麻钉着金钉，卡得紧绷绷。背后背着八杆护背旗，走金边、掐金线、上绣金龙。身穿龟背锁子连环甲，护心镜大似冰盘，襟甲丝绦五股拧成。凤凰裙双遮马面，虎头战靴牢扎在蹬。胯下一匹白龙马，得胜钩、鸟翅环。挂着沥泉神矛，左带弯弓右带箭，背背四棱银装铜。往脸上看，面似满月，眉分八彩，目如朗星，准头端正，四字海口，海下微微胡子茬，眼角眉梢带着煞气。甭问，此人正是河南相州汤阴县，孝悌里永和庄，姓岳名飞字鹏举。

再看《岳飞传·抛彩招夫》一回开头，店小二拦路拉客时两段看似不经意的串口说辞：

> 堂倌把话答，客爷听根芽：您老别走啦，再走身体乏。到了咱的店，好像到了家。进店洗脸水，这个算白搭。您老要喝水，香片大叶茶。您老要吃饭，煎炒熘烹炸。您老要喂马，我把细草铡。铡得碎碎的，马吃不硌牙。您老上厕所，手纸一大搕。茅房有板凳，不用您蹲下。

> 别到对过店，那店太邋遢。房子多少年，早晚要趴下。跳蚤满炕蹦，臭虫满墙爬。晚上睡不着觉，一个劲瞎挠抓。天明起身走，越想越邋遢。

刘兰芳在家中接受本书作者采访

刘兰芳在家里自制的简易录音棚

中国曲艺家协会副主席、中国艺术研究院曲艺研究所所长吴文科觉得，大段贯口的运用恰恰体现了刘兰芳"声韵美"里独特的"音乐美"。"男人说书，声音是苍、沉、重，女人的声音则是鲜亮、明快、清雅、舒展、轻盈。那么具体到刘兰芳的声音，我有个比喻——像瓷器。我认为她像唱歌一样在说评书，她是唱着说，或者说着唱。第一，感觉她的口风、语言、语气、声音造型'女性性'这点很强，她一下子跟男性分开了。第二，男性在评书语言应用、语气应用，尤其声音造型方面，多年来已有定式，刘兰芳她开辟了一个独属于女性的综合艺术呈现流派，这个现在还没有好好研究。第三，我认为她在舞台上，无论表演的语言还是表演的内容，都比较清新、刚健，是拔地而起的一座山峰，是有精气神的一种文艺创造。"

说演称绝，更要虚怀若谷、兼收并蓄，刘兰芳从不以"名家大腕"自居。1979年10月30日，刘兰芳赴京出席第四次文代会时，已经全国闻名。当看到与会的代表中有著名的评书演员陈青远、杨田荣、袁阔成、李鹤千时，她十分高兴。她把这次大会看成学习求教的机会，一到休息时间就出现在这几位周围，用心地进行交流，向他们请教评书中的一些疑难问题。刘兰芳谦虚好学的态度，深深打动了来自辽宁锦州的评书名家陈青远。他答应刘兰芳，会议期间为她设计出即将播讲的《杨家将》里韩昌等人物的刀马赞、盔甲赞。陈荫荣是北京宣武说唱团很有名望的演员，很早就追随著名评书家品正三，学会了从隋至北宋一系列的讲史书。刘兰芳对陈老非常仰慕，一有机会来京，就带上礼物拜访陈老，向他请教。陈老也毫不保守，有问必答，倾囊相赠，甚至把多年来揣摩保留的书赞也赠给了她。刘兰芳还喜欢听相声，她把相声中的不少包袱点以及相声中的现挂手段运用到评书中，调动观众胃口与情绪，使演出现场气氛更加热烈。此外，她还吸收了话剧、电影、木偶、武术等艺术形式的有益成分来提高评书的表现力。前文提到的原中央人民广播电台文艺部高级编辑陈连升对此评价："总之，兰芳同志采百家粉，酿独家蜜，使她形成了注重叙述、点评精辟、语言幽默、努力创新的刘氏评书风格。"

娱乐越是多元化，传统艺术的竞争力就越弱，这是大势所趋，几乎难以阻止。但经典作品的魅力，是可以穿透时光的。在今天，仍有不少年轻人通过汽车收音机、互联网电台、智能手机 APP 等渠道，继续听评书。刘兰芳也在徒弟们的帮助下，不断做着新的尝试。她全新录制的 200 集《【新】岳飞传》，入选教育部中小学生必听书目，如今在喜马拉雅 APP 的播放量近十亿，在喜马拉雅评书门类播放纪录中稳居前三。《中国青年报》发表评论：

> 传统艺术的继任者们，为了把"祖业"传递下去，就先要抛弃观念上的负重，不以过去的辉煌为压力，不以当下的寂寥为包袱，更不要恐惧适应与变化。对经典的改造与颠覆，注定要承受一些指责，在新作品的创作上花样翻新，也一样会引来别样的目光，但只要有底蕴打底，有热爱当先，传统艺术就有很大的可能在新的媒介平台与陌生受众群那里开出崭新的花朵。

精气神，成为"刘兰芳"

"文章合为时而著，歌诗合为事而作。"进入 2020 年，一场前所未有的新冠肺炎疫情肆虐全球，漫长的春天里，既有按下暂停键的城市，也有疫情无情人有情、众志成城除病魔的中国精神和中国力量。刘兰芳第一时间与丈夫王印权、曲艺作者望钧合作完成了抗疫评书《钟院士，百姓心中的一座山》，大年初九节目视频上线，她用评书记录时代、礼赞英雄、为抗疫加油！在节目中，刘兰芳深情表示，"钟南山"这个名字在她心中重如泰山，从当年抗击"非典"，到如今以 84 岁高龄临危不惧，依然冲锋冒险，无不使她深受感动。"体现出一种大爱精神，这是民族精神、是民族魂。我是他的粉丝，这样做，对广大人民群众也是一种激励，大家需要精神鼓舞，看到阳光。"

> 一马当先，引来万马奔腾，一人打冲锋，众人跟向前，习主席下令，全国总动员！解放军医疗队来了，各地卫生战线的精英来了，高铁送来了急需物资，飞机送来了专业人员。疫情紧急，国难当前，紧急扩建传染病医院。火神山，雷神山，机

器轰鸣，热火朝天，最高的标准，最迫切的期盼，党旗飘飘映蓝天，"钟南山"们冲向前！7 000人奋战8天，医院建成，设备完善，患者入住，火神山速度创建了世界奇观！习主席指示牢记心间，勇挑重担，1 400名神兵天降火神山，众志成城，共渡难关！

——《钟院士，百姓心中的一座山》（节选） 作者：王印权、望钧、刘兰芳

2020年3月5日，第57个"学雷锋纪念日"到来之际，刘兰芳又与丈夫王印权、徒弟王封臣创作了新编评书《特殊的订单》，弘扬新时代雷锋精神，礼赞平凡志愿者。刘兰芳以自己的身体力行、以紧跟时代的评书作品传达着曲艺工作者的创作热情，也彰显了一位非遗传承人在这非常时期的责任担当。

今天一大早，"嘀嘀！"，手机接到了一个短信：

亲！早上好！这些天你们辛苦了。我们是检验科最前线的大夫。我们科有个丁洁小姑娘，从疫情暴发以来，一天三班倒，就在医院里。她的父亲刚刚去世，小姑娘很伤心，但仍然坚持工作。今天，是她的生日。她说想吃块奶油蛋糕。您看看有没有可能帮她找一块。如果为难，就算了。这次你们已经够让我们感动的了。谢谢！

李顺达看着这份特殊的订单，眼睛不由得湿润了，他想：这些天，医护人员抢救病人太累了，待在医院三班倒，虽然有家回不了，吃不好，喝不好，困了就在地上倒。父亲病逝回不去，抢救患者争分秒。李顺达看完订单，马上回复了一句话："您放心，必须送上，而且我们要送她一个完整的大蛋糕！"

——《特殊的订单》（节选） 作者：王封臣、刘兰芳、王印权

刘兰芳弟子也积极响应号召，评书演员王双凤、东北大鼓演员王福玲，连夜创作出《温暖回家路》和《战瘟神》。刘兰芳的儿子王岩紧跟母亲步伐，创作表演了快板书《众志成城渡难关》，赞美了广大医护工作者不畏艰险、舍小家为大家的无私情怀，表达了对奋斗在战"疫"一线医护工作者的崇高敬意。

刘兰芳觉得，老艺人在评书创作中会引经据典，我们一看就知道，这本写的是清朝的故事，那本说的是民国的经历；现在创作评书，同样要有鲜明的时代特色，应该多创作一些现代书，因为新书和现代人距离更近。"通过新故事、新人物，能让现代人铭记中国当代英雄楷模，知道今天的幸福生活是由勤劳勇敢的中华儿女不畏艰苦、奉献青春换来的。在讲历史故事的时候，语言要有新的精神，老书新说、旧

书新评，才能起到寓教于乐的效果。要说好书、说好英雄人物，无论是历史的还是现代的，我希望把他们的精神贯穿在节目里，寓教于乐，使听书者在笑声中获得启迪与思考。"

任何一种艺术风格的形成，都不会是没有来由的。除了天赋条件、艺术趣味、师承所学之外，刘兰芳对于题材作品的有意选择，也在某种程度上决定了她的舞台形象。

刘兰芳丈夫王印权展示如今刘兰芳
依然繁忙的行程表

从刘兰芳偏爱选择的题材来看，塑造英雄人物、讴歌爱国情怀、弘扬民族正气、表彰行业模范，一直是她不懈的追求。岳飞、轩辕黄帝、虞舜、徐邦道、陈毅、关东才子、英雄母亲等，都是她所看重和着意表现的人物形象。这种艺术表现的趣味追求，使得她在评书说演时，必然会确定歌颂的基调，采用豪迈的语气，怀着饱满的激情，挥洒语言的美感。个人的天赋、艺术的趣味和审美的追求，就是这样通过一个个英雄模范人物的塑造，成就着刘兰芳评书说演的特色与风格。

"说岳"之后，当时的中国曲协主席陶钝建议刘兰芳说演陈毅，并为她题词"岳飞爱国，陈毅忠党，说好两传，此生不罔"。为了讲好陈毅，刘兰芳潜心揣摩人物、收集资料，从1982年开说《挺进苏北》为《陈毅传》热身算起，前后用了二十年时间，终于推出《一代儒将：陈毅传》这部新编大书。

2007年9月，由刘兰芳播讲的《中国母亲风采》100集系列评书，于每晚8—9点的黄金时段，在中央人民广播电台文艺之声频道《品味书香》栏目中播出。这部评书中的110位母亲，是2006年底评选出的第二届"中国十大杰出母亲"和首届"中国百名优秀母亲"。评选结束后，当时的全国人大常委会副委员长、全国妇联主席顾秀莲建议：应该把这些优秀母亲的感人事迹，用评书这一广大群众喜闻乐见的艺

塑造英雄人物、讴歌爱国情怀、
弘扬民族正气、表彰行业模范，
一直是刘兰芳不懈的追求

术形式表现出来。崔琦、曹保明、高玉琮、张九来、黄海源、孙立生、常志、姚连学等曲艺名家和一批曲艺创作新人共同担当起了评书本子的撰写工作。作为曲艺家协会主席的刘兰芳也是义不容辞，放下了一切演出和社会活动，全力投入到这部作品的改编、录制中。刘兰芳说：我也是一名母亲，但对于自己的家庭，我是心中有些愧疚的；而从这些优秀母亲身上，我看到了中国母亲博大无私的母爱精神、甘于奉献的优秀品德和自尊自信自立自强的新时代女性风采。"作为一名文艺工作者，我有义务、有责任宣传优秀母亲的事迹，弘扬她们的精神。"

在担任中国曲协主席的十年时间里，刘兰芳一直保持着旺盛的创作热情，共推出十一部长篇评书。

每一年的正月十三，河南宝丰马街村都会举行已有七百年历史的"马街书会"，来自全国各地的千余名曲艺艺人负鼓携琴，会聚在此，天作幕，地为台，弹唱献艺，说书会友。十里八乡的农民，蹲一片，坐一片，站一片，守着眼前摆摊开唱的民间艺人，完全草根范儿的乡村联欢，质朴而粗粝。

露天舞台，迎着寒风，走上一人："乡亲们，大家好，我是刘兰芳，我又回来了！"一个"又"字，绝非客套，用这样的方式面向乡村和农民，刘兰芳从1981年开始，至2019年已出席了18次。回忆起第一次来马街，刘兰芳无比动情："当时我就掉泪了，我50年代学艺，走南闯北那么多年，像这么原汁原味的说书场面，马街书会是第一家。什么叫'从群众中来、到群众中去'，这感觉一下子就有了。我是说书人，自然就爱上了这里。"

刘兰芳在马街书会还哭过一次。有一年，到了下午两点钟，天上飘着雪花，地上泥水一片。书会眼瞅着就要散场了，有个盲艺人，冬衣单薄，自己还在那儿唱。没有吃住的着落，没有路费，他也不急，还是四平八稳地继续唱着。刘兰芳没忍住自己的泪水。"咱们这行，七百年就是这么下来的。到啥时候，咱们都不能忘本。所以我愿意看见那么多说书艺人，愿意看见那么多老百姓。"

说尽人情方是书。刘兰芳30多岁便全国闻名，后又担任中国曲协领导，可无论身份与地位发生怎样的变化，她始终谨记演员的根应该扎在哪儿。丈夫王印权评价，刘兰芳的特点就是一直在群众里头。"她说：我说书就是给老百姓服务。坚持常年去马街书会，20万老百姓在露天或坐或站，听她说书，她越说越来劲。"鞍山曲艺团的老领导王俊明还曾向笔者回忆过刘兰芳的一件事："我记得有一年，刘兰芳回鞍山演出，我们从文化局借了一台老式的上海小轿车去接她，结果这个车走到半道就抛锚了，发动不起来了。司机说，怎么办，下来推吧！刘兰芳说，走，咱下去推去！她那时候早就火了，也下去跟我们一块儿在后边推这个车。我跟她属于老同事，当时还没觉得咋的，边上路过的市民都惊着了——一看，这不是刘兰芳吗？大明星还推车呀？"

说书、讲古，劝人方。几句话便是风云过眼，再举扇又是市井千年。从艺近六十年的刘兰芳，正如自己的名字一样，妙兰奇芳，不断突破。她把生活的艺术、专业的所学，积淀为文化的蕴意、深沉的情怀，终成一代评书大师。

书在说，人未老，清脆俏美的嗓音一如从前，古老的艺术从未走远。刘兰芳还在创作一部又一部新书，这是她给予时代和书迷最好的陪伴。

刘兰芳与本书作者合影

为大时代说『新书』
——北京评书国家级代表性传承人田连元

　　醒木一拍，天崩地裂，扇子一举，重如千钧。桌案后闪出说书人，对台下把"说、演、评、噱、学"等叙事绝活一一使出，只消片刻工夫，便已是听者动情、悬念迭生、勾魂入胜。待到那风雷激越讲至紧要处，突听得一声断喝：且听下回分解！瞬时满座的喝彩，又是无限的期待。

　　"古事今说，佐以评论"，北京评书，就这样成为繁华岁月的神奇见证，既满足着人类古已有之的讲述、聆听欲望，也有意无意间成为民族文化与古今风俗的口头留存。

　　田连元，北京评书国家级代表性传承人。从生逢乱世的流离难民到从艺六十载名动海内外的评书大家，其艺术之路的精彩跌宕，不比他讲过的那些长篇与短打逊色半分。

人间剧场，笑说悲欢。一代大师，踏梦而来。

说"新书"初识袁阔成

人类从掌握说话技能那天起，就有讲述故事的本能；听到好故事的愉悦，也是人人皆有的普世审美。早在春秋战国时，诸子百家游说诸侯，常用故事作喻，后来形成许多脍炙人口的成语，如"怒发冲冠""刻舟求剑""滥竽充数"等，实际上就是早期的评书。而北京评书的真正成型，则要从清朝鼓曲艺人王鸿兴去江南献艺时拜柳敬亭为师，回京后改说评书，并于雍正十三年（公元1735年）在掌仪司立案授徒算起。自此，评书作为一门独立的曲艺品种，方兴未艾，代代相承。

至20世纪初叶，许多北方乡村表演西河大鼓和东北大鼓的说唱艺人进入城市后，纷纷改说评书。这是中国曲艺艺术在流变过程中出现的一个十分有趣的现象。

1941年，田连元就出生在这样的鼓曲世家。祖父田锡贵是著名沧州木板大鼓艺人，父亲田庆瑞先唱东北大鼓，后改西河大鼓。

童年时田连元随父母浪迹江湖，辽沈战役血战四平打得最激烈时，也曾经历逃难艰险。后至天津，因父亲生病而辍学从艺。9岁拜王起胜为师，正式学唱西河大鼓兼练三弦。

恩师王起胜擅长《施公案》，田连元跟着学，为他后来说演《杨家将》埋下一线伏笔。据田连元回忆："我这师父当时说《施公案》，我听得非常认真，《施公案》里的人物我一个个听的，都记得比较瓷实。其中有一个人物——最有名的人物，就是'灶王爷'杜林，外号叫'灶王爷'，名字叫杜林，手中拿一把大铁铲。大铁铲打人的时候有口诀：一举'拍嘎嘎'，头一下叫'拍嘎嘎'，拍不上；戳脚面，没戳上；'胡椒面'，一锹土掀起来把眼睛迷了；完了扇屁股蛋，就打。就这几下。所以说，我师父那时候说的我印象非常深刻。但是呢，后来当我要说《施公案》的时候我再问我师父，我说：您那个《施公案》书路子能不能记得？我师父那阵儿老大岁数了，也不记得了。但是，我还记得这几个人物，《施公案》杜林的这个人物我就用到《杨家将》里了，就是《杨家将》里的杨九郎杨兴，我把'拍嘎嘎'改成'拍蒜瓣'。所以这就是传承啊，这是真正的传承。"

17岁，田连元便正式登台说长书《粉妆楼》，少年心中成角立万的火苗悄悄点燃。

田连元默默等待着机会。当时团里分片演出，彩屯矿区比较偏远，没人爱去，田连元马上自告奋勇，每天骑着自行车往返30多里地，就为了去书场独立登台讲

说新书，是曲坛风向，
田连元不甘于做跟随者，
暗下决心也要做开创者

一出《大隋唐》。这一说，可就停不下来了。

在说书的行当里，《大隋唐》等属袍带书，多是讲史和传奇，《大八义》等为短打书，以武侠、公案为主。代代艺人的书目，万变不离其宗。如果不被政治风云裹挟，或许田连元也会如师长与父辈一样，固守一处茶馆，用一辈子把帝王将相、侠义豪强悠悠讲述。

然而，政治风向突变，传统的书目如雨打浮萍七零八落，才子佳人彻底消失，所有的评书演员必须从头说起——说新书。

当时，身在辽宁的袁阔成、陈青远、杨田荣已凭新书名声鹊起，田连元通过60年代初的几次省内新书会演，现场观摩与讨教之后，也在渐渐摸索自己的路子。

说新书，是那个时代的曲坛风向，跟不上"形势"的老先生，就容易闹笑话。田连元记得，有些老先生早就习惯了四平八稳地坐那儿，面对新题材，颇多不适。"老人家都是一套程式，你让他改，的确挺难的。比如新书里，很多英雄人物出场，都得拿着把手枪，老书里哪有手枪啊，怎么表演掏枪的动作？我就亲眼见过有的老先生，上来就说了一句'夜战八方藏刀式'，手枪怎么'夜战八方'还'藏刀式'啊，成笑话了。另外之前学的套话、赞赋都用不着了，这对曲艺界来说，的确是一场'革命'。"

20出头的田连元，脑瓜快，接受新社会新事物能力强，在参加省内外调演时，自己演，也看别人演，结识了不少朋友，其中就包括后来被誉为"评书四大家"之首的袁阔成。

提到袁阔成，他绝对是评书艺术改革的带头人，在业内首先撤掉桌案，使评书由高台教化的半身艺术，变为讲究气、音、字、节、手、眼、身、法、步的全身艺术，推翻了几百年来评书的传统。袁阔成从小就练摔跤和武术，他在说武侠书时能够加入很多肢体的动作，且惟妙惟肖。这些特点，对于袁阔成说新书，都有很多助益。

田连元第一次见到袁阔成时，对方正在台上表演《许云峰赴宴》，开风气之先的表演风格，让田连元相当震撼。散场后他径直来到后台，找到袁阔成做了番诚恳的自我介绍，并对说新书的技巧进行了请教："'我听您这一说《许云峰赴宴》，颇受教育，原来新书还可以这么说。您是不是每句词都背得非常准确，准纲准词？'袁先生就在那儿乐，跟我说：'准纲准词？每句词都一个字不错那不就废了吗！关键的地方你不能错位就行，有的地方你还得大约莫趄着使。'我这就明白了新书短段表示得准，而且在个别的过渡的地方可以趄着使、即兴使。"

2015年3月，袁阔成因病去世，田连元特别追忆道："在我20多岁、他30多岁的时候，我们就认识了。那个时候正要求全国说书行业'说新唱新'，当时很多说书的老艺人只会说老书，不会说新书，但袁先生在'说新书'方面可以说是一名'闯将'。他在中央人民广播电台录制了《红岩》《烈火金刚》《赤胆忠心》《暴风骤雨》等好几部新书，为说新书闯出一条新路，成为评书界的一面旗帜，一个领军人物。袁先生的表演独具风格，不仅说得好，而且具有观赏性。艺术见解也有独到之处，比其他同行高出一筹，是我们评书界泰斗级人物，也是我的良师益友。他病重时我曾去看过他，虽然他已是86岁高龄，又在病中，但他头脑很清醒，谈笑风生，和我聊得很好。没想到这么快人就走了。"

袁阔成舞台照。针对创作新书、表演新书的问题，田连元与袁阔成多有探讨

袁阔成等人对田连元的不吝赐教，让他说新书时进步神速。而新书中最有代表性的、也可以说是让田连元在那个时代第一次出名的作品，是1965年表演的《追车回电》。

田连元对于创作《追车回电》，下了苦功。他是在一张报纸上看到的故事："我那个《追车回电》就是因为在报纸上看到一个报道，说一个老太太坐火车上成都看女儿，走半道上想起来信皮没带，就是地址没带，那个时候没有通信联络，老太太就得下车回本溪再取这信皮。那阵儿正是学雷锋，车长一听，就说您不用下车。当时他用铁路专线电话给本溪站打了个电话，让本溪站的人到老太太家里边把那信皮拿来，用铁路专线电话再打回来告诉他们。这个事儿我看到觉得很生动：旧社会谁会管你老太太这档子事儿啊，新社会就不同了，各行各业都热心服务，（这事儿）可以写个段子。从那时候我就知道，生活，是艺术创作取之不尽用之不竭的源泉。"

用田连元的多年好友郝赫先生的话说，《追车回电》在那次会演中取得了"山崩地裂"般的成功，说新书的高手云集一处，田连元成为当之无愧的"男子单打冠军"。田连元的成功，甚至让郝赫改变了职业走向。郝赫说："当时，鞍山的杨田荣、锦州的陈青远、营口的袁阔成等，都拿出了新作品。尤其是本溪的田连元，一段《追车回电》红得山崩地裂，被誉为那次大会的'男子单打冠军'。那是我第一次看到田连元说书，他 24 岁、我 23 岁，听他说书，不光心服口服，还外带佩服！人家说得是真好。我说了段《王杰颂歌》，全场最差，直到说完也没几个鼓掌的，我都不知道自己是怎么下的台。会演结束后，我们团长吕福寿问我：你说书能赶上田连元不？我说：我这辈子也赶不上。吕团长说：你这辈子赶不上田连元，还说什么书？我把你调到创作组，往后你就专门写剧本吧！我从弹弦的改成说书的，又从说书的改成写剧本的了。这是 1965 年 11 月的事。"

《追车回电》后，田连元于 1966 年 3 月在辽宁人民广播电台录制了第一部长书《欧阳海之歌》。春风得意马蹄疾，然而更大的人生磨难还在后头。

"文革"十年，成为"黑尖子"的田连元，刚有起色的评书事业戛然而止，拖家带口被下放到桓仁县修水库挣工分。后来在文宣队唱了两年样板戏，又说了几年相声和革命故事，渐渐重操本业，继续说演、创作了短段《新的采访》和《贾科长买马》。

国家面临剧烈震荡，再有抱负的艺人也变得渺小无力。田连元从意气风发的少年磨砺成见惯波涛的中年，在被时代与命运推得步履踉跄时，也靠着自己的韧性与底蕴，等待着东山再起的机缘。

🌿 电视评书 难得的"第一人"

20 世纪 80 年代初，评书迎来了又一个春天。刘兰芳在鞍山电台播讲的《岳飞传》一炮而红后，辽宁电视台的编导心思也活络了起来。1985 年，他们联系到田连元，希望可以录制中国第一部电视评书《杨家将》。

"杨家将"是宋元以来在我国戏曲艺术和说唱艺术中流传最广、影响最大的历史传奇故事。金刀令公杨继业、佘太君、七郎八虎（特别是杨六郎杨延昭）、杨宗保、穆桂英、杨文广、八姐、九妹，包括烧火丫头杨排风，几乎都是家喻户晓的英雄人物。北宋著名文学家欧阳修曾写过一篇文章，称赞杨继业、杨延昭"父子皆为名将，其智勇号称无敌"，并且指出杨家将故事在当时社会的各个阶层广泛流传。

这篇文章写于杨业去世后的第 65 年，篇名叫《供备库副使杨君墓志铭》。北宋另一位大文豪苏辙也写过一首题为《过杨无敌庙》的诗，此诗从另一个侧面证实了杨家将故事在宋代的影响力。

在书曲界，《杨家将》和《薛家将》《呼家将》构成了著名的"三大家将"。

向来主张"艺无定法""止则僵、僵必死"的田连元，爽快接受了录制邀请。这是中国电视史上第一次有评书演员站在镜头前说书，包括电视台的编导在内，谁都心里没底。录制现场安排了三个机位，机位确定后，编导又开始发蒙，说："这玩意儿机位还用调吗？"

田连元当时被安排住在沈阳市和平区马路湾的人民旅社，他自己就在房间里琢磨：这"蝎子屈屈独一份"的电视评书，到底我该怎么说，怎么演？田连元想：老百姓对《杨家将》的人物是耳熟能详的，但是对它的故事知道得并不全面。比如说杨六郎、老太君、杨继业、穆桂英、杨宗保等，每个人物都应该立住、说活。再有一个，主题立意要更加鲜明、正能量。杨家将抗辽反侵略、七郎八虎闯幽州、血战金沙滩，这都是向上的、让人热血澎湃的故事。我想冷静都不行，我自己得先满身热血起来。

辽宁电视台编导史艳芳回忆说："和传统的老艺人相比，田先生镜头感特别好，知道往哪儿使活，往哪儿调度。包括人物的语言，肢体的动作，让电视评书真的变成了立体的艺术。"

借助电视媒体的镜头语言，田连元大开大合的说演方式，如鱼得水，好评如潮。

评书必须有三种人物。一个是"书胆"，一个是"书贼"，"书胆"是一号正面人物，"书贼"是一号反面人物；还有一个是"书筋"，这是必须有的，没有"书筋"，这书就没有意思，就像《西游记》里不能没有猪八戒这样的人物一样。有"中国曲艺活词典"之称的曲艺理论家耿瑛先生认为，田连元的《杨家将》最不同的就是多了一个杨九郎，杨九郎就是《杨家将》的书筋。耿瑛说："传说和历史不一样，历史上的杨业 56 岁就死了。京剧《碰碑》中说他死时 70 多岁，佘太君活了 100 多岁，那都是艺术夸张。佘太君有七个儿子、两个女儿——八姐九妹。八儿子杨八郎——京剧有《八郎探母》、二人转有《回岗岭》，那是王令公的儿子，后来王令公死了，认的干儿子杨八郎，也不是老杨家的。这出一个冒牌的杨九郎，后来还被老杨家承认了，这是书筋人物。这人他一出来就闹笑话，大家就愿意听。另一种说法叫'点儿'，正面叫'正点儿'，反面叫'反点儿'，逗笑话叫'包袱点儿'。还有'书柱'，就是次要人物，就像《杨家将》孟良、焦赞这样的人物，也得有。长篇《杨家将》不亚于一部长篇单口相声。"

　　当别人还在犹豫、质疑电视评书是否符合艺术规律、能否留住观众视线的时候，田连元已经先声夺人。他把北派大书的豪放棱角与电视镜头对于评书演员肢体动作的完整展示结合到一处，艺术魅力得到成倍强化。他把自幼学习京剧、武术的底子融于电视评书之中，一举一动，一颦一笑，充满了力道与美感。田连元说书之时的"演"：一像镜子，再现人物形象，使佘太君、穆桂英、杨排风、杨九郎、寇准等角色立体化、形象化，并进入形神兼备的境界；二像笔墨，勾勒人物所处的典型环境，指高为山、指低为水，通过眼神、动作和形态，用变换角度的方式区分人物；三像界标，分清故事的跳进跳出，叙述模拟、夹叙夹议，顿挫有致、铺排有势，的确是不落俗套，令人耳目一新。

　　《杨家将》的热播，极大促进了评书艺术的普及。评书观众的规模从过去书场、茶馆充其量不过千人进入到动辄以千万亿人次计的盛况。同时，田连元的探索，也让评书变得更精练、更形象，增强了现代美感，成为既耐看又可听的视听艺术。由田连元肇始，老中青艺人都以极大的热情参与电视书场录制，每一个演员对于自己从前所学和日后之路，都有了更高标准的要求与进步。

　　田连元对电视评书曾有过一段关于"事、趣、劲、哏"的分析，十分独到："电视评书 20 分钟一个单元，这从内容上得有精彩细节，像郑板桥所说的：删繁就简三秋树，领异标新二月花。你得领异标新，还得删繁就简。所以在这 20 分钟里边，你得有点儿核心事件，那叫有点儿事儿；而且得让人听着还有点儿意思，有点儿趣；而且有悬念，还有点儿劲儿；完了让人感觉可乐，还有点儿哏。"

　　对于时代赋予古老曲艺的新课题，田连元是第一个递交答卷的赢家。2018 年10 月，田连元接受过一次《人民日报》的采访，他说："上世纪 80 年代，电视媒体初兴，当时我就想，评书一定要在这个'新媒体'上占据一席之地。1985 年我带着评书《杨家将》走上荧屏，成为将评书艺术引进电视媒体的第一人。为避免电视评书造成视觉疲惫，我加大表演幅度，突出人物形象和神态塑造，在舞台调度等方面也下了很大功夫，使评书一下子有了很强的立体感。我几近动用全身能量，力图将观众的耳朵、眼睛都调动起来，一下子就抓住观众的注意力，激起观众的情感。电视评书《杨家将》轰动一时，有一次因为转播足球赛事，当日评书停播，结果电视台的电话响了一整天。之后，中央电视台和全国 20 多个省区市都开设了专门的电视书场栏目——古老的评书艺术遭遇现代传播媒体，不仅可以依然保有自己的位置，而且'老树开新花'，开得更艳。后来，央视三套将我主讲的《隋唐演义》改编成动画评书《罗成别传》和《秦叔宝别传》，这都是传统艺术力争与时代潮流融会贯通的积极努力。"

近年来，常有人问田连元，传统评书会不会走向没落与消亡，对此，他的态度依然乐观。首先，评书的生命力扎根于"讲故事"这一最基本、最朴素的人类传统。讲历史、讲现实、讲人生，这种形式是广大人民群众最易于接受和乐于接受的，同时也是很多其他艺术形式的母体和载体。作为一门说话的艺术，只要人类还有听故事的需求，评书就有生存基础。其次，评书具有与时俱进的品质，它在历史沿革中是这样，在现代同样如此：有了广播，就有了广播评书；有了电视，就有了电视评书；有了网络，又有网络评书……现代传媒不断迭代，评书也在积极改变自身，适应时代。这种自我更新的品质是评书走下去的另一大保障。"我说《水浒传》、说《杨家将》，也讲党史故事《星火燎原》，还把全国道德模范先进事迹写成短篇评书在全国巡演。不仅是评书，任何一种艺术形式，都必须有时代感，有当代性。如果观众一接触评书，就觉得距离自己非常遥远，那评书艺术就面临真正的危险了。"

田连元上镜时很少穿长衫，总以西服或改良中山装出现，与其说演风格极为吻合

与电视结缘，田连元在评书演员里可谓走得最早最深，他还曾出任中央电视台春节联欢晚会和《曲苑杂坛》栏目（前六期）的主持人、撰稿人。

上点儿年纪的人都还记得，有一年央视春晚，田连元演了一段1分钟时长、不到300字的小段《鳄鱼池的故事》。这也有典故。当时春晚导演组突发奇想，说咱们这一次搞一组节目，一分钟内达到"笑果"，叫这些说书说相声的，谁有都行，"短平快"。于是就开始征集作品，来了很多人讲，讲完了导演组没有笑的。有些老先生去讲，讲了五六个，下来之后脸都绿了，说：你们这些电视导演太可怕了，怎么都不会笑？最后唯独留下了田连元的这个《鳄鱼池的故事》，他语言的节奏、情节的铺排、先天的幽默感，以及最后那个引发全场哄笑的超级大"包袱"，在这1分钟里，得到了充分展示：

> 在外国，有一个水族馆，一个大池子里面养着很多条鳄鱼，这鳄鱼张着大嘴在那儿游来游去。突然有一个富翁在旁边说：小伙子们，你们谁要是能够从那边跳进鳄鱼池，在鳄鱼池里面游到这边再爬上来，我立即给他十万美金，同时还把我最漂亮的女儿许配给他。这句话刚说完，"扑通"一个小伙子就下去了。这个小伙子下去之后，"哗哗哗"，在鳄鱼池里就游，这鳄鱼当时都愣了。这小伙子游到那边就爬上去了，很多记者过来采访：小伙子你要得十万美金，还有漂亮的姑娘，此时此刻，你有什么想说的？这个小伙子："躲开、躲开，都躲开，我现在急于知道的不是这些。我要知道的是，刚才我在那边站着，谁把我一脚踹下去的。"

说演称绝　田连元何止一"坏"

曾经有人用相声行内的"帅、卖、怪、坏"四种风格对照评价评书四大家。帅，是说台风稳健大气、儒雅沉雄、潇洒自如，袁阔成占了；卖，是指嘴皮子利索，气铆得足，多用贯口等丰富剧情，刘兰芳占了；怪，是指嗓音特殊，剑走偏锋，收到奇效，当属单田芳；坏，是指机智、幽默、诙谐，多抖包袱，田连元占一个"坏"字。

这种评价，起码对田连元来说，略显局限。敏思多学，情感丰沛，不拘一格，全能出新，才是他得以立足书坛、受人推崇的根本。一张嘴，说尽天下大事；一个人，穿越古今时空；一抖扇，烽烟重新过眼。动作洒脱时，他是跨虎登山的皇帝刘秀；满口山西方言时，他是足智多谋的宰相寇准；提辖鲁智深是他，都头武松是他，梁山一百零八将都是他。

田连元是凭借"说新书"成名的，而他"新说书"的探索与尝试，也在业内得到公认。"说新书"，指的是内容与题材的变化；"新说书"，则是对演员表演范式和创作能力的更高要求。

田连元新说书，极为重视二度创作，坚持严谨的考据与合乎逻辑、经得起推敲的改编，既保证了艺术感染力，也做到了可亲、可信。

他在1981年改编的传统评书《杨家将·调寇》，集中体现了上述特点。田连元说："《调寇》这个作品，在传统书《杨家将》里边是人人都说的一个段子。为了从以前的套路里跳出来，我特意查了《宋史·寇准传》，我看真正的史书里边寇准这个人物是什么样的。一看，哦，寇准刚正不阿，帮着宋朝建了澶渊之盟，对辽邦不妥协敢于斗争；而且寇准这个人从小就多才，七岁能诗……我一点一点就像剥蒜一样，一层一层地剥这个皮，逐渐地我明白了，也让观众明白了，这个人他是怎么因为廉洁奉公而穷到这样的。哪怕他自己破衣烂衫、饭都吃不上，也拿出银两接济百姓，所以寇准走的时候，全县城的老百姓都出来欢送他。我当年在全国曲艺会演获得一等奖，就是改变传统说寇准的方式，立体化了寇准这个人物。"

本书作者（后排中）拜访田连元好友崔凯（前排左）、郝赫（前排右）两位先生并合影

崔凯，中国曲艺家协会副主席，国家一级编剧，也是田连元多年的好友。1981年，田连元在沈阳迎宾馆点灯熬油改写《调寇》本子时，崔凯跟他住一个屋，写《攀亲家》二人转，所以对这段创作往事，以及田连元的演出风格，崔凯很有发言权。崔凯说："田先生的表演艺术还有一个值得研究的地方，就是他用神似，用眼神，用那种非常典型的动作，一下子就把你领进人物里去。比如他说《调寇》的时候，他拿扇子当棍子挂着学老太太的时候，一下子就可以看出他使用了巧劲，扇子一倒过来，挂着这个扇子，你会立刻觉得他就是一个老太太。所以，我们东方传统美学特别是戏曲艺术的这种虚拟、写意、神似，还有那些一招一式，他都是经过设计的。"一把扇子，在田连元手里可作百般物件：拧着是枪，端着是刀，横着是剑，竖着是笔，打开是书信、地图、圣旨……形似只是表层，内里是他对书中人物的仔细揣摩，如此方能形神具备。

电视评书《水浒传》，同样是田连元的代表作品，影响力不亚于《杨家将》。据说当年中央电视台准备拍摄1998年版电视连续剧《水浒传》时，导演组特意把田连元请去，郑重其事地发了顾问聘书，请他给所有演员开会讲每个角色的特点。田连元走后，导演十分严肃地对演员们说：电视台投了这么多钱，找了这么多人，拍好几年的这个电视剧，要是到最后演不过人家田连元一个人、一张嘴，我们的脸还往哪儿搁？

《水浒传》的成功，很大程度上得益于田连元对人物形象的合理性改编。他是以做学问的态度，给每个角色都做了"脚本设定"的。对于明确孙二娘为什么要做人肉包子，增加"朱武审鸡"情节以显示朱武"神机军师"名号的合理性，田连元都有自己的特殊考量。2018年5月，田连元在国家图书馆举办过一次"读书与说书"公益讲座，分享了自己为什么在四大名著中偏偏挑了《水浒传》来打造的创作历程。谈及许多老前辈都有《水浒传》相关的评书作品，田连元说："我们应该按照名著本身的人物发展脉络走，然后有自己的见解。要以端正的态度来看待名著，不能进行恶改。"提到孙二娘这个人物，田连元为听众讲了正传中没有点明的故事："孙二娘为什么叫'母夜叉'？那是因为她爸孙元是绿林中人，山大王，人送绰号'山夜叉'。她姐姐是孙美娘。孙美娘受辱而死，孙二娘为姐报仇，将仇人煮了剁馅做人肉包子，'母夜叉'的称号便从此开始。施耐庵在写《水浒传》的时候，其实是采集了古代说书艺人所用的素材，把他们所说的故事汇集起来，但有很多内容并未收全。但说书艺人把这些故事延续下来，演说下去了，孙二娘的这段故事就是如此。"

一些涉及历史、文化、民俗常识的困惑，田连元也没有轻易放过。据他讲："比如说'智取生辰纲'这段，'白日鼠'白胜挑了一挑子白酒上去，说这些个军汉们渴，都舀着白酒喝。我就犯合计了，我说：咱们现代人觉得白酒60度，人要是喝完都醉了，怎么能叫解渴？我就找哇找，最后在一个'水浒什么资料研究'那里边找到了，'白日鼠'白胜挑的不是今天的白酒。今天的白酒是蒸馏酒，元朝以后才有的；元朝以前纯手工榨的那种酒，分白酒、黄酒、老酒等，度数都很低，就类似今天的啤酒。所以军汉们抢着喝白酒，跟现在有点儿量的人夏天喝冰镇啤酒一样，它的确解渴。只是没想到里面是下了药的，喝多了才倒。我说书的时候把这里边的前因后果、科学道理都说清了，听众也觉得可以理解了。所以，说书得干到老学到老，永远是在学习的过程中，就这么回事。"

🖐 跳出窠臼 竟遭同行不点名"批评"

从20世纪60年代初的说新书，到80年代首登电视书场，这些年来，田连元一直不忘从艺初心与艺术创新。对于一个出身鼓曲世家的人，能够自觉跳出江湖窠臼、有意拓宽艺术视野，殊为难得。在艺术之路起步阶段，他就已经在注重讴歌时代、赞美英雄，很早就完成了从旧式艺人向时代演员的身份转换。正因如此，在技艺越发精湛的盛年期到来时，他才会顺利接招、大胆突破，开电视评书风气之先。

评书长于说表，田连元则强化了肢体造型与声音造型的结合。他在表演评书时，喜穿现代服装，特别是西服。道具也少用手帕和醒木，只用一把折扇模拟故事情节中各种道具的使用。自己立于舞台中、前区域，甚至利用上整个舞台，动作大开大合，手脚并用，闪腾扑跳，干净利落，令人目不暇接。这种表演形式确实有别于前人的传统评书表演。

田连元在评书的创新和改革
方面做出了重要贡献

田连元的这种说演风格，在早期也曾引起过争议。好友崔凯记得，20 世纪 80 年代，天津搞了一次曲艺研讨会，有些外地的老先生不点名地批评说：有些评书演员上台不是说书，是演，"演评书"，从来我就没看到过说评书还"打飞脚"。实际上说的就是田连元。

茶馆、书桌，局限了说书人的动态演绎，使评书成了"半身艺术"，甚至很多老艺人觉得，我要是站起来都失身份。但随着时代进步，舞台变了，媒体变了，镜头里的说书人，也必将要做出改变，"全身艺术"成为必然。说书人其实可以分成两种。一种是模仿型的，很多老艺人，一辈子靠家传的一两部书糊口，说得精说得好，也会有观众，行话叫"挽"住观众。但是，这个只是"说书先生"。还有一种是创造型的，把传统的东西拿来，经过我的再创造，形成了我自己的风格，这叫"评书表演艺术家"。显然，田连元是当之无愧的后者，他在评书的创新和改革方面做出了重要贡献。

会说的说人物，不会说的说故事。单纯卖弄悬念、强调"扣子"，只是初级阶段，在田连元这里，以情动人，方能撼动人心。

对田连元的表演风格，他的师弟、沈阳市曲艺家协会名誉主席郝赫先生认为："你看他在台上表演，每一句话甚至每个字都带着一种感情去说，听他的短段、长篇都是这样。他最近说那几段《杨志卖刀》，当泼皮牛二欺负杨志的时候，杨志从语言上、表情上、语气上都是非常有感情。观众听了他说这段书，就对这个地痞流氓、黑社会，这个人，同样咬牙切齿地痛恨。为什么？他把感情输送给观众了。我感觉到，田连元说书是带着情去说书。"

作为一代评书大师，田连元说书背后承载的美学内涵，更具时代温度。

他的说演，犹如社会万象的一面镜子，深刻生动地反映了纷繁杂沓、色彩斑斓的大千世界，不仅展示了从古到今的中国历史画卷，而且涵盖了数不清的大大小小、形形色色的社会风俗切片。

在他的作品里，人们欣赏到的是对于中华民族传统美德忠孝节义的由衷赞颂，是对于昏君、奸臣、不良之师、不义之友、藏头缩尾的懦夫、自作聪明的饭桶以及形形色色面目可憎的边角料小丑角的解恨讥讽和有力鞭笞。

在人生哲理的传导方面，他的作品所蕴含的世界观，不是俯瞰宇宙万物的空泛议论和上帝视角，而是附着于纷繁万状的具体事物，见微知著，以事喻理；它所蕴含的历史观，不求上下五千年道尽沧桑事，而是体现在所截取的具体历史阶段，透过某些典型角色的断面，去审视、折射历史长河的风貌；它所蕴含的人生观，不是抽象地指点议论人生，而是落实于犹如星罗棋布的人物形象，点出说书人的立场和是非态度。

评书是"艺术"，这包括了两个字，"艺"是艺，"术"是术。艺是跟老师学来的方式方法，可以称之为"浅层表演"；术是台上的表演特色，是"深度情境"。术是学不来的，只能根据自身的演出积累。到了一定程度，术越多越好。

"一人多角，调动观众进入情景"是评书艺术的特点。"一千人眼里有一千个哈姆雷特"，听评书也是如此。田连元觉得，光有艺，肯定不吸引人；光有术没有艺，也不行，更不吸引人。"调动观众"是评书艺术的基点，强调留给观众充分的想象和体会空间。评书素来讲究和观众互动，评书演员随时都要关注观众反应，及时捕捉观众情绪。评书艺术的革新也必须根据这个基点进行，具体改革得如何，就要看评书演员的个人素质和能力了。

从艺生涯进入到成熟阶段，想要追求术的突破，重要的还在于引导与开发，"也就是'开窍'，老艺人说的'开窍'，一旦开窍，城墙都挡不住"。

针对如何成为一名合格的评书演员，田连元提出了四种能力：一是"说"，也就是讲故事的叙事能力，这是基本功；二是"演"，要把讲述的人物演活，人物形象塑造得活灵活现；三是"评"，说书人在关键时刻必须得有个人见解，而且需站在一定高度上，富有一定哲理性；四是"博"，也就是修养和素质，评书演员到老都得做学生，必须不断丰富和更新自己的知识，不断提高自己的素养。

更进一步，"评书还是想象艺术"。这是田连元接受笔者采访时做出的一番分析：

"我认为评书艺术要用最简单的话讲，一句话就能说明白，凭借演员一身的全部能量，带动观众进入规定情境去进行艺术审美。这就是它的特色。包括演员的语言表达力、他的知识存储力、他的文化积淀，乃至他的形体表演能力，用这一切手段带着观众进入规定情境。其实这个规定情境就是想象环境，观众到那里边去听故事、看人物，跟着你的叙述往前走，进行美的欣赏。"

田连元近年来最看重的一项工作是亲自撰写《中国评书》书稿，
既有历史源流的探究，更有专业素养的总结。这是他在家中伏案写作的场景

🍂 车祸失爱子　说尽人情方是书

　　说书人口吐莲花，半史半奇，亦真亦假，但说书人自己也会活在人情世故里，有体悟不尽的悲欢和离别。对母亲的眷恋，以及老年丧子的苦痛，是田连元最不愿提及的心底事。

　　田连元是个孝子，父亲很早去世后，他一直跟母亲相依为命。"文革"十年，风风雨雨，田连元举家下放到本溪桓仁，无比苦闷的他，甚至产生了轻生的念头。他一个人悄悄地爬到山坡上看天上的云彩，心中无限悲苦和郁闷，他说：我有什么用呢？我什么用都没有了。那么多的苦恼，要不干脆了却残生得了！但这个时候，他又想到了他的老母亲，他说：我要是没了，我母亲怎么活下去？想到这儿，他才又装没事人一样，下山回家。

　　母亲去世后，田连元有相当长的一段时间走不出去，甚至产生幻觉。他说：我一回到院子里，下意识就觉得母亲在楼上，在窗台呢，看着我，等着我回来。"我就非常受不了，一幕一幕就回想起来，从记事开始，从逃难到战争，到最艰苦的时候。母亲没有多少文化，但是给我的是一种精神上的支撑，人没了，这种支撑好像也没了。"

比少年丧父、中年丧母打击更大的是老年丧子。那是一场轰动全国的车祸。2014年5月28日晚上，田连元回辽宁参加一个会议，从沈阳的机场出来，小儿子田昱已经等候多时。上了儿子的车，两人一路有说有笑地往本溪驶去。车子开到青年大街二环路，隔离带另一侧一辆吉林牌照黑色现代车翻滚着向他们直冲过来，连撞四辆车。田昱因颅脑重度损伤当场身亡，而坐在副驾驶的田连元也重伤昏迷，车祸现场惨不忍睹。当田连元再次睁开眼睛，已经是七天以后，醒来后他出现了短暂的失忆症状。当时医护人员并没有告诉他儿子遇难的事实。医护人员越是遮掩，田连元对儿子的情况就越发担忧，此时他估算到儿子的情况可能并不乐观。第二天，田连元的徒弟来医院看望他，他又开口向徒弟询问儿子的情况，徒弟善意地编造了一个谎言，告诉他"正在另一间重症监护室救治"。

崔凯则隐晦地说："你不会开车你不知道，会开车的（都知道），一般这种情况，在副驾驶那个位置是危险的，司机，打一把他就会躲过去。可是副驾驶坐的是他亲爹，他不能把危险留给你，所以他扛了这样一个灾。"

崔凯又偷偷叫过田连元的老伴儿刘彩琴说：刘老师你得出面了，田先生说了一辈子书，说的是人的命运，说的是世上的各种事，所以，不告诉他真相是不行了。但怎么告诉？只有你出面。刘彩琴也是说书的出身，事事通达的人，自己止住了悲痛，到了重症监护室。她对田连元说：你得有思想准备，田昱伤得比你重……

崔凯在与笔者的交流中，回忆了当时的情况："我说：'田先生，你别介意，这个孩子也许可能就是替你走了。你还有很多没有完成的事，比如说咱们还要写教材，《评书表演艺术》你不写还不行，你还得自己支撑起来。'我们都可以理解，这么大伤痛，是很难过去的。后来，陈寒柏给他联系，到了大连的一个部队疗养院，我去看他，那个时候他慢慢已经走出来了。"

根据现场勘察结果的报告，田昱在对方的车子飞过来之前曾做出右打轮的操作，这是个极为反常的行为。作为司机，在遭遇突发事故的时候，第一反应都会是往左打轮，这属于本能性的无意识动作。如果当时的情况真的是车头甩到左边，那么最终遇难的就会是副驾驶的田连元。并且更令人感动的是，为了避免父亲遭受二次创伤，田昱用尽最后一点儿力气将车子稳稳地开到路边，才趴在方向盘上停止了呼吸。年轻时的田连元曾说过："我就是一个说书的，我从来没把自己当过回事。"如今他不能不把自己当回事，因为自己这条命是儿子用生命换来的。

别人的苦难与艰辛，往往是一笔划过的字迹、闲言少叙的情节。只有当事人自己知道，摆脱那些往事的纠缠与负累，需要付出多大的代价。田连元用三个词说服了自己：看得开，摆得清，说得明白。

无情未必真豪杰，说尽人情方是书。田连元说："所以我们说别人，我们说历史，我们说社会，其实我们也在这里头。"

在重返舞台之前，身体日渐恢复的田连元有一次在北京打车，司机一看是他，就说："田先生，今天真高兴能拉着您，我跟您说一个事，您可别介意。我一个朋友挺孝顺的，他父亲去世之前，他就问他父亲：爹呀，你还有什么未了心事吗？他爹说：没有了，你们都挺孝顺，我也到岁数了，也该走了，就是田连元的评书没有听完呢！最后您猜怎么着？他儿子找了丧葬一条龙，让做了一个彩电、画了一个田连元说评书，就给烧了。"

田连元重返舞台，人生苦痛成往事，
老骥伏枥踏梦来

这件事，田连元是当笑话讲给崔凯等好友的，那时候大家就觉得，那个豁达、幽默的田连元，又回来了。

2017年7月，年过古稀的田连元回到沈阳录制新书《铁马冰河丹心谱》。气息与体力，自是与盛年无法相比，但他的眼神、动作、神情，依然不减当年风采。当时，田连元的好友、著名曲艺理论家赵连甲（曾在央视春晚与宋丹丹合作小品《懒汉相亲》，出演村长）也在现场，他回忆道："我看着他那个表演，我的眼泪哗哗的。我并不是完全因为他那个段子把我说哭的，是他那种气场。他的声音已经不如过去了，但是他在台上那个气场，我确实没从咱们老前辈里看到过。我认为研究田连元的艺术，必须从田连元一些根本的东西研究，是他对文学的追求，对时代的追求，对他自己艺术本体的追求，对他自己的要求，等等。你把这个看成一个完整的、田连元的东西，所以我说他这是田派艺术。"

传承传播　指向"未完待续"

时间无限，一切未完。中国人讲故事到最后，都指向一个"未完"。功利点儿看，希望日复一日，您了继续捧场，我靠说书养家糊口。更深一层，这"未完"二字或许还指向，即便个人生命有限，但一切的文明与美好的情怀，都可以不断延续，被说给后人。

作为一门古老的曲艺形式，几经沉浮而不被埋没，甚至在现代社会更加蓬勃发展，名家辈出，与其他非物质文化遗产相比，评书显得格外幸运。

关于收徒、传承，田连元这些年"山门"开得十分严谨。田连元说："我最初不收徒弟，是因为我在这个行里六十年，知道这个行业很艰难甚至痛苦，你付出很大，但不一定能得到什么。所以我不希望让一些条件不错的年轻人进这个门。我干这一行是三代传下来的，知道个中艰辛。"第一次收徒，还多亏了老友崔凯与袁阔成从旁递话，才算完成。那是在 1988 年，一次东三省会演中，崔凯劝田连元收张洁兰为徒，但被田连元直接拒绝了。后来袁阔成说了句话，说"张洁兰这孩子不错"，田连元无法驳袁的面子，终于松了口。于是在那次曲艺大赛的间隙，崔凯和当时吉林省曲协的秘书长一起主持了田连元的第一次收徒仪式，张洁兰成为田连元的大弟子。打那儿开始，田连元才开始收徒，而且一直保持收徒的高标准，他第二次收徒又是在十六年后了。身为武警广东边防总队艺术团曲艺队的队长，二徒弟卞志明一心想拜田连元为师，田连元考察了他十年，觉得他为人实在、做事厚道，最终才答应收他为徒。再之后，田连元又收下关永超、叶怡均和王静。

到了 2017 年和 2018 年，田连元加快了收徒速度，分别收徒 2 名（穆凯、宋春明）和 5 名（王声、张丽华、张军、李刚、武秀征）。与笔者相识多年的沈阳青年相声演员穆凯，是 2017 年被收下的徒弟。穆凯向笔者回忆师父当年的叮嘱："师父在拜师仪式上说的每一句话，我到现在都能背下来。他说：'这门艺术，不像唱歌，一夜就成为红歌星；也不像影视剧，一个好片子，能够轰动全国，你就成为全国轰动的明星。拜了师了，别后悔，干了这个活儿就要甘于寂寞、甘于孤独、甘于清贫，奋斗终生，未见得能到终极。但评书这个职业有个特点，我总结是滋润精神、塑造灵魂。这很重要。'"

穆凯是说相声的，为什么能够跨门派拜在评书大家田连元门下呢？穆凯的引荐人崔凯表示，现在曲艺界师承多门的不算少，这样的人才能够多方面发展。梅兰芳先生也曾经说过，他跟很多老师学习过。如果在传承传统曲艺方面局限于门派，一招一式都不能改变，那就得走向衰落。

田连元在 2017 年举行的收徒仪式现场

2018 年收的徒弟中，也有一位说相声的——陕西青曲社著名相声演员王声，曾在 2015 年中央电视台春节联欢晚会与苗阜搭档表演相声《这不是我的》，代表作还包括《满腹经纶》《杯酒人生》。还有一位辽宁本地的著名节目主持人——李刚（刚子），对他的考察，田连元用了三年时间。师弟郝赫向田连元引荐刚子时，田连元谨慎地表示自己常年住在北京，对这位主持人不太了解。郝赫说，刚子在辽宁地面的名气很大，老百姓都爱听他用东北腔说新闻。田连元说，名气大不等于能力大，能用东北话说新闻也不等于能入得了评书门，再看看吧。这一看就是三年，直至此次通过考察。

拜师仪式，田连元也是破旧立新，提议改变过去传统曲艺跪拜礼的拜师形式，改为鞠躬、献花。鞠躬礼毕，田连元对徒弟们正色叮嘱："评书这门艺术有几千年的历史，它是中国优秀传统文化的活化石。评书有广泛的群众基础，我也是通过电视评书被全国观众所认识的，因此我们更应该去研究和探寻评书的价值，把这门艺术继续发扬光大。行鞠躬礼，我也是给你们一个'提示'，希望你们能用鞠躬尽瘁死而后已的精神来学习评书、研究评书。这一拜不是拜我，是拜投入传统艺术的决心和意志。评书能够流传、保存下来，有诸多因素，除了要有观众，还要有这样的年轻演员队伍不断壮大。希望你们能把评书艺术传承下去。"仪式最后，田连元正式宣布"关门"，从此不再收徒，希望自己这些年收下的总共 12 位徒弟能潜心钻研学习，传承评书艺术。

带徒弟，对田连元来说，绝不是图声势壮门面。兹事体大，宁缺毋滥。一旦明确师徒关系，必将倾囊相授，一生尽责。

张洁兰，是跟随田连元学艺时间最长、成就较高的大徒弟。当年，田连元到中央电视台录制评书时，也会捎带着让张洁兰去录一段长书。田连元就站在导播间里全程监督，随时喊停随时纠正。张洁兰说："当时北京的天气非常热，正值伏天，摄影棚内的温度达到了将近四十摄氏度，脸都是肿的。那么热的天，人心本身就很躁，然后我要把词背下来，我要把这些人物分清楚，怎么想办法能够说得更吸引人一点。这个过程师父也是看着我录，在我录制的过程当中师父就坐在监视器前，我对着镜头说，他看着监视器，哪儿不行告诉导演停，所以我就是这样过来的。"

田连元说，没有状元师父，但有状元徒弟，希望我能教出一个状元徒弟来。田连元的 12 位弟子均活跃在曲艺舞台，当没当状元结论尚早，但每一位的业务能力在拜师之后的确都有了明显的提升。穆凯在拜师之前，已是沈阳曲艺团的业务团长，并与老一代曲艺理论家耿瑛先生合作完成了《辽宁曲艺史》的撰写；拜师后其艺术造诣更见提升，并于 2020 年出任沈阳市曲艺家协会主席。

在拜师前曾让田连元"犯嘀咕"的刚子，也不负师父所托，用"白山黑水的东北味儿"的讲述方法，在辽宁卫视开办《说学逗唱话相声》专题节目，将中国相声的艺术源流、演变、发展和技法，通过有悬念、有趣味的方式向观众娓娓道来。讲文化的节目，如果语言生涩，如同教科书一般，那么就很难吸引普通大众。《说学逗唱话相声》这个节目，在讲文化的同时适度降维，把相声历史、人物演变成一个个小故事，用刚子的"东北味儿""评书范儿"讲出来，大家就乐于倾听。这档节目已成为辽宁卫视的主打品牌。

田连元与徒弟穆凯进行
业务交流

传承是艺人守业的天职，传播则是不想辜负自己。这两项使命，在田连元这儿同等重要。多年来，他把评书的说演展示同走进校园相结合：在北京大学开设田连元书场，连讲三年；到台湾教育大学、台湾艺术大学授课宣讲评书艺术；第一个走进加拿大多伦多大学、俄罗斯圣彼得堡大学，展示中国评书魅力；在北京最炎热的几天，田连元还不顾年迈，专程参与了为来京学习传统文化的台湾学生策划的集体授课……

成角儿者，不管身居何位、名望几许，只有寄情艺海之人，方能在古今传奇、节奏音律里流动胸襟抱负，对"人"对"物"对"天地"饱含深情。若能再加上乡土文化根源的支持、新兴时代文明的滋养，以及艺人自身的修为自觉，则必将立于高处，成就斐然。

田连元的评书艺术，穿越六十载光阴，几经坎坷起落，终成几代人的精神共振。它是山水画，寓情于景，景又带情，通过说书人之口，为养育人物性格的山山水水注入浓重的人文色彩和乡土气息，故国家园别具韵味；它是风俗史，从民俗角度审视特定人物的生活，开掘角色身上的民俗特征，典型化、艺术化、系统化高度统一；它是人物志，纵向反映历史，横向反映社会，引发出中国人独有的民族心态和民族风骨。

当年那个跟随父辈在战乱中流离失所的无助孩童，那个被荒诞风云裹挟几度丧失艺术创作自由的草根艺人，靠着自己的勇气、信念、功力、底蕴，于人生低谷中寻获曙光，于事业挫败里再找出路。他不只是实现了自身生命历程的圆满，也像一部浩瀚长书般，闪动着无巧不成书、峰回又路转的离奇光彩。

讲了一辈子千古风流人物的田连元，就这样，把自己的艺术之路，也说演成了踏梦逐新、精彩纷呈的人间传奇。

田连元、刘彩琴夫妇与 12 位徒弟的大合影

沧海寻根『雁』归来

——古渔雁民间故事国家级代表性传承人刘则亭

大地回春，海冰消融，辽东湾从风雪料峭中苏醒，传递出新一年的潮汛。肥美的鱼虾是大自然给予人类的慷慨馈赠，作为回报，世世代代靠着海田吃饭的渔民，也会用一场声势浩大的开海节，向大海展示敬畏与感恩之情。

每年3月的开海节，是辽宁盘锦最重要的盛事。舞龙、舞狮、秧歌、高跷、渔姑舞等地方民俗文化表演依次呈现。祭师带领渔民通过喊打篷号子、迎龙王、念诵祭文、分发五谷，祈求航行平安、渔业丰收。一片雄浑的汽笛声中，"头船"缓缓启动，近百艘渔船鱼贯而出，驶向辽东湾腹地水域张网捕鱼，再现百余年前渔雁古镇千帆竞渡的盛景。

"渔雁"？是的，"渔雁"。不是鱼，也不是雁，而是人。由于辽东湾是中国纬度最高的渔场，每年冬季海水都会结冰，于是明清以来，捕鱼人就像候鸟一样，从冀东海河口向关外辽河口，沿着水陆边缘追寻渔汛集体迁徙。走海路的被唤作"水雁"，多使"燕儿飞"小船；行陆路的叫"陆雁"，扛卷行李就走。他们如天上的候鸟般动辄上千人成群出发，场面浩荡，蔚为壮观。开海时，到达二界沟的滩涂、浅海捕鱼捞虾，至上冻前再回往故土。因这一群体沿袭的是一种不定居的原始渔猎方式，故辽河口民间称其为"渔雁"。

人群中有位面目慈祥的老者，是古渔雁民间故事国家级代表性传承人刘则亭。眼前的鱼虾满载、铁锚探海，耳畔的拉网号子、渔家土话，在他这里，均是古渔雁民间故事的载体。这位名声远播的民间故事大王、古渔雁文化的守护者，用最质朴的叙事，勾勒出古渔雁文化地图，带领人们走进海洋文明的历史深处，感受心跳和温暖。

同样是讲故事、道古今，刘则亭与笔者接触过的名声远播的评书大师、曲艺名家有着截然不同的人生走向和人情温度。

🦢 "擢拢咸水儿的"的后代

走进刘则亭的家，也是走进了长发福网铺旧址、辽河口古渔雁文化遗产博物馆。2 000平方米的院落被分割成不同的展室，陈列着他这四十余年来搜集到的一千多件渔雁实物：锚、樯木、船木、棕绳、海碗碎片、石网坠、压舱石；黄帝、炎帝、蚩尤、女娲、伏羲、观音菩萨、海上老母塑像；满墙的历史老照片，两大屋子的文字卷宗、图片与视频资料……这些实物成为古渔雁民间故事的实体依托，与故事相互佐证，彼此陪伴。

看着实物讲故事，听着故事看藏品。在始祖神像前，《黄帝造船》《炎帝造篷》《女娲用玻璃牛钉天》才更形象可亲。

平时内向寡言的刘则亭，唯有面对这些藏品时，才会如数家珍、滔滔不绝。

一个渔家老汉，从20世纪70年代起，在一没领导指令、二没资金扶持、三还要面对外界诸多不解与讥讽的情况下，举全家之力完成了这项烦琐又震撼人心的文化工程。其中的艰辛、磨难、波折，简直比他口中的古渔雁民间故事还要跌宕精彩。

故事的讲述，皆有缘起。

1944年，刘则亭出生在河北省白洋淀文安洼安里屯村。他是古渔雁的后代。

当时的人们很少用"渔雁"这个略显文雅的词自诩，他们管自己叫"干埋汰活儿的""擢拢咸水儿的""老泥家的孩子，一抹色儿"。赶海叫"光腚海"，使船是

"光腚网",因为劳作环境淤泥黏厚,穿衣服不方便,赤身裸体是常态。比面朝黄土背朝天的农民还要"低人一等"、危险翻番的渔民,会用"死了还没有埋"来调侃面对海上风浪随时可能出现的生命不测。歧视也无处不在。每逢渔村演戏,会在离戏台 60 多米远的地方拦上一道绳子,泾渭分明,心照不宣,绳子前头的看戏位置属于渔霸的家属以及在岸上居住的其他行业的人,而渔雁们则"自觉"地站在绳后,不得靠前。一道绳子,划分出两样阶层,原因是富闲居民嫌弃渔雁身上那股腥臭味,也就是所谓的"卤气"。至于婚姻,同样井水不犯河水,岸上不嫁使船的,使船女难嫁岸上郎,渔雁群体多是内部通婚。他们不耽溺哀伤,没余暇悲壮,默默固守着往来于海河口与辽河口之间的迁徙捕捞方式,一代一代往下传。

刘则亭家,也是长发福网铺
旧址所在地

赶海人都会讲故事,故事就是渔猎信仰、劳作规矩,还是心理暗示。只言片语的故事,把船上的篷、舵、网、锚庇佑个遍,深波骇浪里才保心安。

由于生计的特殊性,古渔雁民间故事,同人们所熟知的陆地上的民间故事、海岛渔村的民间故事都有很大不同,带有鲜明的渔雁生计特点和原始文化遗韵。在内容上,古渔雁民间故事对该群体的历史与生活、习俗与传统、信仰与文化创造等有全方位的反映,如对其始祖崇拜、海神崇拜、自然崇拜、生活习俗、渔船网具及捕捞工具发明创造的解释等。代表性叙事有《七飞八跑》《海神娘娘》《树叫潮》《开海日》《无腿网》等,此外还包括一小部分陆地山川的传说和故事,如《盘古和女娲造生灵》《绘海找妻》《冰眼的来历》《三仙姑》《人与熊》等。

刘则亭从小跟着爷爷、父亲在河北的白洋淀、文安洼打鱼,有跟随多位老船长出海的经历,14 岁时随家人到盘锦二界沟定居。唐代诗人杜甫曾有诗云:"云帆转辽海,粳稻来东吴。"反映出彼时辽东湾渔业与商业的繁盛。至清嘉庆年间,二界沟古渔市场更是闻名遐迩,吸

20世纪80年代，刘则亭
在船上讲故事的场景

引大批商船、运输船前来做生意，其中自然也包括诸多像刘家这样的"攉拢咸水儿的"，也就是渔雁。伴随刘则亭整个童年时光的，大多是艰辛的海上漂泊岁月，唯有长辈们无意中说起的渔家故事，算是调剂生活的一抹亮色。姥爷邵树本、父亲刘维珍、母亲邵汝兰，都成为他的故事来源。这其中，姥爷是最会讲故事的一个。姥爷对他说的最多的一句话，听上去无比朴实。"他跟我说过多少次，他说'你呀，你姥爷给你讲这些你记住就行了，以后有用。做人、出海、倒网、做事，都有用'。"

这些故事和难忘的渔雁生活伴随着刘则亭的童年记忆，在他幼小的心灵里生根发芽。外界是快马扬鞭的时代巨变，而偏居于渔村一隅的刘则亭，心无旁骛感受着这些淳朴故事所传达的温情良善与生存智慧。

由于水性好，刘则亭17岁那年成为一名海军战士，复员回到地方后，担任二界沟人民公社武装部部长和公社生产助理，后又担任文化站站长。从那时起，他开始有意识地系统搜集、整理古渔雁民间故事。刘则亭说："复员回来我当了生产助理了，我就有时间搜集（故事），因为我接触渔民了，又接触那些老同行了。我给他们讲，我讲故事的目的，不是为了教育大家知道这些事儿。也是互相'引'吧，我跟你讲，大家说你这个不对，他再讲，我再记。"

在二界沟这滨海的小镇，山离得更远，海退得更深，欲望降到了最低点。渔民间口耳相传的那些古老故事，第一次有了如此认真的听众。刘则亭把儿时从姥爷那儿听到的故事，在其他老渔民那儿相互印证，不断丰富。

至亲长辈讲故事还算自然，想让本就不善言谈的老渔民对陌生人敞开话匣子，刘则亭下了不少功夫。得知一位叫杨文瑞的老渔民懂得多，刘则亭带着老伴儿邵秀荣几次上门，买药、洗衣服、拆洗被面，终于换来老人的信任，把精彩的古渔雁故事尽数说出。

难得一见的民间故事《四脸仙结拜》就是这么"引导"出来的。刘则亭回忆说："听说一位爱扭秧歌的老人李振邦会讲许多故事，我就过去找他，说我姥爷讲二界沟有四脸仙结拜，红脸、白脸、黄脸、黑脸的四仙在长发福结拜。他说知道，他又补充，他还能说出新的故事。他说是有这个结拜，有的时候抬着货——就是夜潮，夜间出潮回来抬海货，在月亮底下，他还看见了在结拜，人们一进院就没了。他说得活灵活现。我觉得这补充也挺好的，他使我知道我姥爷（讲的）还不完整。这样的老人我都是逐渐接触的，我没有受时间约束，我没有任务，有时候半年就跟着这一个老人。"

☛ 有实物应和的渔家故事

老伴儿邵秀荣对于刘则亭的支持不可忽视。在其他村民都忙着下海捕捞挣大钱的时候，邵秀荣给予了刘则亭最大的理解甚至协助。在刘则亭寻访民间故事的时候，邵秀荣从一台牡丹牌120相机开始，拍摄下大量珍贵的原始图像。有些老照片，如今看来已有不可估量的史料价值。

刘则亭家里有张海上市集的照片，是妻子邵秀荣在年轻时候拍摄的。刘则亭说，古渔雁群体成规模后，捕鱼归来后海面上会自发形成一座海上市场，不光有捕捞船、运输船，还有卖水船、运粮船、卖布船、卖鱼船、剃头船等，五行八作，都是用船到二界沟做买做卖。这些船来回运货，加上数不清的"家眷船"，辽河口海域如同凭空多了一个村庄一样。然而一到秋天，这个热闹的村落就瞬间解体，消失得无影无踪。对此说法，曾有人表示质疑。而邵秀荣的这张照片，无疑佐证了刘则亭的说法。

再如，刘则亭说古渔雁群体有一种"家眷船"，一家男女以及雇工混居在一条船上，相安无事，对此也有人表示怀疑。而通过邵秀荣拍摄的照片，这种说法也得以证实。

邵秀荣拍下的来自河北的陈兆旺一家，佐证着"家眷船"的真实性

古渔雁群体在中国历代社会都处于边缘状态，文献对其极少记载。加之现代社会这一生计在中国沿海以及世界各海口区域多已中断，老一辈的渔雁也相继离世，古渔雁民间文学濒临消亡。基于此，辽河入海口二界沟尚存的古渔雁民间文学更显珍贵。为了保护这一文化遗产，2006年，古渔雁民间故事入选首批国家级非物质文化遗产名录。同年，刘则亭被授予"辽宁省民间艺术家"称号。2009年，刘则亭被公布为古渔雁民间故事国家级代表性传承人。

如今，刘则亭搜集、记录文稿已达上百万字，整理和讲述古渔雁民间故事1 200多则，先后出版了《渔家的传说》《辽东湾的传说》《渔家风物民俗史话》等书籍。

从内容和形式上看，刘则亭讲述的古渔雁民间故事篇幅短小、情节简单、内容原始，具有较为鲜明的三大特色。

首先，体现了与捕捞生活的依存性与伴生性。反映了对渔雁始祖的追怀，对海王、龙王和大自然的崇拜，对远古时代渔雁生活足迹的描述，对古渔雁群体中英雄人物的颂扬，对生产与生活中祭祀、婚丧嫁娶等习俗的解释，等等。

其次，体现了独特的区域性与行业性。渔雁群体长年生活在渔船上，识字的人很少，几乎所有航海、渔捞、祭祀等渔俗知识和技艺都是依靠口授传下来的，传承内容与方式简单又原始。由于海上生产风浪大、船上空间有限、休息时间短，古渔雁故事在形式上大多篇幅短小、情节简单、语言活泼生动。

最后，还体现了实用性与娱乐性。每逢打鱼人在海上作业，进行打根子、打檔网桩、下网、抬货、踩打桩板、渔船下水等劳作，都有短小、质朴的口头文学伴随其左右，以激发人们的干劲和劳动乐趣。闲暇时，故事又为旧时单调、封闭的古渔雁群体的日常生活注入了色彩和生气。

故事是生活的调剂，生活才是所有故事的依托。笔者在与刘则亭的交流中，发现他除了是"自学成才""自觉提升"的民间故事家，更是渔家文化、信俗的"向导""字典"。

渔船上的人如何结婚？刘则亭说，陆地上的人结婚，叫"过门"，船上的叫"过桅"。婚礼的主持人叫"桅老"。船以桅杆为界，如果双方要结婚，在桅下举行简单仪式，拜完了天、地、海以后，再一过桅，就结婚了。桅也是家人之间隐私的分界线，即便是家人，也有男女之别。常年劳作、生活在海上，"洗澡、拉屎撒尿咋办呢？船上又没有卫生间，这个时候，桅的作用就大了。女人要是洗澡的话，她在桅的这一边洗，大伯子小叔子不能过桅。不过桅就没事，你要过了桅，就犯规"。"再有一个，同在一条船上，难免磕磕绊绊，有时候甚至会口角、打架。打起来了，比方说我是个强者，对方是个弱者，弱者败了就跑到桅那边去，这时候我如果追过桅去打，那就输了，就没理了，全船的人都可以收拾我。"

　　渔船上也有层级，大舱、二舱、伙舱等，都有讲究。最底层的是伙舱，刘则亭说自己年轻的时候在船上担任的就是伙舱，不但负责捕鱼，还要做饭、干各种杂活，可以被任何人指挥，挣的钱也是最少的。"刚上船的时候，年龄小，你就必须得要做伙舱。我想各个行业都可能有这种规矩吧，唱戏的学徒，最开始不也得吃大苦嘛！"伙舱干好了升二舱，二舱及以上就是各人干各人的活儿了："二舱是起网，伙舱是倒网，二舱就帮着拉网。大舱就开始拉网弦。副船长就拿着椀子在前面捞（捞的意思）网弦，船长就把舵，分工非常明确。"船上既有按照资历与体力的升级，也有朴素的末位淘汰："伙舱升二舱，一级一级升，升完了最后成为掌舵的老头儿。他最后干不了了，掌不了舵了，他又变成伙舱。就是在一条船上，干了一辈子，转了一圈，到最后又干回到最底层的伙舱，死了就拉倒了。"

如非亲眼所见，外人很难相信，这是渔家老汉刘则亭的书房

　　船上所有的"技术工种"里，等级最高的叫"家掌"，也就是现在人们所说的船长。看渔汛，看水流，所有的海上作业知识他是最丰富的："掌舵的家掌知道的故事是最多的，生产故事、航船故事、神话故事、家庭伦理故事等等都有。渔民不识字、没文化，家掌就靠这些故事教育你，长见识、学做人、守规矩。这也不是他有意识的，就是从祖辈这么传下来的。总不能像干部开会似的四六八句告诉你应该做啥不应该做啥吧，只能靠故事来教育大伙儿。"船长在船上的权威，是不容置疑的，风浪里搏命，来不得领导艺术，通常都是简单粗暴，张嘴就骂，动手就打："船长（脾气）可暴了，那可是真的，你要违反了规矩，不是像现在这样的先警告你，批评教育一下，不是，干脆就是打，揍你。"

　　刘则亭所掌握的1 200多则故事，除了家中的长辈所教，很多也是带过他的船长讲给他听的。"先挨顿打，再听个故事，我就是这么学会了《鸟送灯》。"刘则

故事在船上讲，才会有海味、
咸味、鲜味

亭说，渔船在大海上就像是一个小岛，既是渔民生存的空间，也要包容和救济过往的飞禽，长途迁徙的鸟类在恶劣天气时，会短暂落在渔船上，一队鸟一起落，瞬间就把船"糊严了"。"那鸟根本不怕人，也顾不上怕人，飞那么远，好不容易逮着个能落脚的地方，全落下来了，落得满船。这时候船长就会说，谁也不许动，就是落在你身上啄你也不许动，不能像蚊子咬你似的，拍一下给它赶跑，不许。可是有一只小鸟落在我身上以后，掉了根毛，我就拿起来，在我跟前，用嘴吹了一下。这个动作叫船长看见了，他二话不说，上来就给我一大耳刮子，我也不敢反抗。打完了，讲一个小故事，怎样爱鸟，就是《鸟送灯》和《鸟嘴钩子》，这都是渔民渔捞的一些故事。（讲的是）渔民在海上遇着难了，鸟来给你送个灯。你这个网捞不上来了，鸟嘴大，当钩子给你往上捞。这样的故事太多了。打完了你给你讲个故事，有时候是干活的时候骂人，骂完了（讲），故事都是这么来的。都特别短，三五分钟就讲完，海上人家也没工夫给你讲长篇大段的。"

🍂 民俗学权威眼中的渔家老汉

中国民俗学会副会长江帆教授，从 20 世纪 80 年代开始，便注意到刘则亭在古渔雁民间故事和民间文化传承方面的突出作用。江帆评价："他讲述的古渔雁民间故事与内陆及海岛的口头文学有所不同，内容和形式上都带有鲜明的捕鱼生活特点和原始文化韵味。这些故事大都短小精悍，其中包括对古渔雁祖先的追怀、对海神和龙王的崇拜、对远古时代渔雁生活足迹的描述，以及渔船、网具等捕捞工具的起源与演变等。因为刘则亭从小经历过渔雁生活的缘故，他善于运用生动质朴的语言来增加故事的感染力，在讲述故事时，他还会偶尔穿插一些渔歌、号子，运用手势等形体语言，使故事的表现力和现场感更强。"

刘则亭除了将心力投注到古渔雁民间故事、古渔雁民俗等捕捞文化的挖掘、整理和研究之外，二十多年以前，他就开始在学者朋友的建议下，有意识地搜集古渔雁生产、生活器物，使古渔雁文化与口头叙事有了可依托的物质载体。"乌丙安、江帆、孙培仁、夏秋等专家老师都跟我说过，我们有故事，还需要有故事的依托物，有实物，有平台。就好比伴随着孟姜女千里寻夫的故事，这个故事的依托物就是古迹长城一样。"刘则亭茅塞顿开，着手搜集整理实物。要为古渔雁民间故事找依托物，既容易也不容易。容易之处在于，很多故事中的实物至今还伴随着渔雁后人，渗透在他们的生产生活当中，随处可寻。不易之处在于，也有相当多的实物早早退出历史舞台，甚至在年青一代渔民的记忆里从未出现过。比如压舱石、雾钟等物品的来历和其对渔雁人家的意义，古渔雁的后代忘却这些，让刘则亭感到无比遗憾。

刘则亭拿起一只掉漆裂口的海碗，讲了一段典故："我姥爷也是一个打鱼人，是古渔雁的后代。他讲了一个故事叫《海碗》：为什么海上的人都有口饭吃呢？就是老祖宗把海碗扔到海里去了。饭碗就代表着温饱。你碗不能独端，你自己有饭碗不管别人不行。所以说让大家都有口饭吃，这就是一个宝碗，它和聚宝盆是一样的。"

刘则亭四处搜集来的渔船老物件，面对这些实物，故事才会更加鲜活

刘则亭收藏这些东西的过程带有很大的风险性，不光是经济的投入，甚至要冒着生命的危险。盘锦二界沟当地有处蛤蜊山遗址，有一回刘则亭在山下的坑里翻"海碗"，扒拉得正欢的时候，一辆卸蛤蜊皮的大翻斗车直接把一车蛤蜊皮扣到刘则亭身上，把他压得结结实实。好在蛤蜊皮不重，刘则亭自己从里头拱了出来，给卸货司机吓个半死。还有一次，他到一个潮沟里翻捡，他是早上去的，一下子陷进暗流里，咋爬也爬不上来。那正是落潮的时候，要是爬不上来，一涨潮就危险了。多亏来了两个人，是赶潮推虾的，带着虾杆子（土话，即推虾网），用虾杆子把他给拽了上来。

这些得来不易的古渔雁民间故事的依托物，成为历史海洋的留痕，刘则亭也就此变身为文化向导，带领人们不断探寻历史幽深处的心跳，深刻感受渔雁崇拜始祖、崇拜海神，看重祭祀和庆典的传统。

中国民俗学领军人物乌丙安先生在世时，对刘则亭在古渔雁民间故事和民间文化守护方面的工作，给予了常年的关注与扶持。

讲故事的能手，用学术化的语言来形容，其实应该叫作民间故事传承人、民间故事讲述家。但从民间故事的民俗活动性质来考察，讲述这种行为，其实只具备口头性特征，它还不能说明故事传承的形态与本质。贮存故事的故事家能讲述，一般坐在炕头上哄孩子玩儿的转述也是讲述，因此，严格说来不是所有讲述者都是故事传承人。乌丙安在 20 世纪 80 年代初曾提出过关于民间故事传承人的民俗特征的四个题目加以探讨：第一，民间故事传承人的形成；第二，民间故事传承人的传承线路；第三，民间故事传承人的母性特征；第四，民间故事传承人的故事活动。

乌丙安认为，从刘则亭的人生经历、传承特点来看，其中处处体现着民间故事传承人的形成要素。

民间故事传承人是如何形成的？乌丙安《论民间故事传承人》一文中，对此有着精妙的分析："简言之，并不是所有听过故事或讲过故事的人都是故事传承人，常见的故事转述人固然也能起到传播故事的作用，但是真正传播民间故事、发挥民间故事作用的，主要还是民间故事传承人。他们往往从幼年时候起便喜欢听故事，听了便牢记，记牢便讲述，这种口耳之间、口传心授的自然往复，形成了口头故事的原始积累，实际上已经编成了口碑故事集，奠定了故事传承人的基础。民间生产和生活的丰富内容与千姿百态的生活样式，都成了不断加强故事传承人修养的素材；多次反复的讲述实践，锤炼了口头艺术语言，使他们形成了远比一般转述人的口语优美得多的讲述语言，使故事情节在不断熟练的构思中有了更精巧的组织。在故事的自然传播过程中，传承人善于把零散的故事收纳起来，把断片的故事结构起来，经过他们的融化，再传播出去，显示出一种惊人的集散故事的才能，因此传承人在群众中得到承认、喜爱和推崇。"

乌丙安觉得，刘则亭讲故事时的具体环境也值得注意，他不是随时随地都在讲，而是有着特定的时间和地点，突出的是海上、船上，几分钟一段，讲完了接着去打鱼。乌丙安说："日本的故事传承人多是'炉边夜谭'，和我国大西南山寨中围火塘讲故事的古老方式相似。……我国东北农村，多在冬夜热炕头上或围火盆而坐，听讲故事；或在漫长的寒夜，母亲、祖母把孩子搂在暖烘烘的被窝里用动人的故事催眠入睡。夏季夜晚的庭院里、大树荫下、葡萄架下，都是故事活动的主要场所。这种口头传承的民俗特征是故事传承人的活动特征，也是故事传承的重要条件，失去了这些条件，故事家往往也施展不出讲述才能。……因此，搜集者熟悉不同民族、不同地区、不同故事传承人的故事活动特点是十分必要的，不了解这一点，就发现不了故事传承人，也采录不到从他们口中涌出的几十个、上百个美妙的故事。"

乌丙安对刘则亭关注、研究了二十多年。一位是殿堂级的大家学者，一位是偏居渔村的普通老汉，二人相识相知的过程，让刘则亭至今想来也激动不已。他回忆说："那是1995年5月23日，我带着杨大群、胡景芳两位作家的推荐信，来到乌老的家里，想请他给我的《渔家风物民俗史话》题写书名。乌老一点儿大学者的架子也没有，很痛快地答应了我的要求。这算是我们俩的第一面。转眼到了1997年冬天，乌老到盘锦办讲座，休会的时候来到了盘锦苇塘参观，我跟他讲了不少海上的渔民习俗，乌老很感兴趣，答应我有时间一定要到二界沟找我。到了2002年9月14日，乌老和他的老伴儿刘航舵教授真的来到了我的家里，当时我请他们登上一条渔船，驶出海湾，边看边讲，乌老边听边问。"

刘则亭站在自家资料库中
讲述渔民往事

站在渔船上，刘则亭给乌丙安讲了三个让人难忘的传说。一是《白蛇传》中法海和尚死后变成大海里公蟹的脐子。二是镜鱼是梁山伯与祝英台同窗读书时使用过的镜子，在海上，夜里打上来镜鱼，如果仔细看，还会看到梁山伯与祝英台在里面呢。三是在海滩上，农历七月初七那天，潮沟的清水里，能见到牛郎织女相会。

当天天气很好，海面平静，刘则亭对乌丙安说："现在二界沟还有一种船，叫樯涨网船，也称夏涨网船，就是说这种船和网具，在夏朝的时候就有了。夏朝已经有'东狩于海，获大鱼'的说法。"等船到码头，刘则亭指着靠船的门头桩说，这木头桩的利用，早在原始社会尧舜时代就有了，我们祖先在海边河口撑掌舟筏，为避免迷路，也为了拴舟筏，提前在海边河口处竖上木桩，一点点演变而来……

乌丙安是站在东北亚海洋文明与海湾文化的高度评价刘则亭的价值的。在乌丙安生前关于刘则亭现象的最后一次访谈中，他是这么说的："刘则亭的重要性不是一个渔雁文化这么简单，这个文化很广阔，影响很深远，如果我们再不把它保护下来让后人知道，恐怕将来我们东北亚越来越发展，挖掘出一些东西来，就解释不清楚了。将来我都想好了，有可能的话，我们就沿着这个追踪，一直追踪到俄罗斯远东地区。讲到'东边道'，那些老渔民你们也可以找，河北移民有多少。我就觉得渤海湾整个是一个大湾，以天津为轴心，这一块是很大一块海湾文化，这个海湾文化我觉得刘则亭占有一席重要位置。"

辽东湾的文化拼图

辽东湾好地方，潮涨流北上，潮落流南淌，早出乘流去，晚归顺潮涨……昔日的渔歌今又唱响，映衬着千百年归去来的渔家容颜，谁说港口老败，其实生命恒在。

船，是渔家人最实在的图腾。2017 年 8 月 14 日，笔者与江帆教授等人走访二界沟码头，在返航的渔船里，意外发现一艘"家眷船"。来自山东的一户人家依然保持着与古渔雁十分近似的捕捞传统，一年三季海上漂，一双儿女也随船出海，小的才刚刚六个月。丰饶的二界沟赠予他们此行满满二十多箱笔管蛏，正应了那句老话："大鹏摆扇儿，一网满载儿。"

二界沟渔雁群体自古即有陆雁、水雁之分，这一古老生计在今天已难觅旧貌。江帆教授兴奋地说，眼前的这一家人，是新一代水雁。

那么，真正的古渔雁迁徙的路线，究竟是怎样的？

刘则亭有个宝贝，是他遍访当地老渔民后绘制的陆雁、水雁当年从文安洼到辽河口的迁徙路线图。此外，他还有一幅地图，详尽勾勒出清宣统年间二界沟渔村概况，不但标出了各家网铺，还有渔会、赌场、乐亭馆（观看鼓书等曲艺表演的场所）、妓院的具体位置，极富史料价值。刘则亭就像一位文化向导，通过水雁、陆雁迁徙的路线图，二界沟旧貌地图，带着我们回溯一个最广袤的时代，将我们引入最壮阔的自然、最豪迈的人文图景里。一代又一代渔民的漂泊之旅，不仅是一条生计之路，也不仅是一条商旅之路，还是一条文化之路，承载着无法估量的民族记忆。江帆教授不住感慨："刘则亭个人的讲述活动，他讲述活动的影响，和他现在在二界沟渔雁文化的建构和渔雁叙事的体系中的不可替代性，都是唯一的，他是具有这个项目的高度的。"

古渔雁民间故事之所以流传到现在，不只在于刘则亭一个人的努力，更有赖于当地像他一样的老渔民群体。他们虽然不能像刘则亭这样具备一定高度和文化自觉地进行搜集、记录，却也用渔家人质朴的方式，把祖辈传下来的点滴记忆默默留存。

我们遇到过一位喊渔家号子的老者，时年已经85岁的李子元，他是二界沟渔家号子市级代表性传承人。打小出海的经历，与长辈、同行之间无意识地讲述简短故事的过程，让他同样积累了大量传承下来的古渔雁叙事。李子元最擅长的还是领号，他言语间满是自豪："打橛号是辽河口最为典型的渔家号子，在全国都不多见。"有别于一般的渔歌，二界沟渔家号子的最大特点是歌词毫无定式可言。渔民在劳动中喊起号子，不单单是为了协同动作、统一节奏，更重要的是他们在用喊口号的方式来调剂精神、解除疲劳，这是一种独特的人文形式。沈阳音乐学院音乐研究所研究员杨久盛在20世纪80年代曾参与《中国民间歌曲集成》辽宁卷的编写。他说，当年书里收集了一些渔家号子，但打橛号只有盘锦大洼的一首。打橛只有在泥滩上才能进行，而国内其他沿海地区的海滩基本都是沙滩，这可能就是打橛号比较罕见的原因。

刘则亭在讲解自己绘制的
古渔雁迁徙路线图

李子元介绍说，在海里打橛，用橛张网捕鱼，是二界沟渔民惯用的打鱼方式。橛张网是一种有"腿"的网具，它的"腿"就是橛桩，每年捕鱼期之前，渔民都会趁落潮水浅之际，把一根根橛桩夯进海底，再把网拴挂在桩上，用以张捕鱼虾。在现代化机械设备匮乏的年代，二界沟渔民打橛完全靠大伙儿的合力。他们沿着船身将橛桩竖起，再平行和垂直于船身各绑一根木头，当作踏板。三面踏板按比例站一定的人数，众人用脚力将竖起来的橛桩踩入海底。当和号人每一个"嗨"字脱口，大家就要一起在踏板上猛踏一脚，把橛桩向海底深推一层。虽然和号人手里都抓着从船上牵引过来的飞绳，用以维持平衡，但是一旦有人没听号，踩花点子，很容易被弹入海中，因此喊号人都要注意把握节奏。

和李子元同期的领号人共有9个。这些年他们相继离世，李子元成了二界沟渔家号子最后一位领号人。

还有一位老船长，叫李生基，是古渔雁群体的又一位代表。他一肚子赶海玩船知识，张嘴唠嗑全是渔家土话，讲起海怪神话来更是眉飞色舞，绘声绘色。

有群体的依托，才显出刘则亭的可贵；有群体的互证，才

就着一碗渔家海菜，打捞上的是泛着浪花的渔家故事

显出古渔雁的真实。行走在二界沟，无论是在造船厂、补网场，还是在码头、鱼市，随处都可以让人感受到一股浓郁的渔雁文化的味道：这里腥咸浓淡交织的河海气息，这里南腔北调混杂的语音方言，这些个个都堪称民间故事大王的老渔民，都在诠释着一种古老而现代的文化传承。

刘则亭不但成为古渔雁故事的讲述者，更成为故事所传递出来的文化根脉的守护者。渔雁文化，包容悲喜，苦中作乐。那些曼妙神话和实用指南一旦开启叙事的闸门，便如迎风远航的木船，满载着渔民们的悠悠心事，捕捞上来的，是生命成长的喜乐，灵魂修炼的逆旅。

淡云飞流，旭日初升，静默的礁石等待浪涌的冲刷，它们彼此拥抱，就是人间万物在相爱了。这是二界沟最美的晨曦。

古渔雁民间故事的传承者，必须有颗悲天悯人的"老灵魂"。辽东湾的文化浸润，让刘则亭不知不觉中更热爱民间的声响，更能体会民间风情所传达出的温柔与幸福。2009年被评为古渔雁民间故事国家级代表性传承人后，刘则亭开始着力培养女婿刘志华、外孙女贾钰焓成为自己的薪火传承人。秋季开学的时候，刘则亭也必会去二界沟小学，向孩子们讲述二界沟的历史与传说。一切的叙事，只为给子孙留一盏灯，照亮来时路，只与美、善、爱有关。年过古稀的刘则亭，将孩子们引向那个最广袤的时代，那些最丰盛的物产、最壮阔的自然、最自信豪迈的文化心态，优化着、激励着后代子孙的审美情感。

自然生态与文化生态，都是珍贵的原生态。刘则亭的故事，李子元老人的号子，二界沟大工匠的排船手艺，苍海樯木馆……我们都一定要留住。

又是一个赶海的好日子。二界沟远洋船厂刚刚修好的捕鱼船准备下坞了，工人们按照祖上传下来的操作流程和祈福仪轨，有条不紊地操作着。轮轨滑动，渔船入水，鞭炮声声震动海天。顺潮而出的人们，沿着古渔雁进入辽东湾腹地的航行路线，开启新的征程。

时光在这一刻飞快回溯。古渔雁归去来的"风船"倒影里，有人味、有风物、有气度、有天地、有家国。有说走就走的船老大，有泪流满面的渔家妇。他们在逼仄的船舱里和豁朗的渔场上，高声谈笑神怪传奇，大朴若拙的叙事，是中国最壮美的文字江山，是幸存至今的民族根脉寻宝图。它能指引你回归大海，攀上岩礁，带你看海上生明月，陪你天涯若比邻。故事里的事，是一部流传千古的社会史与生活史，直面壮丽河山时，独处穷苦逆境时，他们都在娓娓道来，从未停顿与慌张。

一个民族，如果轻易淡忘了自己的故事，就是最大的荒凉。故事讲到了今天，传给了刘则亭。他站在二界沟岸边，目光所向，船起碇，向远方。心灵往同一个方向朝拜，天空的表情慈祥。他在古渔雁的故事里，读懂自己，完成使命。

刘则亭夫妇与本书作者合影

卷二

唱念

唐风笙韵无绝响

——京剧（唐派）国家级代表性传承人周仲博

2017年9月16日，辽宁大剧院举办"盛世梨园"展演。京剧唐派的代表性剧目《未央宫》，经过历时近三年的艰苦复排，终于再现舞台。

这一天，对当时已经92岁高龄的京剧（唐派）国家级代表性传承人周仲博来说，别具深意。《未央宫》，既是他与自己的学生常东历经数载反复雕琢的精品剧目，也是对唐派艺术创始人唐韵笙先生的隔空遥拜与致意。一生都"托"在戏里的老人，回到座位，稳稳地候着弟子的亮相。与唐韵笙相知多年的梨园往事，也伴着这板弦，呼之欲出了。

"我没挨过打"

周仲博，字隐菊，号雨萍，1925年出生在河北沧州一个梨园世家。父亲周凯亭坐科于"永胜和"戏班，后到东北组建"周家班"，哥哥周少楼是著名的武生演员。父亲深知练武不易，便斥重金聘请北京"富连成"的张盛禄先生教周仲博文戏。周仲博天资聪颖，师从正宗，长期随团巡演于东北各地，曾与王芸芳、曹艺斌、唐韵笙、白玉昆、邢威明、孟幼冬、云燕铭等多派名家同台献艺。青少年时期，他的戏路子就非常宽。无论文武老生，或是靠把戏，他都能轻松驾驭。老生戏有《失空斩》《群英会》《借东风》《四郎探母》等；文武老生有《连环套》《落马湖》《洗浮山》《铁公鸡》《剑峰山》《枪挑小梁王》《溪皇庄》等剧目；靠把戏有《战太平》《定军山》《阳平关》《武昭关》《战宛城》等剧目。甚至《未央宫》《二子乘舟》《描容上路》《扫松下书》等各派名家代表剧目他也能照演不误。

东北，特别是辽宁地界，历来是京剧发展的重要区域，与北京、上海遥相呼应。京剧自清代光绪年间传入辽宁以来，与当时流行于东北地区的河北梆子相碰撞，出现了"京梆两下锅"的演出形式，程永龙、周凯亭、张德奎等很多原本唱河北梆子的演员纷纷改学京剧，使得京剧流入东北后在演出风格上受到河北梆子的影响。与此同时，京剧的另一支地方劲旅——上海的海派京剧，从20世纪初开始自大连"抢滩登陆"进入辽宁，继而一路北上向吉林、黑龙江挺进，直至今天俄罗斯境内的符拉迪沃斯托克（海参崴）和哈巴罗夫斯克（伯力），迅速抢占了山海关外的京剧演出市场。这使东北京剧在受到梆子影响的同时，又得到了海派京剧的滋养，进而逐渐形成了自己的炽烈、激越、火爆、注重情节、强调表演、可看性强等诸多演出风格。

近代戏曲对演员有许多基本功法的训练，如"四功""五法"。"四功"，即唱、念、做、打四种基本功，每一种功中都有一系列细致的规定。如唱，讲究字正腔圆，讲究运气换气，讲究有板有眼，而不同的角色行当，又各有变化，"运用之妙，存乎一心"。又如打，常分毯子功和把子功，前者有抢背、扑虎、滚猫、扫堂、跌翻、旋子、乌龙绞柱等名堂，后者是以刀、枪、剑、戟、棒、棍、斧、钺等兵器为道具做武打表演。"五法"，即手、眼、身、法、步，指的是演员形体的各种表演技法。仅以手法论，就有手状、手位、手势等，人们经常听到的兰花指、剑指、云手、托掌、推掌之类名称都属于手法。要学好这些基本功并不是一件容易的事，很多学习者达不到优伶的角色标准。且旧式的优伶培训方式十分严酷，一位戏曲名角的身后通常要留下一连串血迹斑斑的足印。即便是梨园行当之外的人，对学戏之初的苦楚也能略知一二。陈凯歌电影《霸王别姬》里动辄责辱、体罚的场面，绝不夸张。但在周仲博这儿，则是另一番景象。老先生说起自己的学戏往事，第一句话准是这么一句：我没挨过打！

"我没挨过打，一下也没挨过。因为什么？我学文戏的，我不属于武戏行列里边。文戏谁教呢？张盛禄。（他）对我是真喜欢，不可能打。另外，我武戏怎么会的呢？就是人家早晨天天练功，我也起来。人家六点起来练功，我八点钟起来跟人上台上活动活动，踢腿、翻跟头这我都会，但是家里边武戏多，就不让我染指这个武戏了。不用人逼，我就是迷恋这一行。"20世纪20年代末，受电影和话剧的时尚风气影响，在东北京剧界出现了一股演改良戏的潮流，不但借用了话剧和电影中的一些表现手段，而且在服装道具等方面也有所改良，比如把老生的髯口变短、靴底变薄。父亲周凯亭觉得虽然改良有好的一面，但是学功夫不能走捷径，便在周仲博8岁时花重金从北京为他请来"富连成"的张盛禄，一对一地授课。"当时跟张老师学一天，父亲要给两块大洋，一块大洋在当时可以买16斤大米。回想起来我特别感激父亲当时能为我请这样的老师，领我走上正确的艺术道路。"

周仲博的老伴儿丁淑贤回忆："我老婆婆在世的时候常说，他学戏七天能学一出戏，就那么快。后来北京的老师不教了。为啥？实在教不了了，学得太快了。"

应该说，周仲博儿时家境丰足，他学戏不是为了吃口饭，而是同充满浓郁艺术氛围的家族影响、对京剧艺术的钟爱以及做一个好演员的志向有着直接的关系，其中也折射出"周家班"对关外京剧发展的一种文化认同和贡献。

天赋佳喉、嗓音"没挡"的周仲博，凭高亮脆爽的嗓子，5岁便"登台板"演《西游记》里的小猴，9岁时能唱正戏，专攻老生，人称"盖神童"。周仲博早晨起来先练功，吃过早饭就上场演戏，当时戏班一天表演两场，晚场的门票一块，白天的门票五毛，名角白天都不演，而周仲博觉得这是绝好的锻炼机会，于是他就白天唱。"一场戏唱下来要两三个小时，但我从来不觉得累，一唱戏我心里就可美了。"周仲博说，"到了9岁就在城里大舞台唱单出，演《四郎探母》《法门寺》，净演大戏了。我那时太小，和共益舞台大班的演员搭配不了，我父亲就带着我们这帮人到辽阳、抚顺自己上大轴去，以我为主，就这么样唱的戏。在外地唱红了，一年多之后又回的沈阳。""跑码头"是京剧演员锻炼自己的一个重要过程，联系外地的班子去小地方实践、锻炼。再回沈阳表演的时候，周仲博已大有长进。

✎ "崇拜，真好"

周仲博出科刚"红"时，东北最好的老生当属唐韵笙。

唐韵笙，祖籍沈阳，师从唐景云，"文武兼精昆乱不挡"，"能剧极博多所创新"。本工老生，且能武生、红生、铜锤乃至旦行，以战国戏、红生戏等闻名天下，是集编、导、演、教于一身的全才艺术家。与周信芳、马连良齐名，素有"南麒北马关外唐"之称。"编剧圣手"翁偶虹曾撰文写道："韵笙艺术脍炙众口，证实了'南麒北马关外唐'确是三星在天，灿然鼎立。"并概括为诗句"银汉三星鼎立唐"，这一评价是实事求是、公道中肯的。马连良年长唐韵笙两岁，对唐韵笙心仪已久，现场观赏过唐韵笙的《古城会·斩蔡阳》后，马对唐的评价是"贤弟，演得太干净了"，意指动作敏捷利落，关公手执青龙偃月刀耍起刀花来，飘带、穗子、髯口一点儿都不挂不乱。后来，1959 年北京京剧团排演《赵氏孤儿》，马连良在谭富英排赵盾的戏时，想到唐韵笙在《闹朝扑犬》中饰演赵盾的精彩表现，亲自为谭富英说了唐韵笙的戏路子，请谭和导演郑亦秋借镜，取唐之长以化之。

说回到唐韵笙与周仲博的关系，可谓亦师亦友。二人年龄虽相差近 20 岁，却是平辈。因为周仲博的父亲周凯亭与唐韵笙的师父唐景云同出"永胜和"戏班，唐韵笙刚到沈阳时就落脚在周家班，向周凯亭请教武戏，与周仲博的哥哥周少楼搭戏。有了这层关系，周仲博对唐韵笙的学习借鉴，自然近水楼台。第一次看到唐韵笙的戏，周仲博就被震住了，他回忆："崇拜。一看，真好。唐韵笙的艺术可以这么说，全面的演员，手、眼、身、步，没挑。他这眼睛一瞅，三天忘不了。唐先生我们俩演一个戏，我的马玉龙、他的寨主，我们俩一翻脸，他眼睛一瞪我，眼睛不许错眼珠，眼睛对眼睛，瞪得眼睛都酸了；他一拍桌子，不许眨眼，不许动弹，就跟两个光柱似的，咱们东北叫'撞'，两个人（的眼神）得两三分钟离不了。"

周仲博这个名字，也是唐韵笙给起的。那是在长春演出间隙，周仲博觉得自己"盖神童"的艺名不好听，就请唐韵笙为他改个艺名。"屋里边有黑板，唐韵笙想了会儿，写了四五个名，'周仲博'这仨字不错，就这么样。"

唐韵笙后来到吉林市新庆大戏院，组建"育风馆京剧团"，班底除了文武老生周仲博，还有老生周亚川，武生周少楼、张海涛，小生张菁华，花脸杨永竹，等等。周仲博说，当时的唐韵笙刚满 40 岁，正当盛年，精力弥漫，气沛声宏，张嘴能唱两个眼儿、三个眼儿——这是戏曲术语，旧时戏曲界以笛定弦，唐韵笙能驾驭的属较高的调门。"那是夏天，酷暑难耐，剧场门窗打开，当天我没上戏，就和几个演员在几百米之外的德胜门乘凉。剧场内唐韵笙扮闻仲，在《绝龙岭》中唱 [倒板] '将人马扎在山角，待某观看'，嗬，那声音高亢如云，我们离那么远，听得也是真亮的，嗓子太棒了！"

唐韵笙的排演能力，也给少时的周仲博留下深刻印象。还是在吉林市，农历七月十五日中元节（俗称"鬼节"），上演应节戏——由唐韵笙改编的《目连僧救母》，周仲博饰目莲僧。在"目莲僧游地狱"一场，唐韵笙运用高超的影射手法，把伪满政府统治下的东北黑暗现实社会巧妙地折射到鬼魂世界，刻画了大烟鬼、白面鬼、摩登鬼、酒鬼、小偷鬼等鬼蜮形象，讽刺暴政下的悲惨世相，深受百姓欢迎，成为在吉林期间上座率最高的戏。

唐韵笙在《未央宫斩韩信》中饰韩信

打14岁起，周仲博开始在沈阳的共益舞台以及长春、吉林等地与唐韵笙配戏。唐韵笙文武兼备、凝重浑厚、开阔大气的艺术气质，在潜移默化间熏染着周仲博。但要说周仲博从唐韵笙那儿是怎么学艺的，周仲博反倒觉得并非唐韵笙有意相教，全凭自己留心偷学。"过去有这么个说法，能演的不教。你比如说像谭富英、马连良，他教谁呀？唐韵笙也罢，杨小楼也罢，他们的戏都是你可以看，但我不可能教你。你像唐韵笙那么些个戏，他教过我一下吗？一下没教过。那怎么跟他学？都是看，心领神会，看完了举一反三，一看完我会了。"但周仲博演完下来，唐韵笙还是会予以点拨，比如四声要准确，尖团要分明，口齿要清楚，字正腔才能圆。"他也指点，一两句话，你听得懂就听，听不懂不会再说第二遍。比如练唱的时候，要入戏，这样再上台了才能一丝不苟地进入角色，千万不能以为吊嗓就可稍有懈怠。"

唐韵笙对剧本的要求，在梨园行里是出了名的"独"，排演的大都是自编自导自创的私房戏。在创编《闹朝扑犬》时，唐韵笙再次结合时局，对占据东北的日寇予以影射，并险些入狱。这些往事，都给周仲博留下了深刻印象。多年之后，当周仲博带着学生赵向军复排《闹朝扑犬》时，也如当年的唐韵笙一样，不断加入个人的崭新考量，这也是对唐派艺术不落俗套、范式创新的一种传承。

从某种程度上说，周仲博既是唐派艺术风格最终形成的见证者，也是参与者和协助者。20世纪三四十年代，二人合作完成了包括《未央宫》《二子乘舟》《郑伯克段》《好鹤失政》在内的诸多唐派代表剧目。更难得的是，周仲博不止于对唐派艺术的学习，他还吸收借鉴了马派、余派、麒派的表演风格，于霸帅之外，注重宏细、收放、虚实的结合，他扮演的老生儒雅潇洒，武生英俊刚烈。1953年，周仲博随家人加入大连当地剧团，由他挑梁演出的《棠棣之华》斩获东北区第一届戏剧音乐舞蹈观摩演出大会优秀表演奖，等同于如今的金奖。

1971年，唐韵笙去世，唐派艺术由于"文皮武骨"的极高要求，面临着后继乏人的困境。唐派艺术传承效果没有其他流派好，有客观原因。第一是唐派的艺术标准很高，对于传承者的要求就更高，唱、念、做、打都要有很好的基本功，全能全才全面，这是很难的。第二，唐韵笙的文化底蕴深厚，所以在表演他创作的剧目时，如果从文化、艺术素养方面达不到相近高度，则很难把他的剧目全面继承下来，画皮难画骨。第三，是对于唐派艺术的价值，人们发现、认识得较晚，后人继承他的衣钵，也就缺少自觉性和主动性。

在这种情况下，周仲博的优势就体现得更为明显了，他凭借家传的底子和后天的悟性，特别是多年与唐韵笙同台演戏的难得经历，成为业内公认的唐派传人。

❧ "同行来看看周仲博到底是什么玩意儿"

有声画谱描人物，无字戏文吟古今。油彩勾绘出戏台之上的忠奸之辨，掩在蟒袍、玉带下的手眼身法、唱念做打，则是人戏不分的彼时悲喜，暗藏跌宕的戏如人生。

在20世纪六七十年代由于历史原因远离舞台十四年后，1979年周仲博在沈阳复出。十四年的苦心钻研与沉淀之后，站在春光复照的舞台上，他如儿时第一次登台那般，每一步，每一句，甚至是每一个尖团字都小心翼翼、反复练习。

重新出山，很多人都想看看，周仲博还能唱否。鞍山京剧团、抚顺京剧团拉着全团人马过来观摩。周仲博知道，"这是同行来看看周仲博到底是什么玩意儿。我心也哆嗦，一倒板，'夫子门'那句，我叫田团长，我说，老田，你给我拿个凳子来。凳子一转，我趴到凳子上，'夫哇子'，底下'好！'，哎呀我的天还叫好。这心算放下了"。

角儿就是角儿，周仲博虽已进入舞台生涯末期，但一腔西皮慢板，满脸华彩精神，第一场就把所有人镇住了。正应了那句梨园老话，"拉马看膀子，唱戏看嗓子"，周仲博得天独厚的好嗓子，历经岁月磨砺，依然音质纯正、音色明亮、音域宽广、脑后音共鸣强、低音宽厚沉实，高音响若裂帛，且到老不衰，属名副其实的"音膛相聚""铁嗓钢喉"。

那一刻，台下的观众、同行知道，周仲博又回来了。

周仲博塑造的人物多为勇武忠义的正面英雄，呈现出雄浑、悲凉、苍劲之气。他兼收南北各派之长，以北派剧目和风格为主，结合自己的艺术特点，在表演方面刚柔并济，加之传统戏根基扎实牢固，嗓音得天独厚，行腔委婉细腻，形成了集功力并风韵于一身的独特艺术风格。唱法上，他既有余派的迂回婉转，又兼麒派、唐派的刚正激昂。在行腔上，尤其注重细节，于细腻中见雄浑。如在《逍遥津》中，周仲博运用了难度极大的上滑音，略顿，一个大"喷口"，不仅唱出了没落君主汉献帝的悲愤与无奈，也唱出了自己的风格。在麒派代表剧目《六国拜相》中，他充分发挥嗓音优势，将大段的散板激昂地倾泄而出，颇有麒派风范。在演出唐派艺术代表剧目《未央宫》时，周仲博一改过于平和的西皮原板，采用了"紧打慢唱"的西皮摇板，使剧情高潮迭起。在演出传统老戏《哭灵牌》时，他的大段"反西皮"，一直被京剧同行们所称道。

戏曲界流行"千斤话白四两唱""白是骨头唱是肉"等艺谚，清代戏曲理论家李渔认为："欲观者悉其颠末，洞其幽微，单靠宾白一着。"足见念白之重要性。观乎周仲博对念白的处理，他将力道和劲头控制得恰到好处，韵味深长，清晰自然，对比鲜明，抑扬顿挫。正所谓：情动于中，方之为辞。他善于运用特有的咬牙念白，表达人物的强烈情感，在《连环套》中，一句从牙缝里崩出的"算不得黄门中的后代"，语调不高，却尽显绿林豪侠的豪横之气，而每每演至此处，台下观众即报以雷鸣般的掌声。在传统剧目《四进士》中，他创造性地将三种不同流派风格熔于一炉，巧妙地借鉴了麒派的铿锵刚劲、斩钉截铁，马派的字字真切、娓娓道来，以及白玉昆惯用的"喷口"，形成了自己特有的语带苍劲的念白之风。

唐派念白讲究的是白口清朗、喷口有力，在这方面周仲博深得唐韵笙的真传。"当年我和唐韵笙同台，他的念白真跟'小梆子'似的，又脆又亮，每一个字和词都不偷懒，没有半路上就失踪的，没有一个含糊不清的。在这方面，他给我的启发是很大的。他也教了我个窍门，练功的时候，把手纸摆在嘴巴前边，对着纸大声练习念白发声吐字，直到纸上不沾一点唾沫星子才算合格。另外，唐派念白在四声阴阳、上口字、尖团字的运用上，也十分准确。如'过五关斩六将'，一般演员把'六'字念'陆'，音调死板又暗，唐派为了贴切关羽是山西人的乡音，念'楼'的上声，既圆又亮。"

周仲博的表演酣畅淋漓，细腻、娴熟而逼真。他塑造的人物生动传神，棱角分明，细腻中不乏阳刚之美，展示了京剧艺术所本所宗。"入戏""走心"，常常挂在周仲博嘴里："'入戏'靠'心劲'，心就是魂，心要是走动了，这一招一式就活了起来，戏也就来了；心要是走不动，再工整也没有戏。至于说到'走心'，就是演员要进到人物的心眼当中去，这样浑身上下就都有了戏，而那种身上只有一疙瘩戏的演员，嗓门再亮也是白扯，不是好演员。"

周仲博说，掌握程式只是手段，
塑造人物才是目的

掌握程式只是手段，塑造人物才是目的，周仲博在《血战金沙滩》中，山呼"万岁"，甩水袖，再急扯回，接趋步，瞬间屏气，稍顿，做大起法，纳头便拜，整套动作干净利落。在《六国拜相》中，他的"失前"和"屁股座子"，更显得有条不紊。在《未央宫》中，他一边口中哀叹"成亦萧何败亦何"，一边以大欠腰、梗脖、向上甩的动作，径直将盔头（京剧中帽的统称，此处指改良侯帽）由头上飞到下场门边，不偏不倚，正好落在校尉手中，表达了人物的怒发冲冠，显示出韩信至死也不减大将气度。

这出《未央宫》，是唐韵笙于1935年根据《史记·淮阴侯列传》《西汉演义》以及传统本戏《楚汉争》创作而成的。打2015年开始，周仲博先后带着中国戏曲学院青年教师衣麟，以及中国戏剧梅花奖获得者、沈阳京剧院国家一级演员常东等人，复排这出唐派经典。

这一回，他要让自己的徒弟甩好韩信的盔头。

❦ "架子架子，必须式子，出头出头，必须派头"

周仲博介绍，唐韵笙在20世纪30年代创演《未央宫》，50年代加入沈阳京剧团后不久又重新改编此剧。马连良没演过《未央宫》，所以人们通常喜欢拿周信芳的版本与唐派对比。麒派和唐派同是"外江派"，都是独树一帜，又是各有千秋。唐派和麒派《未央宫》演出本各有各的特色，明显区别是唐派本子以韩信有谋反之意为前提展开情节，"人头会"上公开处决；麒派本子则强调吕后的陷害阴谋，深宫秘密"竹刀"处决。韩信之死是一段比较复杂的历史故事，唐派演出时间充裕，一个小时左右，有助于故事的细腻、唱词的丰富、复杂心理活动的体现；麒派演出时间短当然也有短的好处，情节精练，观众看的都是精华。

麒派与唐派演出本的不同，尤以萧何诓韩信进宫时，韩信的那段西皮流水最为明显。麒派的这段唱，简明扼要把伍子胥一家的遭遇、伍子胥奔吴借兵，以及吴越之争、伍子胥含冤被杀叙述得清楚明了，不至让观众觉得拖沓。而唐派唱词，则借韩信之口，把伍子胥投奔吴国以来所做的所有大事加以罗列详说，如果放在平时，如此大篇幅的唱词的确容易让观众厌倦，但这也正是体现唐派魅力的时候，时长更多，叙事更细，繁而不乱、不厌。

> 韩信：相国听了！
>
> ［西皮慢流水］
>
> 尊一声相国听端的：楚平王无道乱伦理，不该父纳子的妻。
>
> 伍奢上殿把本启，怒恼了奸贼费无极，私自调回了他的子。
>
> 可叹他一家满门三百余口，一刀一个，血染衣。
>
> 子胥逃出樊城地，保定太子出重围，乔装混出昭关地，吴国借兵报冤屈。
>
> 伍员品箫乞吴市，偶遇姬光换朝衣。
>
> 头一荐他与那专诸拜兄弟，刺杀王僚保华夷。
>
> 河东反了贼庆忌，二次里举保纳要离。
>
> 要离为国断了臂，可叹他残杀一家父母、子与妻。
>
> 要离单臂刺庆忌，无颜投江他死也不足惜。
>
> 三次保荐孙武子，校场演阵斩美姬。
>
> 那时节无道的昏王身已死，开棺鞭打平王尸。
>
> 到后来吴越两国刀兵起，擒来了勾践为奴隶。
>
> 献来美女叫西施，还有那文种与范蠡。
>
> 吴王听信贼伯嚭，可叹他杀了那伍子胥！
>
> 说什么忠臣死得苦，讲什么忠臣死得屈？
>
> 真个是汗马的功劳前功尽弃，到如今万古千秋他受恤食。

在《未央宫》这出戏里，可以明显地感受到唐派"大滑音"的处理，速度慢、滑度大、力度强，明亮而富有激情，非常适合表现剧中人物愤怒、激动、兴奋、急切、悲怨的情感。再如韩信与萧何"推磨"的表演形式，二人时而款款而行，时而举步叙谈，看得人回味无穷。

2017年9月，笔者与周仲博一同坐在辽宁大剧院二楼小剧场内，观看常东表演的《未央宫》。经周仲博悉心栽培的常东，眼神、抓袖、踢袍、抛髯、屁股座子等都干净利落，把唐派做功的"放范儿"处理得可谓从容不迫、举止自如。韩信来到未央宫，吕后出圣旨欲治罪韩信，让韩信自己去读圣旨。此时的韩信面向吕后、背对观众，在[丝鞭]锣鼓点中原地以膝盖为轴，身躯向左一拧，面向观众念圣旨。在跪地转身时，前腿带动前蟒襟，后腿带动后蟒襟，用身形带动红蟒飘然而起，前后蟒襟一丝不乱，这是演员的膝盖反复碾磨、出血、结痂、再磨，才打下的硬功夫。韩信见势不妙，欲拔腿溜走，吕后断喝一声"回来！"，韩信双手撩袍，一个急转身，袍前襟扬起，后襟同时甩开，跪倒应声"臣在"，飞舞的前后两大襟随双膝同时落地，平平展展盖在地上，又利落又漂亮，同样体现了演员的高深腰功。常东唱时，则嗓亮调高，挺拔激越，实大声宏，[二黄碰板]"萧何丞相"的"丞相"二字又有炸音又有立音，韩信的满腔愤恨随着这裂帛穿云的声音一块儿迸发出来，引来全场喝彩。

周仲博看着学生的表演，时而面露微笑，时而眉头微蹙，口中嘟囔着什么。"大匠诲人，必以规矩"，常东早已是名声在外的角儿，但在周仲博眼里，可挑的错还是不少。《未央宫》末尾，常东饰演的韩信甩盔头的动作，出现了意外，念完"韩信胸中智略多……"四句，吕后叫声"与我拿下了！"，只见韩信把脖颈往后一仰，"嗖"的一声，盔头本应直上高高甩起，却因力道不够，直接甩在了地上。对于这个外行注意不到的问题，周仲博看在了眼里。待演出结束，观众还没散尽，老人已经径直上台叫住了常东，当着那些围拢在台口手捧鲜花、等着合影的戏迷的面，拉着常东进行现场教学："架子架子，必须式子，出头出头，必须派头。你这块儿，回去还得练哪！"已经年过50的徒弟常东擦着满头汗水，连连点头。

尽管年事已高，周仲博仍在为京剧事业奔波，提议成立了唐韵笙艺术研究会，策划了展示唐派艺术的晚会《梨园唐韵》，还和夫人共同整理了《血战金沙滩》《两狼山》等八出经典老戏，为东北京剧艺术留下了宝贵的财富。

曾有人评价，以周仲博的资历，完全可以自成一派，但他一如从前般对唐韵笙表达着作为师弟的敬意。此时，角儿的傲气悄然消散，取而代之的是那份同台搭戏的情义与舍我其谁的承担。对每一出复排的唐派经典，他都有着严苛的要求，错一分半点都不行。

国家一级演员、沈阳师范大学戏剧艺术学院院长张威，曾多次向周仲博请教唐派京剧方面的问题，她评价周仲博："我觉得周先生给我的最大感触，就是他很纯净。纯净在哪儿？他对于他的艺术纯粹，他没有那么多乱七八糟的事情，一门心思研究他的戏。所以他家里头谈的是戏，单位以前从事的也是戏，来的这些学生也是跟他谈戏。所以整个的，我就觉得老人一辈子可能就是跟京剧有着不解之缘。你想想，他五六岁就在台上，这一辈子戏和他的生活已经分不开了。"

周仲博与沈阳师范大学教授张戚交流

"十年寒窗，九载遨游，八月科场，七篇文章"

周仲博对于如何当好演员，有句老话常挂在嘴边：一个演员哪，你得"二进宫"，出了科以后得重拜老师，你老在这科班里边不行，就是这样。另外，还得十年寒窗，九载遨游，八月科场，七篇文章，你得兵对兵、将对将会演，才落得个兵部侍郎。

京剧演员艺术成长要经过几个阶段，概括起来是四个字：习、熏、悟、化。具体到周仲博的个人经历：习就是自己练习，师父教学。熏就是家学熏陶，打个比方，就像搞古董的，从小见的都是好东西，没有那种仿造的，长大了自然是眼光独到判断精妙。悟是什么？看书，学习，悟道，自我修养的不断提升。化的过程在周仲博身上，体现最明显的就是导戏，他说他导戏拿着剧本翻一遍之后，基本上所有的场次、舞台调度，包括唱念的安排、武打的设计，全出来了。到了化的境界，就是随心所欲。为什么呢？因为他积累的太多了。

"熏"这个字，周仲博的孙子周坚深有体会："我爷爷就是按照这个老祖宗留下的规矩教的我，从来不让我去看词、识谱子学戏。这看词学戏呢，你是特别快，但那是为了速成，你是用这种方法着急挣钱。我爷教我戏，打个比方，就跟煮熟的肉

周仲博修改剧本，老伴儿
丁淑贤帮忙誊写

和熏熟的肉一样，肉煮熟很快，但是没有味儿，熏熟的才有味道。"周仲博教学用心到何种程度，周坚举了一个例子："就像《文昭关》，伍子胥一夜愁白了头，出关。到了晚上，我爷为了让我找这个意境，把灯都关了，给我点一支蜡，让我唱这个戏。其实当时是太小了，有点儿体会不到，但对我后期把握这个人物非常有帮助。而且像这种事不止一次两次，就是他会帮我造这个环境，甚至把京剧的表演贴入一些，像现在话剧总结出来的心理这种东西。我爷其实是一个在教育方面挺现代的人，用各种方式来教我戏，看着很传统，教的剧目也很传统，但是他的教学手法非常先进，能让我体会那个意境。"

老伴儿丁淑贤说周仲博就是个"戏痴"："我们这么多年，没有看他玩过一次牌九、扑克，不参与，就是老了还抽点儿烟，过去没有，烟酒不动，就是唱戏、就是研究戏。晚上把打鼓的、拉弦的凑在一起聊天，还是戏，整个是戏痴。要不就逼着我给他写本子。我还记得演《（蒋伯芳）棍扫萧金台》，逼着我给他做一个行头。那时候我才 20 岁，在家我都不干活，我说不做，他就手把手教给我。"

周仲博对剧本的研究几近苛刻，一丝一毫的细节都不放过。从事戏剧研究的学者刘新阳回忆说："有一次我去探望周先生，看到他客厅的沙发上放着一本印着藏獒的画册。他告诉我，他猜想《闹朝扑犬》里的獒犬应该就是藏獒，想从书中找到依据，这样在教戏的时候，就会对狗的形状、颜色、性情心里有数。"

正所谓：关东名菊开京台，幸得园丁细培栽。唐风笙韵无绝响，银汉自有新兴来。周仲博塑造了老生，老生成就了周仲博。或是沙场名将，或是帝王良臣，周仲博总是能从其中听出看出点儿不一样的新意来，这些细枝末节不知不觉之中成了他的日常生活。周仲博京剧表演艺术深深植根于东北这块沃土，其影响广泛而深远，当今不少京剧名家从他身上受益匪浅。数十年的舞台实践中，他兼容百家，演出剧目多达300余出，加之与唐韵笙、白玉昆等名家长期同台演出，使得周仲博对这些名家的表演体系有着较为全面的掌握。尤其是唐派艺术，他深谙内中真谛精华，能演剧目甚多，系当世能传授指导唐派艺术的屈指可数的重要人物。

唐韵笙的女儿唐玉薇评价周仲博："从私人的师承关系，从他跟我父亲这么多年的艺术上的相通相知，经常在一起合作的友谊，无论从哪个方面来说，周老师他自己都觉得（发扬唐派）责无旁贷。他也是觉得应该为我父亲把这些东西拿出来，他从自己的心里头觉得应该尽最大努力把这个东西做好，他有这种责任感。我跟他谈过几次这样的事情，他觉得这个事情是应该做的。"

敢于结合时代审美对剧目进行大胆创新，唐韵笙如此，周仲博亦是如此。2016年以来，常东一直在周仲博门下研习唐派代表剧目《二子乘舟》。京剧《二子乘舟》根据历史小说《东周列国志》第十二回情节编写，由唐韵笙于1935年创作，首演于沈阳，是一部悲剧色彩浓烈的传统大戏。此剧后由周仲博加工改编，唐韵笙版本到改编时已有八十年历史。

《二子乘舟》故事大意为：春秋时代，卫宣公为世子急子聘齐国公主宣姜为妻。宣公见宣姜貌美，于是派遣急子远征伐宋，乘机纳儿媳为妃。宣姜生下公子朔、公子寿两人。十六年后，卫宣公下旨召急子回国。公子朔想加害急子，撺掇宣姜、卫宣公，定计在急子使齐的途中，暗中派人刺杀他。公子寿听说后，乘舟追赶急子，并在舟中用酒将急子灌醉，前去替他受死。急子醒后急奔莘野，也被杀害。

周仲博在复排的过程中，改动最大的，当属把原本是完全负面形象的女主人公宣姜根据现代人的理念进行了重新设计。周仲博说，过去人们基于传统观念，认为宣姜这个形象完全是坏女人，弄得跟潘金莲似的，可用现代人的审美来看，宣姜属于被压迫、被迫害的悲剧性人物。被人强取豪夺失去了丈夫，作为一个弱女子，她无力反抗，但内心依然留有良知和底线。"我就是按照这样的思路，把《二子乘舟》的人物关系重新捋了一遍，让观众看清楚宣姜到底是个怎样的女性。"

戏中饰演急子的常东介绍："《二子乘舟》这个戏，当年唐先生唱的时候能唱四五个小时，因为现在不可能唱那么长时间，而且中间有很多碎场子，就是水词这些东西，周仲博先生都进行了处理，有些场进行合并。因为我是武生出身，结合我的个人条件，先生就把武的一块糅到里头了，把这个戏更加丰富了，而且对一些人物进行了处理，使这人物更加可爱了。处理那些有代表性的场次时，周先生却一字不动，如《乘舟》一场集中体现了唐韵笙的经典唱腔'反西皮'，这一场就被完整保留，连细节都完全遵守旧制。"此次复排，年过九旬的周仲博一直亲力亲为，对常东倾囊相授，唱腔、动作、神态都亲自示范。虽然年事已高，但一提到京剧，周先生的眼睛立刻变得炯炯有神："我现在已经不能再登台表演，只想把毕生的本事传给后人，让后人把唐派艺术传承下去。"

2018年3月1日，《二子乘舟》在八十三年后，以崭新的人物形象和故事设计重现舞台。周仲博继承唐派艺术原味时，一字不动；改良唐派经典剧目时，大胆创新。这看似矛盾的两者，因为这位艺术底蕴深厚的老人，而有了一个清晰可信的归处。

乾坤一台戏，请君更看戏中戏；俯仰皆身鉴，对影莫言身外身。流派纷呈的京剧，正是因为一代代像周仲博这样的角儿的坚守，才无比亲切又震撼人心地提醒着后辈，国粹是如此高贵与不凡。

莫道老株芳意少，逢春犹胜不逢春。周仲博就是这样，全由戏起是一生。晨起吊嗓，绸衣窸窣，胡琴弦索，熟悉的声响萦绕，当年那个5岁登台的"盖神童"，宽着袖，圆着场，醉着步，仍在他最钟爱的舞台上，等待锣响。

参考资料：宁殿弼《银汉三星鼎立唐：唐韵笙评传》（上海古籍出版社，2014）；冯静晓《初识一代京剧名家周仲博先生》文稿。

裕固足音溯原乡

——裕固族民歌国家级代表性传承人杜秀英

　　祁连长风吹古道，大漠孤烟掩故垒。一片黄沙拂起幻影，西域古国遥不可及的影像，便模糊地出现在历史深处。肃南大地灌满大自然的蓬勃浩气，世代生息于此的裕固族人，默默见证着东西方风物在河西走廊的交融汇聚。

　　远行的裕固族勇士饮下琼浆，送别的人群中传出悠远的歌声，曲调里囤积着的是无边祝祷无边挂怀、滚滚胡尘滚滚生死。史书中对裕固族先人曾有如下记载："男女无大小，皆集会。平吉之人，则歌舞作乐。"告慰心灵的长调悠悠响起，便是一个民族跨越千年的文化守望。

　　走进甘肃省肃南裕固族自治县，如今最具代表性的民间歌者，当属裕固族民歌国家级代表性传承人、采访时已年近八旬的杜秀英老人。

裕固族最后一位萨满的女儿

裕固族民歌是裕固族学习与传承文化的一种重要媒介，其内容与裕固族人的生产、生活密切相关，人们从事放牧、割草、捻线、擀毡、拉骆驼等生产活动，以及举办婚丧嫁娶等重大的民俗、宗教仪式，都有对应的歌曲相和，这已经成为裕固族人特有的一种生活方式。2006 年 5 月，裕固族民歌经国务院批准列入第一批国家级非物质文化遗产名录。

杜秀英，裕固族名曲木塔尔，1940 年 10 月生于肃南裕固族自治县大河乡，亚拉格家部落人。2009 年被文化部公布为裕固族民歌国家级代表性传承人。代表性说唱曲目有《出嫁歌》《哭嫁歌》《萨娜玛珂》《巴特尔赛汗》。

喝酥油茶、浇花、捻线，是杜秀英平日里最爱做的事情，在不了解情况的外人看来，她和当地其他同龄妇人一样，没有太多不同。而俗常细节的背后，则是一位裕固族女儿颇为不凡的生命历程。

与其他人相比，杜秀英的偏得之处在于，她的父亲杜占才（裕固族名奥尔莱）是裕固族最后一位萨满，除了能够教女儿熟练掌握阿尔泰语系中的蒙古语和突厥语外，对于本民族的礼仪规范、风俗典故更是如数家珍。杜秀英至今仍记得父亲当年的一桩往事："有一天我在一处白崖下放羊，父亲跑过来帮着赶羊。他指着这处崖石给我说了一段萨满教仪式里的诵词。大概意思是在很多年前，亚拉格家部落从外面搬迁到榆木山下放牧。后来，部落的信仰丢失，萨满教的礼仪也忘记了。一天，这处白崖下，一个老奶奶正端着羊奶走进帐房，忽然发现一只蓝色的鸟落在帐房杆子上并开口说话：你们把神丢了，今天我是来给你们送神的。老奶奶吓得浑身发抖，不停地冲着鸟儿叩头。她按鸟儿的吩咐，把蓝、绿、白三色面条编成的辫子盘在自己儿子头上。鸟儿又告诉了他们很多祭祀礼仪和方式，最后才飞走了。从此以后，由亚拉格家掌管的萨满礼仪就一直延续下来，而萨满就一直由杜曼（汉族姓杜）家的人担任。"这件事，杜秀英的妹妹杜秀兰（同样也是裕固族民歌国家级代表性传承人）也曾讲起过，姐妹俩的回忆互为佐证，掩饰不住的是深埋在岁月长河中的遗憾，父亲虽然告诉了女儿诵词的意思，但因为时代的原因，并没有把自己知道的诵词教给她俩："1958 年以前，每年农历的正月和六月，我父亲都会主持部落萨满教的祭祀活动。按现在的话说，那些诵词里有很多宗教和历史的东西，如果没有丢失，现在也应该属于非物质文化遗产吧？"

杜秀英说，从爷爷那辈开始，长辈就已经带着年幼的她学习民族语言与唱歌，这并非有意识的教育，纯属裕固族人家理所应当的事情："爷爷教，父亲教的更多。

杜秀英（前排右）与妹妹杜秀兰同为裕固族民歌国家级代表性传承人

我们裕固族没有文字，但是做人的道理呀、历史知识呀，都在平常的谈话和交流里，一点一滴慢慢就会记下。七八岁的时候我稍微懂点儿事了，父亲就把我当作儿子一样，带出去唱歌。除了在我们自己部落里唱，也去周边，比如一个叫巴格家的部落，还有明海、明花、康乐，有人请，我们就去唱。"

裕固族的生息历史，与祁连山脉和河西走廊紧密相连。春秋战国时期就有许多民族在河西地区活动，这里曾是乌孙、月氏游牧地，后为匈奴所据。公元前138年—前126年、公元前119年—前115年，汉武帝两次派遣张骞出使西域，其间，霍去病击败了占据河西地区的匈奴王休屠和浑邪。公元前111年，汉武帝设张掖郡，祁连山一带正式归入中原版图。其后河西回鹘（裕固族先民）曾攻入甘州，随后占据河西走廊西部，并立国，设牙帐于张掖，统治河西约140年。裕固族自称"尧呼尔"，在不同的历史时期又有不同的译法和称谓：宋代译作"黄头回鹘"，元明译作"撒里畏兀儿"，清代以来又译为"萨里辉和尔"等。1953年，经本民族人民充分协商，根据"尧呼尔"的近音，兼取汉语"富裕巩固"之意，定名为裕固族。

裕固族保留着浓郁的古代北方草原马背民族的文化特色，又有自己独特的历史传统和审美观念，形成了不同于其他民族的风格。千百年来，勤劳智慧的裕固族人民在生产生活中创造了丰富多彩的民族文化，积累了深厚的传统文化底蕴。由于裕固民族文字失传，只有东、西部两种语言体系，其民族文化以口口相传的方式传承至今。东部语民歌较多具有粗犷、奔放的气质，音调接近蒙古族民歌；西部语民歌较平和、深沉，更多地继承了古代回鹘民歌的传统。

裕固语称民歌为"叶尔兰安"，它是裕固族民间音乐中主要的艺术形式，也是裕固族人最喜爱的一种口头文学形式，由于本民族文字失传，民歌创作便成了裕固族民族历史传承的主要形式。一个裕固族人若想成为优秀的歌手，首先要过的就是语言关，如今，能够像杜秀英这样熟练掌握东、西部语系的人，在当地已经不多。而杜秀英能够兼精两种语系，又得益于她的家庭。父亲擅长西部语，是远近闻名的民间歌手，母亲曲拉世吉则说东部语。精通两种语系和两种语系的民歌，是杜秀英被评选为国家级传承人的重要原因。

父亲在世时，便是部落里唱歌最好的一个。"我学的第一首歌就是《出嫁歌》，我在父亲的怀里躺下，他就那么唱，六七岁的时候我就基本上学会了，一边摇一边唱，这就是我的第一首歌。父母带着我们在草原上放牧，晚上教一首新歌，第二天早上不吃不喝，先唱一遍。小时候学下的歌，长大了就不会忘了，女英雄萨娜玛珂的史诗就是那时候记下的。"

白天放羊，晚上吃过饭，便是一家人唱歌的时间。杜秀英对藏语歌的学习，也是在这一时期打下的基础。"那时候我们裕固族里面比较流行的是用藏语唱歌，裕固族寺院里的高僧们写的词，他们写的是藏语，不让用裕固语唱，全部要用藏语唱，可能是对佛教的一种尊重吧，所以比较流行。那种藏语歌唱起来比较畅快、欢乐。"

❧ 自治县第一届青年代表会上的女歌手

杜秀英凭借父亲的教诲和自己过人的天赋，对东西部语言风格的民歌均可完整掌握。她在十二三岁的时候，已能跟随父亲在牧民的婚礼上进行表演。等到十六岁出嫁时，杜秀英已经基本掌握了大部分的裕固族传统民歌，尤为擅长演唱传统的叙事歌、劳动歌、民俗歌等。而后作为青年代表参与镇上的文化活动，让她也增长了更多的见识，从草原上随性而歌的小女孩，逐渐成长为远近闻名的民间歌手。

"我十五六岁的时候，县上召开第一届青年代表会，代表里面就有我。会议结束的那一天晚上要在电影院里举行晚会，那是我第一次正式在台上唱歌、第一次见高音喇叭、第一次面向很多人唱歌。像我十一二岁开始在人家婚礼上唱歌，但那都是乡亲，不会紧张，这次可不一样了。哎呀，当时的感觉（就是）不敢，上到台上往下一看，那么多的人，脸就红辣辣的，紧张得不行，在上面唱了一个曲子就准备下来。大家都鼓掌欢迎着，让我再唱一个，就又唱了一个。唱完往下走的时候又被下面挡住了，下面又欢迎得不行。哎哟，我就害羞地跑下来了。"

在裕固族地区，无论男女老少，人人都爱唱歌。一个裕固族人，当他还是婴儿的时候，就在母亲的怀抱里聆听舒缓宁静的催眠曲；当他刚刚开始懂事时，就从父亲所唱的各种叙事歌中认识自己的民族、自己的故乡以及自己所要遵守的道德观念，了解本民族的历史和英雄；当他长大成人，参加生产劳动时，歌声就会陪伴着他从事放牧、割草、捻线、擀毡、拉骆驼等生产活动。在裕固族民间的各种民俗、仪式活动，诸如结婚仪式、丧葬仪式、宗教活动等中，同样有各种专门的民间歌谣的存在。同时，牧区的男女青年在谈情说爱时，有时也要用歌声来表达彼此的感情。

裕固族历史上最早的民歌，可以追溯到裕固族先民敕勒人的民歌，也就是为后人所熟知的《乐府诗集》中的《敕勒歌》。"天苍苍，野茫茫，风吹草低见牛羊"的歌吟，响彻草原。

婚礼，对任何一个民族来说，都是一场盛大的民俗仪式，对裕固族人更是如此。裕固族婚礼一般要经过订婚、送亲、迎亲、婚典、婚宴、回门、串亲等程序，且自始至终伴随着质朴、亲切、欢快、热烈的歌声。当男方请媒人说定婚事并送清彩礼后，便可择日完婚。婚礼一般分两天进行。第一天在女方家，叫"送亲"；第二天在男方家，叫"迎亲"。相伴始终的，便是这或深沉婉转或喜悦吉祥的歌声。

裕固族婚礼，一般都要唱歌欢庆，因此双方都要事先请好歌手。当新娘离开娘家时，娘家由舅舅带头唱裕固族传统的《送亲歌》。第一天是女方家中请来亲朋好友，用奶茶、好酒、手抓羊肉招待来宾，并举行对歌。这天最重要的活动是给新娘戴头面，就是将一副用珊瑚、玛瑙等珠宝串制成的华贵头饰系在新娘发辫上，发辫的样式也从这一天开始梳成三条大辫子，然后再换上新娘的服饰，骑上骏马或骆驼，由送亲队伍陪伴去新郎家。到了第二天，当新娘快要到新郎家的大帐房时，男方家需要在路旁燃起两堆火，让新娘从中间通过。然后，新郎弯弓连向新娘射三支柳条。他们认为，这是遵循古老的传统，这样做以后，可以驱除新娘身上的邪气。射完三箭，新娘才能进入婆家。这时，男方家里的主人要用手抓羊肉、烧酒等来招待送亲客人。老歌手先唱起反映裕固族女英雄事迹的《萨娜玛珂》，接着再唱《祝酒歌》。当酒兴正浓时，双方歌手即开始对唱。对唱的歌词主要有两个方面：一是互相祝贺，二是娘家和婆家的对答。娘家要求婆家爱护体贴新娘，婆家要夸耀自己，请娘家放心。还有一些善意的互相挑剔的内容，以烘托热闹喜庆的气氛。双方一直对唱到深夜方才散去。

2011 年 5 月，裕固族传统婚俗入选第三批国家级非物质文化遗产名录。

从十二岁那年第一次在婚礼上唱歌开始，杜秀英所吟唱的《戴头面歌》《婚礼告别歌》《梳妆歌》《哭嫁歌》《送亲歌》《迎亲歌》等，不知陪伴过当地多少对新人度过人生中最幸福的时刻。

婚礼歌，裕固族人俗称"啊啥峨"。裕固族人举行婚礼时要请歌手唱歌，歌词由歌手即兴编唱，内容多为吉利话。也有时歌手以新娘身份唱歌，内容多表达对包办婚姻的不满以及向父母、乡亲倾诉离别之情。这种以新娘身份唱的婚礼歌又叫"各斯达尔能也尔"（"姑娘歌"），婚礼歌曲调有朗诵性质，古朴苍劲，多为一组乐句循环吟唱，歌首歌尾有"依拉依索""依味""啊味味"等衬词。

为什么要"哭嫁"，杜秀英给出了一种解释："裕固族的女儿从小就跟着父母，不说是掌上明珠，也是家中的宝贝。可是一旦出嫁了，到了公婆那里，所有事都要听婆婆的指挥，丈夫长什么样子自己也不知道，因为以前都是包办婚姻，你作为女儿根本就不知道丈夫的样子，蒙着头就嫁过去了。这个时候，更多的还是紧张与害怕，以及对家中父母的不舍和惦记，所以，一定是哭嫁的情绪。"

甘肃省肃南裕固族自治县裕固族文化研究室副主任钟莉，第一次找到杜秀英，给后者录的第一首歌曲资料就是《哭嫁歌》。钟莉记得杜秀英唱着唱着就哭得不能自已："她自己先哭了，唱不下去了，然后就说休息一下吧，她就把这个歌词大意给我们讲了一下，我们一听心里面确实也难受。等到她第二遍唱的时候，她那个音调特别能感染人，我们听着听着就也跟着一起流泪。民歌的感染力有多大，从这儿就可以看出来。"

2017年8月，杜秀英的大女儿安玉玲、徒弟杜玉梅受邀参加一对新人的婚礼。

婚礼严格按照裕固族的礼仪规范进行，新郎进门、喝酥油茶、出门敬酒、"打尖"、打酥油茶、交姑娘等环节一丝不苟。

宾朋亲友，欢乐相聚，众人翘首期盼最具仪式感的时刻。安玉玲、杜玉梅坐于新娘两侧，唱起《哭嫁歌》。歌词中流淌的情感迅速引发共鸣，围观的妇女们和新娘一起默默流泪，一场情深义重的吟唱，预示着家中的女儿即将远行。

这样的情感联结，这样的气氛烘托，与杜秀英年轻时给新人唱歌时别无二致。

❦ 是吟唱，更是历史"活化石"

归纳裕固族民歌的基本特征，大略可分为下列几点。

旋律特点：长调歌曲起唱大都有一个以"哎""噢""依""盖""哎哟""啊依咾""啊依啰"等虚词为衬腔的引子，例如《西至哈至》《戴头面歌》等；旋律线起伏幅度不大，一般都围绕着一个或两个相距很近的中心音形成调式，或四、五、六度跳进，较少出现八度以上大跳，例如《裕固族姑娘就是我》《啦咪啰》等。

曲式结构：裕固族民歌的曲式结构大部分都是一句式重复、变化重复及变奏的单体乐段，例如《学步歌》；其次是两句式重复、变奏、发展的单体乐段，例如《垛草歌》；再者是对称性的四句头、二句头曲体，例如《擀毡歌》；然后是不对称四句式结构型，例如《奶牛犊》；最后是句式一段体型，例如《划拳歌》。

曲调调式：商调式的曲调也有着羽调式的色彩，这是由于大多数商调式曲调加入了清角音"4"，使乐曲具备了商和羽的双重色彩。这种移宫犯调的现象在民族民间音乐中非常普遍。民歌属于口传艺术，有"十唱九不同"的说法，采风过程中，经常会遇到这样的问题，即同一艺人，第一次唱与第二次、第三次唱的民歌总会出现不同之处。

裕固族民歌是研究古代北方少数民族民歌，特别是突厥、匈奴、蒙古民歌，以及古代北方游牧民族文化历史的重要依据，也是挖掘、发展北方少数民族音乐的基础。

在当地，像杜秀英这样能够原汁原味完整掌握多种类别裕固族民歌的歌手，已经十分稀少。由于裕固族语言体系传承的特性，在飞速发展的时代，其失去了生长的土壤，上一代人渐渐老去，年轻人又不爱学，裕固族语言陷入后继乏人的窘境。而越是这样，就越能显示出杜秀英的可贵与不可替代。她的吟唱，已不止于民俗意义上的娱人娱己，更有历史"活化石"的见证留存意味。

如杜秀英掌握的大量叙事歌。经由她的吟诵，遥远的记忆变得真切鲜活。她的代表作《西至哈至》，表现的正是裕固族历史上一次重要的迁徙过程。她就像是一位德高望重的文化向导，指引着后人，摩挲、追溯着裕固族神秘的过去。

她所唱的《奶羊羔歌》《擀毡歌》等，也让如今的人们感受到了裕固族历史上的生产生活状态。从草原深处喷薄而出的民歌，随着甘甜美酒飘香四溢，应和着裕固人劳作的身影，在苍天与大地之间唤出万千乡愁。

钟莉评价杜秀英："一个是她对我们的民歌了解得十分全面，不仅会唱，而且能把里面的一些古词语都解释清楚。刚开始我们搞普查的时候，好些词我们也不懂。问杜秀英的时候，这个词具体表达的什么意思，这个民歌具体表达的什么意思，她都能说清楚。再一个就是，她对裕固族民歌其他的更加外延的知识也了解，歌曲之外的民族历史和典故，她了解得也比较多，都能说出来，这是很不容易的。"

中国音乐学院教师杜亚雄等人历经十年考证确认，裕固族西部民歌与匈牙利民歌同出一源。杜秀英所唱的《催眠曲》与匈牙利的《摇篮曲》不仅曲调一致，而且专用衬词"呗哩"的发音也是一模一样。这一惊人的发现，对应着河西走廊与丝绸之路的东西交融历史，破解出一段人类迁徙的密码。据传，古匈奴族和蒙古族在匈

牙利征战，被日耳曼人、奥斯曼人击败后，一部分回归中国，在甘肃一带定居，另一部分则滞留在匈牙利。故此，匈牙利人是欧洲鲜有的烙着"东方印记"的民族，他们的祖先来自东方，他们的民族文化和习俗与中华民族有很多相似之处，比如姓名、地名、日期的书写顺序与中国的习惯相同。

裕固族民歌研究还帮助匈牙利学界证实了"匈奴音乐文化是匈牙利民间音乐的渊源之一"。根据史料记载，由于突厥人、匈奴人和裕固族的先民敕勒人（也叫丁零人）关系密切、语言相近，所以保存在裕固族民歌中的不仅有丁零、敕勒、回鹘民歌的特点，也有突厥、匈奴民歌的特点。这些突厥语诸民族所在的地区和国家，正是匈奴西迁所途经过的地方。最终，杜亚雄的研究印证了匈牙利作曲家巴托克的"古老的匈牙利民歌是古老突厥民歌的一个组成部分""匈牙利的五声体系中保留着亚洲音乐文化的痕迹"等猜想。致力于民族语言文字研究的西北民族大学副教授吕士良指出，裕固族等各民族民歌保护好比音乐界基因工程，"我们无法判断这其中还藏有多少秘密，对于未来的研究能产生多大的作用，能做的唯有尽可能地保护"。

20 世纪 80 年代，匈牙利的一位叫高堡的记者慕名前来采访，当他听到裕固族西部民歌时，不仅听懂了其中个别词句，而且还能说出这是一首什么主题的歌。这使在场的人感到十分惊讶，显然是因为裕固族西部民歌的语言、音阶、结构、乐句、节奏等方面与匈牙利古代民歌有诸多相同之处，这位匈牙利记者才会大致听懂。

✎ "正处于濒危状态的弱势少数民族语言"

与其他歌手相比，杜秀英不但能唱，还会创作。她学着先人，把对天地神灵的敬畏，对英雄儿女的赞颂，写进自己的作品，歌者为之自豪的一方水土，成为新的时代注脚。

杜秀英成为国家级代表性传承人后，虽然慕名而来学习唱歌的人有所增多，但裕固族民歌的濒危状况并没有得到显著改善。特别是难度较大的东部语系民歌，对音调的准确性要求极高，而裕固族人已经大多从草原、帐篷走入城镇、楼房，现代的都市生活让族人失去了原生土壤，传承的难度可想而知。只要体力和时间允许，杜秀英总是毫不保留地向来访者倾囊相授，拜不拜师，挂不挂名，她从不介意。这份豁达，既是她的性格使然，也体现了裕固族人对音乐的态度。

杜秀英说，自己虽然是国家级传承人，但不是裕固族民歌的垄断者。这番表述，让人看到她的真诚与质朴。"我们裕固族的原生态民歌不是为了专门演出创作的，这些主要是为家庭、族人之间，或者整个部落之间在聚会的时候演唱而准备的歌曲，离开这片土地，离开周围的族人，它都会失去意义，不存在了。人们都可以学、都可以唱，这个民歌本身就是大家的，裕固族人都有资格学，都有资格唱，都有权利唱，都有责任传播。不能说是家族式的，只有我能唱，你不可以唱，那个是不行的。"

杜秀英如今最发愁的就是：裕固族语言环境的改变，让民歌传承失去土壤

裕固族是中国人口较少民族之一，仅1.47万人口（2020年全国第七次人口普查数据），2010年，裕固族语言被列为"正处于濒危状态的弱势少数民族语言"之一。更让保护部门担心的是，大部分年轻人都不会说当地话了，如何继承纯正的民歌？裕固族文化研究室副主任钟莉称："不少家长为了保证孩子过普通话关、考上大学，在家里只和孩子说普通话。"随着老人去世，有些歌在无可奈何地流失。

令人略感欣慰的是，经杜秀英的培育，她的女儿安玉玲，徒弟吴萍、杜玉梅、杨秀英、高云凤等已小有所成。而师父在教授唱歌时，对民歌原味和曲调的严格把关，一句话、一个字、一个音都不放过的教学细节，也让徒弟们印象深刻。

在当地，有一些年轻歌手为了商业演出的考量，有意把原汁原味的裕固族民歌改得流行味十足，这在杜秀英看来，是绝对不可接受的。她的徒弟杜玉梅回忆师父的教唱过程："我们学民歌的时候她强调最多的就是音，一定要把音唱准，民歌的旋律有些还是比较难唱、不太容易掌握的。可能是我们平时也喜欢唱流行歌或者是别的什么蒙古族、藏族歌，他们的旋律和我们裕固族民歌的旋律不太像，我们学的时候有时可能会把这个音按自己喜好拉长或者减短，老师会特别强调，音一定要唱准，她是怎么唱的，我们一定要怎么唱……不能随心所欲，我觉得这样好听我就这样唱，他觉得那样好听他就那样唱，唱来唱去都不是裕固族民歌了。"

2006年裕固族民歌进入国家级非物质文化遗产名录

以来，杜秀英还多次主动走进校园，与兰州大学、当地的中小学校等合作，开办裕固族民歌培训班。急速变化的现代生活已让很多年轻人忘记了本民族的语言与习俗，杜秀英不辞辛劳，带着几位徒弟，尽量把裕固族的古老故事讲给更多后人听。

裕固族自古流传着一句话：当我们忘记故乡的时候，故乡的语言我们忘不了；当我们忘记故乡的语言的时候，故乡的歌我们忘不了。杜秀英仍在不停歌唱，这歌声回荡在苍茫天地间，既是长河落日的循环往复，也是代代生息的不死不灭。这份坚毅与淡定，便是裕固族的魂灵。

一株草汲满光华，一匹马踏遍寒山，一段歌纵贯千年。在这古老的歌声里，山河就是悠悠的转经轮。

西秦入粤戏从容
——西秦戏国家级代表性传承人严木田

　　汕尾市位于广东省东南沿海，北接河源，南濒南海。市境古属海丰县地，历史悠久，源远流长。据东南沿海出土文物考证，早在新石器时代就有先民在此渔猎种植，生息繁衍。春秋属南越，战国入楚属百越，东晋咸和六年（公元331年）置海丰县，清雍正九年（公元1731年）分置陆丰县，辖境基本趋定，逐渐演化成今之海陆丰境。潮汕文化、闽南文化、广府文化、客家文化交汇于此，有"中国民间文化艺术之乡"之称，孕育古风新韵，承继千年文脉。

　　花部乱弹号西秦，梨园正线称稀珍。根深叶茂的人文之树上，有一种古朴的唱腔最为离奇。西秦戏，缘出西北，扎根南疆，循着它延宕数百年的迁徙足迹，既可触摸戏班往来的颠沛苦旅，也能在这略显晦涩的明清官话唱词、南派身法的做功魅力里，感受地方剧种的迭代演变。戏腔背后隐匿着怎样的迁徙密码，代代承袭的信俗礼仪又有着怎样的玄妙讲究，都是长久以来不为外人所知的秘辛，有待逐步破题、开解。

探寻西秦戏的前世今生，需要一位德高望重的文化向导。这一天，海丰县西秦戏剧团正在排练经典剧目《重台别》，一位神情严肃的老者，一丝不苟地指导着乐队和演员。他便是已过 80 岁高龄的西秦戏国家级代表性传承人严木田。

🌀 西秦入粤　回陕求艺

西秦戏，顾名思义，并非潮汕原生剧种。

何时何故落地于此，说法有二：一说明代万历年间，陕西人刘天虞为汤显祖的挚友，到广州做官，带了三个西秦腔班子，后来在海陆丰扎根，并与当地民间艺术和语言结合，逐渐脱离出西秦腔而自立门户，形成西秦戏；又有一说，是明代崇祯年间，李自成的败军（士兵多为北方人，且以陕西籍为主）沿闽赣边界进入广东之后，随军的一些陕甘艺人在海陆丰聚班演戏，从而将西秦腔留传下来。

针对后一种说法，亦有"戏曲飞地"的别家论述。如顾峰所著《云南歌舞戏曲史料辑注》（云南省民族艺术研究所戏剧研究室编印，1986 年）中就提到，公元 1646 年，清军南下，张献忠领兵恶战，在西充凤凰山中箭而死后，其属下大西军败退云南，军中唱的就是西秦腔，这次传播，对于滇剧的形成起到了相当大的促进作用。

安徽的徽剧也受到农民起义军带来的秦腔的影响。

再有，焦文彬先生的《中国秦腔》一书里还提到，鲁迅曾在追述家乡的绍兴戏时认为："明末李自成闯荡天下是带着米脂的戏班子的，戏班子中有人流落到绍兴，于是就有了绍兴戏，故绍兴戏要比毗邻的嵊县越剧刚硬得多，实是秦腔的旁支兄弟。"

言归正传，说回到西秦戏的唱、白，沿用的是中州音韵，但曲文通俗浅显，加上艺人们不断学习正字戏、白字戏等兄弟剧种和潮汕民间艺术的长处，乾隆时代以后，西秦戏在粤东、闽南已风靡一时。

乾隆年间秦腔在广东的流行情况，还可以从当时著名的秦腔旦角刘凤官从广东演到北京的盛况加以想象。乾隆四十四年（公元 1779 年），秦腔名家魏长生进京之后，使得"京腔旧本置之高阁。一时歌楼，观者如堵。而六大班几无人过问，或至散去"，或"争附入秦班觅食，以免冻饿而已"。各地秦腔名伶纷纷进京，其中尤以自幼驰名两粤的刘凤官为最，吴长元所著《燕兰小谱》载："刘凤官……风姿秀朗，意态缠绵，歌喉宛如雏凤……自粤西入京，一出歌台，即时名重，所谓'飞上九天歌一声，二十五郎吹管逐'，如见念奴梨园独步时也。"

要成为角儿，旧时艺人们总会拿《二进宫》举例，必须做到十年寒窗，九载遨游，八月科场，七篇文章，方能上舞台兵对兵、将对将比试一番身手，扬名立万。这台下的寒来暑往、背后遭罪，比台上的圆场醉步更引慨叹。

作为一代西秦戏大师，严木田的从艺经历，比之数百年来的粤地前辈，同样无比精彩。

1938 年，严木田生于海丰田墘的一个梨园之家，从他的父亲严克忠开始数，整个家族三代人中有十六人从事西秦戏艺。这种以血缘关系为核心的戏班，称作家族型戏班，在海陆丰比比皆是，家族中以家庭为单位、以"股份制"形式共同出资置办戏箱，年终按照股份分红。

严木田的父亲严克忠在新中国成立前就活跃于西秦戏班，是名动一时的拉弦头手。严木田回忆起小时候的事：父亲回到家，满脑子还是西秦戏，吃饭时常常把筷子当鼓槌，睡觉时又把枕头当大鼓，敲敲打打，嘴上还哼着西秦曲。幼小的严木田听多了，也会一板一眼地跟着唱起来。父亲很高兴有人唱"对手戏"，便认真教他如何唱曲道白、吹打牌子。就这样父唱子随，寓乐于教，对严木田的影响很大。严木田说："小时候，我躺在床上'念'，爸爸突然就过来问我，说，你念什么呢，好好给我念一次。我就把自己平时听到的戏文念了一遍，这都是我无意中听到的、记住的。爸爸就说，行，有点儿悟性。我感觉他其实也是蛮孤独的，相当于把我当成一个伴儿了，就教我了。从此，我就开始入这个西秦戏门了。到 10 岁，我就可以打正线曲的大鼓。我的爸爸是头手行，我的二哥是二手行，我就打鼓，还有我的很多堂兄会大鼓、打击乐，等于说，整个家族都是干这个，或者是爱好这个。"

正是在这样家族喜好的浓烈氛围里，加之良好的家传背景，严木田幼时心中就埋下了戏曲的种子。他 12 岁入田墘"红楼剧社"学潮剧，13 岁参加"芬园社"西秦戏曲班，16 岁到海丰庆寿年剧团攻习小生，拜著名小生罗宗满为师，后又向著名武生张木顺学习武生戏，就此成为文武双攻的梨园弟子。

谈到自己的师父罗宗满，严木田满是敬畏："罗宗满老师是文生，他的唱腔最好的是正线曲。他教学的时候，是非常严肃的一个人，拿着两支筷子把我的肚子顶住，按照他的话说，你唱要凭借丹田力，自己去感受丹田的力道是怎么起、怎么伏、怎么收、怎么放。他还教我咬字要正，比如唱《赵宠写状》，'告状人李桂枝，年方二十一岁'，要先闭口，然后才开口，不是一下子就唱出来的。"

博采众长，是严木田学艺缘起的独特之处。得益于师父的宽容，严木田能够向诸多西秦戏前辈艺人求教，跟马富学二黄，跟曾月初学西皮，跟罗振标学武生身手，跟唐托学排场，跟曾炮学婆脚，等等。

1961年，严木田又被剧团派往陕西省戏曲学校秦腔班进修九个月，正规的艺术理论与表演实践课程，也让他开始脱离旧式艺人的窠臼，有了更高的为艺标准。这所学校特聘高级乐师、国家级演员等前来授课，如上海著名京剧旦角尚小云、著名电影演员张瑞芳和著名剧作家马健翎等。到陕西学习的时间虽然不长，却大大拓展了严木田的视野，提高了他的戏曲理论水平。同时他深深地感到，艺术无止境，只有奋起努力，不断加强学习，才能更好地充实自己。勤学、勤听、勤演、勤问、勤记，这求艺的"五秘诀"，陪伴他一步步向艺术的殿堂攀登。从陕西学习归来，严木田兼任剧团副团长、编曲和导演，20多岁的他，在同辈演员中已属出类拔萃，并逐步确立了"编导、击打、弹拉、表演"全才型小生的地位，全身心投入到艺术事业中。

🍂 名师真传 "戏雕刀"激赏

西秦戏传统剧目分文戏和武戏两类。文戏的主要剧目有"四大弓马"（《上京连》《三官堂》《贩马记》《沉香打洞》）、"三十六本头"、"七十二提纲"等，声腔包括正线、西皮、二黄，还有少量的昆曲、福建调和小调。武戏多取材于东周列国、封神、隋唐、水浒等演义小说，比较粗糙，但是古朴的武戏会让观众感觉置身于古代金戈铁马的冲杀战场。

西秦戏的行当分"五行十柱"。"五行"，是演员和乐队人员的五种分类，包括打面行（净、丑）、网辫行（生行）、打头行（旦行）、后场行（音乐）、旗军行（龙套）。"十柱"则包括十种角色：红面、乌面、丑、正旦、花旦、婆、蓝衫、老生、武生、公末等。

所有行当中，生行颇为吃重。作为小生演员，严木田重唱，举止斯文、风流儒雅，注重用眼神、扇功来表达人物感情，《二度梅》中的梅良玉，《贩马记》中的赵宠，《双钉案》中的红面包拯等，均是他的代表角色。今天的人们虽然只能通过几十年前的演出资料一睹其风采，但那声腔里的韵味，依然令人拍案叫绝。

海丰当地曾流传过一则严木田多年前到捷胜演戏的趣闻。那是1988年清明节，严木田一家回乡祭祖。因其师父罗宗满是捷胜人，捷胜乡亲自是不把他当外人看待，纷纷要求严木田和一同前往的堂嫂刘宝凤当晚演一场西秦戏《贩马记》中的《赵宠写状》一折。乡亲们言辞恳切，说自从当年得见罗宗满的演出后，掐指算来怎么也有四十多年没再看过此戏了。严木田起初百般推辞，因为他也有二十多年没演过此剧，但心急的戏迷里有"聪明人"，早早就把写着"是晚演出剧目：由我镇已故著名小生罗宗满师傅首徒严木田与著名花旦陈咾师傅门生刘宝凤女士合演西秦戏《赵宠写状》的海报给贴了出去。

事已至此，骑虎难下，再要推脱实在说不过去。严木田和刘宝凤不想扫了乡亲们的兴致，更不想堕了自己师门的声名，也罢，于是二人利用下午时间"临时抱佛脚""彩排"起来。严木田说，赵宠这个角色其实很难把握，单说他的唱腔音域，跨度达到14度，没经过严格的训练，一般很少有人能唱出跨度如此之大的唱腔音调；再说他的表演技巧，因整出戏剧情曲折离奇，《赵宠写状》一折则围绕赵宠写状时的悲愤哀怨展开，所以，全凭赵宠表情的拿捏、情绪的起伏、节奏快慢的把握、肢体语言的揭示等来渲染情节气氛，才能抓住观众的心。严木田心中还有一个担心没明说，就是演出所在地捷胜也不可小看。此处是个具有六百多年历史的文化古镇，明朝时这里就建有古戏台，一些老戏迷口味刁钻、颇多见识，"戏雕刀"之称由来已久，"演员学艺不精，上台露出破绽，戏迷是真的喝倒彩的"。

到了当晚，戏台下座无虚席，很多老者干脆坐在地上，眼神中写满了渴望。再看严木田，抖擞精神披挂上场，丝毫看不出怯阵与生疏之感。当剧情进入高潮时，严木田扮演的赵宠一边听其妻诉冤情，一边替她写状纸，剧情从探询、倾听、愤怒、挥毫到慰抚，表演环环相扣，一路紧凑而来，在案床内足足演唱了十二分钟。就这样，严木田以他精湛的演技，把赵宠这个新任县太爷既要秉公执法又要为其妻伸张正义的矛盾心理演绎得淋漓尽致，倾倒了台下所有的观众……

事情到这里并没有结束。第二天早上九点钟，严木田还未起床，就听到一阵急促的敲门声，一位91岁高龄的何姓老人被他64岁的儿子扶着，上门来找"赵宠"。老人家一见到严木田就问：你是昨晚演赵宠的吗？你是罗宗满的高徒吗？你原是在剧团司鼓的吗？老人家对严木田说，你不要司鼓了，要做演员。他说，在一百个小生中要培养一两个"赵宠"实在不容易呀，而你把赵宠演得这么好，却去司鼓，那不是太浪费了吗？四十多年前我看过你师父演过此角，终生难忘，今天又目睹了你重演，跟你师父一样，实在不简单！

关于严木田的舞台风采，当地学者钟训成认为，其水准比之师父罗宗满，早已青出于蓝。在《汕尾稀剧历史悠久特色鲜明雅俗共赏》一文中，钟训成如此写道：在《穆桂英下山》中，他（严木田）饰演杨宗保。当杨宗保被擒并闻说其父射死穆父时，严木田浑身一抖，两眼发直，身子直挺挺地往后倒下。此名曰"僵尸倒地"的动作逼真、传神、细腻，使这场从未得过观众掌声的戏，博得满堂彩。

"戏者虚也，莫把做戏当真情。"然而，严木田却能把"虚戏"演实、演真、演活，令观众共鸣，为剧中人之喜而喜、之忧而忧、之悲而悲。如今的西秦戏剧团团长吕维平是这么评价严木田的演出特色的："他整个表演风格是很潇洒的，动作眼神也很利落。其实他整个表演风格是跟我师父罗振标很接近，他自己也承认这一点，但是，因为他接触面比较广，后来又到陕西学习了戏剧演出的不少精髓，这就立刻让他与其他同辈老艺人拉开了差距，显得既全面，又正宗，还能创新与创作了。"

✿ "通台老倌" 不落窠臼

1980 年，严木田调到海丰县文化局从事戏曲研究工作。为进一步加强自己的理论水平，严木田首先通读了中国各个朝代的历史。他说，看戏其实就是读历史，每一出戏就是历史的一段小插曲。如果对中国的历史不了解，对戏的理解就会肤浅，更说不上搞什么戏曲研究了。其实，每个戏曲演员都有必要多了解中国的历史，这个道理是不言而喻的。

"通台老倌"，是如今的西秦戏迷给予严木田的雅号。幼时学艺，年少成名，一路走来，严木田为人称道的除了文武双攻的小生艺术，更在于他对西秦戏各行当的全面掌握。

西秦戏的乐队俗称"后棚"，分"文畔"和"武畔"，有"八张交椅""十一条线"的说法。其中，"十一条线"指西秦戏传统的弦乐伴奏乐器，即：头弦（俗称"硬子"）两条线，二弦（即提琴）两条线，三弦三条线，月琴四条线。头弦由第一唢呐手（头吹）兼任，二弦由司鼓手兼任，三弦由第二唢呐手（二吹）兼任，月琴由工锣手兼任。

由于自小受到父亲的熏染，加之后天的勤学，严木田对这"八张交椅"上的大多乐器均可熟练掌握，堪称业界"活宝"。

西秦戏贵在音乐与表演的配合。2017 年，严木田带领海丰县西秦戏剧团乐队演奏经典剧目《重台别》的"开台鼓"。在指导的过程中，能够明显感受到严木田对于剧团演出整个流程的全面把控，他说："《重台别》[宫娥怨] 这个拍子，吹到这里来；陈杏元出来的时候，本来就带着情绪，你锣鼓要怎么打，必须要有准备有思考。到了第一段，她突然看到未婚夫梅良玉，要暂别的时候，本来是要靠近他讲话的，可是'哎呀'，突然害羞了，'不行不行'，赶紧退回来；锣鼓要怎么打，也必须跟随角色心态的变化有新的考量。"

北方观众"听戏"，南方观众"看戏"，一字之差，也决定了西秦戏"唱""做"并重的演出风格。严木田指导学生做武打动作时，就可以明显看出，他融入了南派武功的武打技巧，强调舞台真实感，场面惊险火爆，扣人心弦。再加上大锣、大鼓、大钹等打击乐器伴奏，气派非凡，既适应了农村广场演出的需要，又迎合了群众酬神请戏好热闹的心理，得到百姓广泛欢迎。

这出《重台别》里还有一段堪称经典的纯做功"哑戏"，包括装轿、上轿、登程、换马，长达三十分钟，其间全无唱念，演员只在吹奏乐的伴奏下，以手、眼、身、步表达人物的心理状态，极大地发挥了戏剧的表演性特征。严木田虽已届高龄，但对年轻演员上述动作身法的指引，依然是轻车熟路，令人心悦诚服。

"音乐是戏曲的灵魂"，戏曲声腔，则应该是灵魂的核心。严木田历来注重对西秦戏声腔艺术的研究与改良，既尊重传统，又不落窠臼。2007 年，严木田完成了《西秦戏传统音乐唱腔探微》一书。在这本书里，严木田将西秦戏的音乐唱腔、吹打曲牌、传统剧目等汇集起来，分门别类做了详尽整理和清晰记录，并用科学的方法和简谱的形式，把各个唱腔板式以及伴奏音乐等的结构特点都写了出来，对每个板式的男女腔怎么唱，起落音、续唱曲与终止曲又要以怎样的不同旋律来唱，他都一一做了说明。更难得的，是把清末民初至 20 世纪二三十年代那些著名艺人的成名之作、而今已成绝唱的珍贵唱腔，竭力予以记录保存。

西秦戏自古以来的声韵唱腔、表演形式都是通过老艺人口授身教传承的。这本书的出版，是首次用文字比较全面地把西秦戏曲谱、历史渊源、版式唱腔等"定格"下来，虽说是"探微"，却在西秦戏处于青黄不接、后继乏人、急需抢救之时面世，可谓功德无量。

2011 年 10 月，大型新编历史剧《留取丹心照汗青》首演。业内专家认为，"这可以说是自新中国成立以来西秦戏的一出原创大戏，是里程碑式的一台戏，对于挖掘文化遗产，保护濒危剧种，使它真正得以传承和发展，具有重大意义"。严木田隐身幕后，负责唱腔设计。剧中选段《夜巡丽江》的开段音乐，就显得非同凡响。悠扬且极富水韵的引子过后，旋律恰到好处地过渡到沉雄婉转的二黄，文天祥沉郁、不平的心境尽寓其中，未闻其唱，先知其心。紧接着，经过适当调整的二黄，以其抒情、凝重的格调，体现文天祥对长沙湾"江海连天，渔火点点"的景致和大好河山的挚爱之情，从而使主角人物形象更为丰满，性格特点逐步明晰。

这台戏也体现了严木田的创新能力。几乎每一段唱段均有所改良和突破，听起来又不失传统西秦戏乐曲的原味，同时，其声腔板式特点也十分明确，解决了板式拖沓、松散和旋律重复等问题，更易为现代观众所接受。严木田说："我写的每一段板式都有区别。比如说第一首，《正气歌》，指导思想就是要正气、要凛然。用什么表现呢？我考虑后，就用我们西秦戏这个吹打拍子。它名词叫作〔双龙剑〕。这个拍子是打骑兵所用的，非常有气魄。"

除了文武双攻的小生艺术，严木田（正中司鼓者）对西秦戏各行当都有全面掌握

地方"有戏" 官话来历

随着诸多文娱形式的冲击，老演员、老戏迷的离去，西秦戏也面临着濒危的窘境。西秦戏原有剧目一千多个，主要有"四大传"（本传）、"八小传"（草传）、"四大弓马"、"三十六本头"、"七十二提纲"；原有五个行当、十种角色，在舞台表演上也很有特色，武戏基本保留了南派武功的特点，此外还有很多特技表演，如"耍交椅花""企公仔架""蜈蚣走"等。可现在保存下来的艺术遗产却少得可怜，仅从剧目来说，目前保留在民间的剧本还不到原有总量的10%，能搬上舞台的则不足原有总量的5%。

严木田的焦虑，也就可想而知。"西秦戏107条吹打牌子全部都在我的脑子里，除了元杂调我没继承下来，其他全部音乐唱腔我都继承下来了。可我现在最苦恼的就是找不到能够安心托付的、天分也够的徒弟。西秦戏演员真的很难培养，没有十年，不会唱戏。难主要是难在唱腔，正线、西皮、二黄三类声腔里最难学的是正线，有些学徒学了七八年还不会做戏。另外待遇也很低，早些年，十年学徒期间，每个月工资也就三四百、四五百块钱，年轻人怎么可能爱从事这一行业，都去淘金啦。现在剧团的情况是，少一个人，哪怕某个人拉肚子，某一天说我需要在家休息休息，都可能造成全团的戏演不成，因为没人可以顶替。全靠平均年龄 60 岁以上的人支撑，西秦戏会越来越危险的。"

关注濒危剧种就是关注一种将要逝去的文化，而关注逝去的文化也是在关注此身此地的前世因由。具体到西秦戏来说，学术界已经基本达成共识，例如，西秦腔与秦腔为同一种声腔，在其明中后叶逐步入粤、逐步演化的过程里，融入了复杂的历史偶然和有趣的迁徙轨迹。明代产生于西北的西秦腔如何传入南方，为何能够在文化异质的南方顽强生存，入粤后又给广州剧坛带来过怎样的影响？厘清西秦戏的源流，可以进一步探究西秦腔的形态，分辨各声腔在南北方的交融、汇合、传播与相互影响，对广东的地域文化研究也大有助益。可见对西秦戏的保护，仍有时代的必要性。

西秦戏有一个颇值得玩味的地方，即其唱词带有显著的明清官话特征，且身处海陆丰，早已失去语言传播基础，却仍深受当地百姓欢迎。所谓"官话"，指的是官场的办公用语，有时也指教学读书唱诵用语，先秦称"雅言"，以后叫"正音"，到明代叫作"官话"。明代张位《问奇集》"各地乡音"中谈到"官话"与"土话"的区别："大约江北入声多平声，常有音无字，不能具载；江南多患齿音不清，然此亦官话中乡音耳。若其各处土语，更未易通也。"

广东人学习官话，首先归因为行政压力。雍正皇帝对此曾发过很大的脾气："每引见大小臣工，凡陈奏履历之时，唯有广东福建两省之人仍系乡音，不可通晓。"一统江山，语言也得跟上，基于此，雷厉风行的雍正急急颁布《谕闽广正乡音》手谕，责令广东、福建两省"多方教导。务期语言明白"。其次，行政压力之外，广东人自己也需要这种官话。正所谓"十里不同音"，广东南北地势差异很大，粤语、客家话、潮汕话三种方言体系也需要一种"官话"加以共通。最后，广东作为中国南大门，商贸活动繁密，特别是乾隆二十二年（公元 1757 年），乾隆皇帝下令限广州一口通商。与全国各地商人打交道，官话必不可少。在潮汕及海陆丰地区的人心目中，官话的地位也要高于方言，能说官话的人被认为是有文化、有身份的人，会得到更多尊重。

综上，西秦戏被当地人认为是"大戏"，其道理也就呼之欲出。因为这种戏本是当年官府所倡之戏，官话唱念被越来越多能够掌握官话的平民接受后，听西秦戏也就成了某种身份的象征。

清代相当一段时期里，广东剧坛几乎都是外江班独领风骚——广东人习惯称呼外省人为"外江佬"，从原置广州四牌楼魁巷外江梨园会馆的历年碑刻就能看出，仅乾隆年间，在广州活动过的外江班就多达八十多个。这些戏班分别来自苏、皖、赣、湘等省，剧种涵盖了昆曲、秦腔、徽剧、汉剧、湘剧等，演出之盛、剧种之繁、来源省份之广，盛况空前。至于广东影响力最大的剧种粤剧，其实也并非广东土生土长的剧种，乃是当地艺人吸收流入广东的海盐、弋阳、昆山、梆子（京剧称西皮）等诸腔的艺术营养，经过地方化改造而形成的；其唱念原来就用"戏棚官话"，到了清代中叶才逐渐加入广州方言，此为后话了。

❧ 信俗"有记" 娱神悦己

说回到西秦戏，随着时代的变迁，官府之尚虽然不存，但西秦戏却转变为一种民间风尚，并与开灯、祭祖、神诞、拜门神等节庆习俗紧密捆绑，使戏剧得以超越娱乐性，获得更为重要的存在价值。

汕尾民间信仰的特点是以功利为目的、多神崇拜，人们并不一定要专门信奉某一类或某一个神，"举凡仙佛神将俱设坛中，即社神地鬼，亦请入坛内，焚香诵经而祷之"（见《陆丰县志》《吕氏世谱》）。各路神明"欢聚一堂"，如此丰富、发达的民间信仰，也养活了不少剧种。西秦戏传入广东之初，作为外江班演出剧种，其主要功能应该是以欣赏性的娱人为主；随着时间推移，西秦戏逐渐本地化，演出的阵地由城市转向乡村，其功能也相应地实现了由娱人向以娱神为主的转化。海陆丰地区民众请戏的原因绝大部分是酬神。三月初三玄天上帝生日、七月半鬼节、七月三十地藏菩萨生日以及其他名目繁多的神诞庆祝，都需演戏。大大小小的各路神仙，从封神到下界，从奔月到诞辰，从"上天言好事"到"回宫降吉祥"，从夫妻求子到旱农求雨，各类由头举不胜举，神仙上百个，主题可能就会近千。当地人不惜把大量的金钱花在供奉神明上，而供奉神明最好的方式、最高的礼遇便是请神明看戏。

既然以娱神为主，那这戏台的方位，也就有了讲究。一般情况下，必然要把戏台搭建在庙宇或者祠堂的对面，以方便神明观看。若庙宇、祠堂对面空间有限，百姓也有变通之策：另选一处较大的空地搭台，再将供奉的神仙金身或者神龛请出，安放在戏台对面或临时搭建的帐篷里。这个时候，人已经不重要了，因为人不是看戏的主体。娱神的功能性被无限放大，连对艺术水准的要求也变得"暧昧"起来，因为即便人看不懂，只要神仙看得懂就可以。

严木田说，有时候演戏，演员比观众还多，但谁都不会觉得奇怪。究其根本，就在于大家心照不宣，这场戏主要是给神明看的，底下的观众并没那么重要。

如今，海丰县西秦戏剧团的演员在演出之前，仍保留着谢土、搬仙、给妙藏王上香等传统。这些信仰的来历与规制，目前只有严木田等老艺人能讲得清楚。

严木田饶有兴致地讲起关于谢土的讲究："谢土，是有玄学的。它一定是有五个颜色的纸，在戏台挂起来，白的、黑的、绿的、红的、黄的，包成一个小包。为什么叫作'谢土'？金木水火土。白色代表是金，绿色的就代表木，黑色的代表水，红就代表火，黄色的就代表土。谁演出之前，一定要在后台正对着（五色纸）跪下去。所以叫'谢土黄皮'。"

西秦戏供奉戏神的习俗，与秦腔也是大同小异。在陕西、甘肃等地，戏班都有敬庄王的传统，程砚秋先生《秦腔源流质疑》一文中，也曾记述过20世纪40年代西安的庄王会。西秦戏班虽没有庄王会，但守规矩的戏班，每个月都需要拜两次戏神，时间一说为初一、十五，一说为初二、十六。拜戏神时要用五牲，包括鸡、鱼、腐竹、猪肉、鱿鱼。大家轮流上供焚香。

戏班的班规，说法颇多。严木田介绍了早年间戏班的几样要求，大事小情，面面俱到，今人看来很是有趣。

如"赴戏"，也叫戏班"过点"（从甲地到乙地），如果距离较远，演员需日夜兼程赶路赴演，达成"应日"。

如床位分配，一个五六十人的戏班，到了演出地点，在上一个演出点住一号床位者，要邀请一两个人协作分配床位：按照人数编号，然后找记有名字的小木牌放在暗地，逐一摸出，对号定位，这样既民主又免麻烦。

艺人在戏馆以床铺为家，要严守规矩，不论白天黑夜，任何人不得冒失乱闯他人床位，尤其放下蚊帐时，更不得随意掀动。夜间，演员回馆休息，凡穿木屐者，要自觉脱下拎在手里，赤脚轻步入内就寝。此外，连吐痰、小便等细小事，都有约定俗成的规矩。

戏班的禁忌也很多。艺人出门若遇到新娘出嫁，便认为对方大喜冲来，不利于己，会很不高兴；反倒是见到棺材，却认为是好兆头。从艺还有"四不说"：一不说风水，二不说死，三不说蛇，四不说做梦。忌讳狗上台，特别是演出中途，若有狗跳上台来则实属大不吉利。至于其中道理，严木田说，即便更老一辈的艺人也已经不清楚具体因由了，总之每次有狗上台，演出必定会出事，也许是心理作用吧。一般在这种时候，团长必定马上跑去给妙藏王上供焚香，祈求祖师爷保佑演出顺利。

戏班还有一些行话："被放跌马"，指同台演出时被搭档刁难；"毛何"，指外人、外行；"凑弯"，指去唱戏；"分帖"，指联络演出；"火相"，指漂亮；"乌脚"，指警察；"马前"，指演出速度要加快；"马后"，指速度放慢；"放白"，指唱错了……旧时艺人地位低下，用这些暗语行话彼此交流，其实也起到了一定的保护作用。

近年来，严木田将更多的心血投放在艺术传承工作中。他对西秦戏青黄不接的焦虑，多少得到了一些宽慰。由严木田带出来的徒弟和经他培训的演员已有几十人，其中还涌现了演员詹德雄、周丽莎、陈美珍、钟小菊、曾海英、陈文辉和司鼓手钟仁窗等一批剧团骨干。"剧团终于不再是60多岁的'老年合唱团'了。"

"90后"陈嘉明，是严木田近年来颇为欣赏的西秦戏后起之秀。2015年，陈嘉明报名参加广东省第八届中青年戏剧演艺大赛，这个想法得到严木田的大力支持。严木田带病日夜兼程挖掘、整理、编曲，并亲临排练现场传授指导，令尘封五十八年的西秦戏经典剧目《高怀德闯关》重见天日。陈嘉明为了充分体现出高怀德在逃命过程中的愤恨与悲壮，选用了3米长的水袖，利用这种新颖的表演手法赋予古老的传统剧目新的生命力，结果得到评委老师和观众的高度认可，荣获大赛金奖。2017年1月，陈嘉明还在北京举办了个人西秦戏专场，在更大的舞台展示西秦戏的魅力。陈嘉明激动地说，西秦戏进京演出，是几辈老艺人的梦，现在终于实现了。与其说这是一个个人专场，还不如说是一个剧种的专场。

成为西秦戏新一代领军人物的陈嘉明，说起自己的恩师严木田，无限感怀："我觉得严老师对我的启发非常大，因为一个演员，如果精通编曲、编剧，难度是很大的，可一旦你掌握了这么多综合门类的专业知识，驾驭整个作品、掌控整台演出时，才会更加信手拈来。西秦戏的人才本来就十分稀少，这也在客观要求我们，必须尽可能地让一个人在几方面一起拓展。在这方面，我的老师做得可以说十

后起之秀陈嘉明，经严木田的
点拨，进步神速

分有代表性。"

　　片片白帆扬碧绿，声声念唱起晴空。作为一种古老的民间戏曲，西秦戏依托于像严木田这样的杰出艺人，以舞台上精彩绝伦的声音、形象和技艺为表现手段，心手相传四百年。

　　用年华赋春秋卷，一招一式一重天。已过八旬的严木田，一如往昔固守在梨园，最是唱腔深情，最是词句苦毅，最是音韵铿锵，最是传承使命。西秦戏暮气散去，还待新生，严木田仍在用他的一句句一字字，吟唱跨越时代的独特声响，让后人得以继续领略西秦戏的永恒魅力。

　　参考资料：刘红娟《西秦戏研究》（中山大学出版社，2009）

卷三

仁术

火眼金睛守药魂

——同仁堂中医药文化国家级代表性传承人芦广荣

　　中国人与本草的相遇，成就了中医药文化的神奇传承。"炮制虽繁必不敢省人工""品味虽贵必不敢减物力"，悬挂于北京同仁堂老店门口的对联，延续三百余载，体现着"修合无人见，存心有天知"的境界良心。

　　提到同仁堂，除去有亲身诊治经历的受益者，外人对这个招牌，多会有几个先入为主的联想：郭宝昌执导、陈宝国和斯琴高娃主演的电视连续剧《大宅门》；与清宫秘史、乐家秘方有关的真假莫辨的传说；"阴阳五行""悬丝诊脉"等听上去就高深莫测的"专业术语"；1669年创办同仁堂药室之后，乐家人诚信行医、跨越不同时代的品牌塑造经典案例……

　　给同仁堂"祛魅"，让中医不至于陷入"玄学"的"纸枷锁"，出现在同仁堂几百年发展史中的一个又一个鲜活真切的仁心医者，才会令人信服地立在眼前。

细料库里的首位女徒弟

童叟无欺，问心无愧，医药若想入口，需先经历繁复而必需的检验环节。

2018 年 7 月，北京暑热难耐，来自全国各地的名贵药材陈列在同仁堂细料库，等待一位业内圣手的品鉴。沉香、牛黄，一眼立分真伪；鹿茸、人参，伸手便知高低。波澜不惊的院落，凭赤手空拳的"五感"，先眼观、鼻闻，再手掂、口尝，高手过招已经完成。

这位去伪存真的老者，是时年已经 81 岁高龄的同仁堂中医药文化国家级代表性传承人芦广荣。完全凭借人力的传统鉴别方式，体现着药工的担当与仁心。六十载光阴，与每一味药材的一期一会，既是技艺的熬煮，也是岁月的沉淀。

芦广荣 1937 年生于北京，1958 年进入同仁堂药材仓库，任挑拣员、保管员，开始接触贵重中药材——行话叫"细料"的检验鉴别工作。

新中国成立前，同仁堂的细料库不许女人踏足。在开明领导的指派下，芦广荣成为贵细药材名师赵振刚的第一个女弟子。师父技艺精湛，却观念保守，这让芦广荣学徒的经历并不全是美好回忆。芦广荣满心欢喜站在师父面前，刚准备鞠躬，师父已经客客气气地摇头、摆手了，倒也没直接说不要她这个弟子，而是找了个听上去挺合人情的理由。芦广荣的回忆里透着点儿哭笑不得，她说："我师父以前收的俩徒弟都是男的，甭说他的徒弟了，再往上找，打有同仁堂那天起，细料库里轻易就不会有女人踏进来，何况你还要成天累月地工作在里头了。他老人家也说了一番道理，你在药材库少不了接触麝香，现在年轻人爱看那个电视剧《甄嬛传》，多少都知道，这味药材对女子怀孕，多多少少是有点儿影响的。我师父他也怕担责任，就不想要女弟子。"

师父不爱教，反倒激起芦广荣的好胜心。问三回、答一句，她就拼命记住这金贵的一句。白天干了一天的活，晚上接着琢磨师父的话，夜里 12 点钟以前几乎没睡过觉。这时候，领导私下里也找芦广荣开解了一番，说你别学你师父的脾气，你多学他的本事，你把那本事挖过来才算能耐呢。芦广荣到现在也感激当年的这位能说大实话、实在话的领导。

"想起来都心酸，大药材箱子 100 多斤哪。我拿不动，怎么叫他，他都不来，他也不让大师兄来。"芦广荣说，"没办法，就坐那儿哭。"哭完了，接着学，师父越"晒"着自己，芦广荣越往前凑。从又臊又臭的海狗肾到又腻又香的安息香，从一尺多长的巨型参到小如米粒的肾精子，甚至连吃饭时的猪骨头、狗骨头、牛骨头她都要研究一番。凭着心中对中医药的热爱，靠着自己这股倔脾气，芦广荣终于打破了师父的偏见。

同仁堂细料库旧址，芦广荣鉴别名贵药材的本事，起步、练就于此

三年学徒期满，芦广荣已基本掌握了师父的细料鉴别技术，开始负责同仁堂的细料验收工作，在师父离开后，她逐渐成了同仁堂名贵中药材的把关第一人。

名师指点，为芦广荣开启了技艺之门；勤于琢磨、多问多跑，则是芦广荣能够迅速成长、超越同行的后天因素。那时药材行有句老话叫"小虎大豹不好分"，也就是说，幼年的虎骨和成年的豹骨难以区分。为了解决这一难题，芦广荣体现了年轻人的冲劲和钻劲。她让单位开了封介绍信，直接骑着自行车就去了动物研究所，请那里的专家从动物学的角度讲解虎骨与豹骨的区别。这一讲让芦广荣茅塞顿开，多少代医者弄不明白的两者的鉴别重点，药材行存在多年的一个大难题，被她这个刚入行不久的女药工给攻克了。这件事也让芦广荣明白了一个道理：学药材鉴定不能光靠死记硬背，还得多掌握植物学、动物学、气象学和地理学等多方面的综合性现代化科学知识。而这也成了芦广荣今后多年努力的方向。

关于芦广荣的"眼力"，还有一则故事。有一年，北京市药材公司从某地购进一批豹骨，芦广荣认为，里面混入了较多伪品。当时相关人员对此有不同看法，故报请市药检所，由中科院动物研究所猫科动物专家及其几位研究生对芦广荣所检验的豹骨进行了再次检验。复检后的结论是，芦广荣判定的合格品中无一根假品，不合格品中无一根真品。

芦广荣采用传统检验方法鉴别
名贵药材血竭

芦广荣渐渐有了名气，药材行内的人都知道，同仁堂有位了不得的细药鉴别女专家。

药人寻路，天南地北。本草生长，海角天涯。不同来路的名贵细料，在芦广荣这里一锤定音。她虽不坐堂开方，却是万千患者获得良药的幕后把关人。正所谓以命相托，重如泰山，兴衰荣辱，休戚与共。与技艺精进同步延续的，是芦广荣的责任心。从 20 世纪五六十年代至今，跨越六十年光阴的检验药材经历里，芦广荣不允许糅进一粒杂质。

北京同仁堂教育学院党支部书记、北京同仁堂（集团）有限责任公司文化传承中心主任张志红评价芦广荣在整个同仁堂体系中的作用："她是新中国第一个学习贵细药材鉴定的女性。更具体说来，芦广荣老师所负责的应该是同仁堂整个产业链里最源头的东西。我们讲同仁堂最独特的文化，就是以药品疗效为核心的质量诚信体系，产品之所以有疗效，首先一定要取决于药好。药好的根源在于药的质量，这是第一关，芦广荣老师就是这第一关的把关人。每年经她杜绝的伪劣药材价值以千万元计，她绝对是同仁堂的镇店之宝。"

芦广荣说一不二的性格，让不少药商又爱又恨。质量不过关的，芦广荣当场拒绝，随后药商也会挖空心思软硬兼施。谁能想到，这位看似柔弱的八旬老太，竟也曾耗费大量精力，与不正之风做斗争。芦广荣说，威逼与利诱，曾经和自己相伴好多年，近些年明显少了，因为那些心术不正的人也知道了，这个老太太油盐不进。"他们那些'法子'，对我不灵。从前我不理他们吧，他们还跟在屁股后头追着你、拽着你，怎么着怎么着的。我也急了，我说你要拽我，我就不给你收货了。时间长了，也就没人拽我了。"软的不行，有人想用硬的吓唬她。"有的药商拿着刀子来威胁，我只当是没看见。这药材有问题，你就是拿刀子来逼我，我也不能收。后来他说要去告我们，我就跟他说，如果药检组说你这药材是真的，我自己掏腰包把你这药材买下来。"

芦广荣经常提及一件事。那是 2016 年 12 月 6 日，在国务院新闻办举行的《中国的中医药》白皮书发布会上，有记者就"中医有可能毁在中药上"这一说法向国家中医药管理局负责人求证，那位负责人很坦诚地表示："这句话确实不是危言耸听！"芦广荣说，近年来，野生变家种，道地药材异地无序种植，种植过程中过度使用农药、化肥，土壤重金属超标等问题，都直接影响了药材品质。比如，中药材历来强调原产地，追求道地，异地种植必须三代药材疗效和原产地药材一致方可上市；但是一些地方只顾经济效益，中药材种植"随心所欲"。冰冻三尺，非一日之寒，这些问题解决起来既须统筹治理，又要只争朝夕。"所以，发布会上记者的提问，是对的。药材质量关乎中医生死存亡，关乎民众用药安全。种好药、产好药、造好药、用好药，哪个环节出了问题，看走了眼，昧了良心，那你就是中医药发展史的千古罪人。"

🍂 安宫牛黄丸背后的两个秘密

同仁堂中医药文化，讲究的是"可以养生、可以济人者，唯医药为最"。"同仁"二字的内涵为"公而雅"：公，即儒家推崇的"天下为公"；雅，即《尔雅》中所释"义也""正也"。同仁堂的创始人乐显扬曾说："古方无不效之理，因修合未工，品味不正，故不能应症耳。"意思是说，古代的药方是可以信赖和遵循的，但如若制药工艺不过关，药品原料不合格，就不能充分地显示相应的疗效。这个教导和告诫一直被乐氏后人和同仁堂的制药人所铭记。乐显扬苦心经营同仁堂十七年后便去世了。他的儿子乐凤鸣继承家业，在总结前人制药经验的基础上，又收集大量宫廷和民间的药方，编成了《乐氏世代祖传丸散膏丹下料配方》。这就是同仁堂的传说故事中经常提到的"秘方"。乐凤鸣在《同仁堂药目》的序言中承诺："汲汲济世，兢兢小心，虽不能承先人万一，而至于遵肘后，辨地产，炮制虽繁必不敢省人工，品味虽贵必不敢减物力，可以质鬼神，可以应病症，庶无忝先君之志也。"

芦广荣也在用自己的技艺，守护着同仁堂中医药或者说"秘方"的品质。当年老师傅曾指着同仁堂门上的"炮制虽繁必不敢省人工""品味虽贵必不敢减物力"对联，向她谆谆叮嘱："这不是对联，而是箴言。"同仁堂的文化不仅仅在于规范其职工的行为，更在于塑造一个人。"诚信是经营的底线，自律则是诚信的根基。在制药过程中顾客可能看不见你，但是制药的人一定要对得起天地良心。"芦广荣并不信奉神明，但她信奉"修合无人见，存心有天知"。这种自律使她从"不敢"走向了"不想"，使诚信成为一种自觉。

同仁堂的著名药剂之一安宫牛黄丸，采用了牛黄、郁金、黄芩、黄连、雄黄、栀子、朱砂、冰片、麝香、珍珠等11味药材配制而成，具有清热解毒、镇惊开窍的功效。长期以来，其被奉为中药"温病三宝"之首，是传统药物中最负盛名的急症用药。其中发挥核心作用的药材，也就是"君臣佐使"中的"君药"，多是芦广荣负责的细料。

安宫牛黄丸对药材的要求需遵循"上等、纯洁、地道"，这六个字，既是宫廷用药的标准，也是同仁堂制药的标准。"上等"指必用上好药材。以安宫牛黄丸来说，写明须使用京牛黄、广郁金、当门子（麝香中最好的部分）、雄精（雄黄中的上品）、梅片（天然冰片）。

"地道"是指用药必用道地药材。安宫牛黄丸中所采用的黄芩，必须要使用承德产的条黄芩；黄连要用产于四川的鸡爪黄连；栀子一定要用红色的，因为红色的栀子成熟度最好。

"纯洁"主要是指入药前严格去掉杂质和非药用部分。比如说鸡爪黄连，它虽是药效最好的黄连，可是根都簇在一块儿，里面混杂了泥土和须根，所以必须得把根扒开，去掉杂物的同时，还得把上面的毛给刮掉才行。纯洁的目的是为了"净料投料"，使所有的药材都达到洁净，这才能彻底保证制成药品的质量和疗效。

说回芦广荣的具体工作。牛黄的鉴别，是她的看家本事。

价格昂贵的牛黄，属于配制安宫牛黄丸的"君药"。这一天，芦广荣带领弟子，对收购的牛黄进行鉴别。先是眼观，再是手摸，掂掂分量，体轻者为佳；掰开后再看断面的同心层纹，越是珍贵的牛黄，层纹越是细密。芦广荣的徒弟张志广说："我师父眼睛特别毒，就说外观，她离两米远，老远一看，就说这东西有问题。你说这是直觉吗，我觉得不是，她这完全蕴含了多年的经验和内部的知识，这个能力，别人是学不来的。"

对芦广荣来说，比起借助显微镜、电子眼的科技检测，放在她手心里的反复端详、掂量、掰捻，才更安心。而口尝检验，也是重要一步。芦广荣说起口尝，也心得颇多："口尝牛黄，就是尝它有没有清香味。吃到嘴里是先苦后甜，而且是用舌头尖感知，舔上是先苦，倒回来是甜的。假的啥样呢？掺胆汁太多的话，就全是苦的，甜味就少了。但是忒甜的我一尝也知道，它里头掺糖

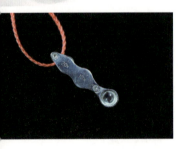

这些带着岁月痕迹的放大镜，就是芦广荣鉴别药材时的"法宝"

了，这也不行。所以牛黄就是一个尝，一个看，一个摸。"

　　配制安宫牛黄丸的另一味药材麝香，鉴别的方法更加复杂。有的药材掺杂使假，连精密仪器也化验不出来，但人的感官能识别。比如，麝香里面掺杂麝香酮，骗得过机器，骗不过药工。

　　关于麝香的鉴别，芦广荣总结出一整套独门心法。

　　毛壳鉴别法，需"一看外形，二看孔，三看外皮动没动"。麝香开口面有棕褐色革质外皮，其上密生灰白色或灰棕色的毛，并由四周向囊孔呈螺旋状排列。

　　还有槽针抽验法，以特制的槽针从香囊的开口处插入，四方搅抽，体察有无异物抵触。应不挡针、涩针，香仁油润光泽、颗粒自然疏松，无锐角，香气浓烈、无先浓后淡情况；针槽内的香仁应逐渐膨胀，高出槽面，称"冒槽"。合格则为真品。

　　此外，对麝香的鉴别，还有手摸法、鼻闻法、口尝法、火烧试验、水中试验、纸压法等多种形式，均是芦广荣六十年贵细药材鉴别实践的珍贵总结。芦广荣的鼻子特别好使，造假的麝香，一闻便知。"闻闻它有没有氨味。氨味呛，呛鼻子呛眼睛，它里头就是掺氨水了；如果闻着有氨味，但是不呛眼睛，不呛鼻子，这就是对了，氨味越冲越好。"至于氨味到底呛到什么程度是真，什么程度是假，怕是只有像芦广荣这样从业几十年的老药工才能知道了。

　　芦广荣能根据外观性状判定牛黄、麝香产自哪个省或哪个国家；能根据不同规格等级的性状特征，说出鹿茸采集的日期，是几茬茸，甚至能说出鹿茸多生长了几天。如此神奇的鉴别功底，是芦广荣多年执着钻研的结果，她深厚的鉴别技艺赢得了业内人士的一致称赞。

　　本草，并不总是以悬壶济世的一面示人。质量参差不齐的药材更需要芦广荣这样的行家定夺分辨。遇到品质优秀的药材，自然不胜欣慰，然而有时候遇到伪劣次品，芦广荣也会兴奋异常，她把这当作技艺上的另一种修炼。"真货咱们经常见着，假货则是五花八门，你从这方面堵着它

芦广荣在向徒弟们示范
如何鉴别麝香

了，它从别的方面又出来了。咱说这麝香，开始时候就是掺糌粑，不掺别的；后来藏粑这招不好使了，就改了，改那个酥油渣子；等酥油渣子也发现了，又改了。改一样我们就跟着学一样，魔高一尺道高一丈。我这么多年干这行，还乐此不疲的，高兴的点就在这里呢。"

"药丸不管事，谁都得怨咱们"

芦广荣带领着徒弟们，就在这日复一日的相看中，筛选出可供安宫牛黄丸加工炮制的细料。其后，11味药材打碎、混匀、和坨，再经过多重秘而不宣的制作工艺，安宫牛黄药丸方见雏形。然后是颇具仪式感的包裹金箔与封上蜡衣，再用牛角盖上三角金箔戳，方至圆满。工序尾声的郑重其事，也是对芦广荣"镇守"第一道检测关口的无限致意。一味良药即将出厂，而等待芦广荣的，还有新的课题。

当年那个不被师父接纳的女徒弟，如今早已是名声在外的药材鉴别大师。2007年，芦广荣成为第一批国家级非遗项目同仁堂中医药文化的代表性传承人，她的另一项使命随之而来：传艺授徒。

芦广荣先后带徒15名。她采用传统带徒方式，师父干中教，徒弟干中学，知无不言，毫不藏艺，在传授技艺的同时，灌输中医药传统文化的思维理念，以及药德和做人的道理。"听说"即是传承，徒弟跟着师父，在不断的历史重读中，将同仁堂的文化积淀、留住、传播。这文化教会他们要存公义之心和济世情怀，教会他们要存心天知而自律自爱，教会他们守古而不泥古，教会他们无论多久前的承诺都不能失信。每次去库里挑药材，芦广荣都带着徒弟们。芦广荣先挑，并讲授什么样的是真货，什么样的是假货，怎么造的假；都讲得明明白白，然后让徒弟们照着挑，不懂的再问，让徒弟们先有个直观认识，再大胆地挑；徒弟们挑完，芦广荣再挑，边挑边讲，一对一地传授；如此反复多少回，徒弟们都掌握了，都能挑准了，她才放心地让徒弟们单独操作。

师父干中教，徒弟干中学，
知无不言，毫不藏艺

《光明日报》曾有一篇调查报道这样写道：

> 同仁堂的香砂枳术丸因缺货而被顾客质疑。但真实情况是，由于气候异常、种植环境变化等原因，枳实橙皮苷含量不达标，很难找到符合标准的原料，同仁堂因此暂停了香砂枳术丸的生产。药材等级不够，决不下料，决不以次充好，缺货反而是对消费者的一种负责和诚信之举。此外，制药时，僵蚕不能用僵蛹代替，一斤十六头的人参不能用三十二头的小参代替，七珍丹中的寒食，必须在春天柳树发芽时制造，大蜜丸所用之蜂蜜，必须专用河北兴隆的枣花蜜……"遵肘后"，严格依方配药，不得更改；"辨地产"，坚持用地道、纯正、上等药材。

芦广荣手写的带徒时间表

这也是芦广荣和徒弟们对两个"必不敢"对联诺言的实践。

二月二，龙抬头。对于芦广荣来说，这是个别具深意的大日子，北京前门大栅栏的同仁堂老店要除尘迎新——净匾，由药店经理、退休老师傅、青年技术能手等共同擦拭"同仁堂"三字匾额。净匾，即敬匾，"同仁"容不得半点尘污。"同仁堂是三百多年的老字号，一直兴旺不衰。药材是治病救人的，这贵细药材本来在一个药丸里占的量就不大，再有点儿质量不过关的，这药丸就不能治病了。药丸不管事，谁都得怨咱们。"芦广荣说，"教技术前，要先教会他们如何做人。要讲良心，要对得起用药的人。"

芦广荣的老同事陆建国说，这便是《周易》的"和同于人"思想与同仁堂文化的契合。《周易》中有"同人卦"——"同人于野，亨。利涉大川，利君子贞"，意为能与众人同心协力跋涉于野外，有利于君子坚守正道。同仁堂的文化传承，正是要塑造这样共同坚守正道的人。

徒弟刘天良说："师父给我说的一句话，我现在都记忆犹新。（师父）说，天良啊，你从事中药鉴别鉴定工作这么多年，但是唯一差的一块就是贵细药材的检验和真伪鉴别，这方面的知识没有。（师父）又说，我愿意给你补上。当时我听到这话，心里边一方面是美滋滋的，一方面也特别激动和感恩。她对我们要求都特别严。作为质量工作者你必须有一个平常心。因为我们对于某个商品的判断，对于某一个供应商来说它可能就是利益，可能这是几万元、几百万元的利益所在，所以要求我们必须用一个平常心来正确看待自己手里边的这种权力。"

赵小刚、项英福、刘天良、樊变兰、张志广、郭金生等高徒，在芦广荣的言传身教下，已成为同仁堂药材检验的中坚力量。其中还有几位徒弟被评为市、区级非遗传承人，并将技艺向更年青一代传承。

年至耄耋的芦广荣，至今依然在为同仁堂中医药文化的传扬奔走。只要身体状况允许，她总是积极参与老字号的推广和各类非遗保护工作，还应邀参与了中央电视台、北京电视台、新华社等多家媒体相关栏目的录制。只要一提到同仁堂，芦广荣就来劲，也不累了，也不乏了，什么任务都义不容辞。"我作为一个同仁堂的药工也好，作为非遗的传承人也好，我都想尽我所能，在我生命的最后这个尾巴里，多为同仁堂做点儿什么。有时候我出去他们就说，你是同仁堂的？我说是呀。'嘿，你同仁堂这药还真好。'我啥也不图，我就图老百姓口中的这声好。"

古老的同仁堂中医药文化，并非只有老一辈在坚守，而是一代又一代中药人没有终点的可贵接力。在调剂台的方寸间，在星罗密布的药柜前，在细料库的桌案上，他们心甘情愿地坚守着良心工序。一个"仁"字，刻在心间。

"诸药所生，皆有境界"，人亦如此。芦广荣固守在这方古朴的院落，在诸多中医药先贤的注视下，初心不改，守望药魂。

当年细料库里的女学徒，如今蜚声业内，初心不改

济世相传是仁心

——同仁堂中医药文化国家级代表性传承人金霭英

　　对中国人来说，中医药是几千年来劳动人民创造的传统智慧和文化集成，一探脉，一根针，一把草，一剂药，庇佑着世代子孙的作息俗常。无论世界向前的脚步如何匆忙急促，大山深处的采药人与坐堂问诊的从医者，总会抱持着躬行大地的谦卑姿态，为求医问药的患者提供"花径方舟"。

　　老字号，是北京城的独特符号；同仁堂，是老北京最可信赖的招牌。门前这副对联，是同仁堂恪守了300多年的祖训：炮制虽繁必不敢省人工，品味虽贵必不敢减物力。自1669年创业至今，"同修仁德，济世养生"的同仁堂精神，就这样世代相承，修身于心。

　　笔者此次到访同仁堂，寻的不是常规意义上悬壶济世、坐堂问诊的白胡子老中医，而是一位仪态端庄、藏身"密室"的学者型人物，当时，她正在安静翻阅着同仁堂供奉清廷的御药档案。"密室"、"秘史"与"秘方"牵绊了同仁堂中医药文化国家级代表性传承人金霭英的多半辈子。仁心至诚方见人性，本草有灵尽其物性，对同仁堂中医药文化的守护，就在这一道道奏折、一帖帖方剂里，薪火相传。

🍂 混在老药工堆里的女大学生

　　1940年，金霭英生于北京。1958年从北京农业大学植物生理生化专业毕业后，她先后在中国农业科学院养蜂研究所和北京生化制药厂工作，这段经历，对于她日后在同仁堂的成长很有帮助。金霭英说："我在生化制药厂工作了两年，之前学的基础知识都捡起来了，比如有机化学、微生物这些重新又复习了一下，和工人一接触都用得上。工人很严谨，像做四环素提炼，特艰苦，那个过滤机得爬上很高很高的板框过滤，爬上去以后用水压冲，然后把滤液变成四环素结晶。说起来这些工作流程好像很简单，实际在那个年代，靠的主要还是人力。西药厂说实话比中药厂在管理上还是要进步挺多的。这对于我的专业提升有很大帮助。"

　　1978年，金霭英调入原北京市药材公司同仁堂制药厂，任药品卫生标准化验员。

　　"西皮京韵二锅头，同仁堂外前门楼"，这是一句流传多年的老北京俗语，道尽了同仁堂在北京人生活中的地位。北京同仁堂的前身是北京同仁堂乐家老铺，北京前门外大栅栏24号是其发祥地。乐氏家族的乐显扬于清康熙八年（公元1669年）创立同仁堂药室。因为欣赏"同仁"二字"公而雅"的内涵，乐显扬将其定作堂名。雍正年间开始，同仁堂供奉御药，历经八代皇帝，达188年。"同修仁德，济世养生"，成为同仁堂秉承数百年的精神。新中国成立后，同仁堂响应政府号召，率先实现公私合营，并成立同仁堂中药提炼厂。

　　百年老店遇到了新时代、新课题，自然需要新鲜血液、新生力量的加入。金霭英就是这个时候走进同仁堂的。"我刚来这儿工作的时候，就常听老师傅讲堂史。炮制的工艺无论有多烦琐，制药的原料无论有多昂贵，都不能偷工掺假，要能经得起检验，能医得好病症。"金霭英解释，汲汲济世和两个"必不敢"对联，是同仁堂许下的誓言和诺言。它们开启了同仁堂的长盛之路，同时获得了平民百姓和官商阶层的信赖。1723年，同仁堂开始承办官药，直至清末，此后又经历了公私合营、现代化改制等。但承诺，300多年未曾改变。

初到同仁堂，金霭英工作态度十分严谨，但她严格执行的科学标准，到了一直采用传统制药方式的老一辈同仁堂职工那儿，却得不到理解。"我们去推行'三不'卫生标准，人家老职工说了，这不干不净吃了没病，卖了300多年了，不是照样管用吗？没说这个药吃了以后泻肚哇，没人找过咱们，而且不是卖得一直挺好吗？你就得跟他讲，检验跟生产的辩证关系，环境卫生、个人卫生、空气卫生的重要性，特别是这原材料，尤其叶类的，什么薄荷、菊花，那含的菌都是十万、二十万的量。在这个接触的过程里，大家互相也都是就事论事，没人觉得你就是来给我找不痛快的，当我把道理说清楚，慢慢地老一辈人也都理解了，支持了。"

老职工观念虽旧，却不抱残守缺，并深知"可以养生、可以济人者，唯医药为最"的道理。他们很快就明白了金霭英的良苦用心。接触时间久了，金霭英也发现，前处理场里的老师傅们，个个身怀绝技。"印象非常非常深的就是张怀良，他认药特别有本事，平时不爱说话，老在想事，一看见药以后，精神就来了，闻一闻、尝一尝、掰一掰，把它掰开看看那个界面，然后真、假、伪、劣到他那儿就都分出来了。起码在那个年代，化验还真化验不出来真假伪劣，但他就能。"

在通县王家场的同仁堂药材前处理场，金霭英接触到了火眼金睛辨真假的张怀良，还有善于制丸的王泽厚、最会给安宫牛黄丸"吊"蜡皮的陈英……三人行必有我师，虽无拜师之名，却有提携之恩，诸多药工名师相伴，金霭英对药理的认知成长迅速。

北京同仁堂（集团）有限责任公司文化传承中心副主任鲍志东评价金霭英："金老师正好生活在一个变革的年代，是传统和现代观念磨合并进的特殊时期，她能够把自己的那些现代的管理知识，非常好地与传统的质量管理相融合。她做了非常多的探索，而且非常成功。后来我们去药厂，那些老职工一看到她都非常亲切，对她当年的质量管理是非常认可的。"

20世纪70年代，日本医药市场首先提出"中成药中有超量细菌、霉菌"并直指同仁堂的人参鹿茸丸。此时《中国药典》没有卫生学标准要求。金霭英与药厂质量科的同事从学习卫生学标准检测方法开始，实验环氧乙烷、紫外线、蒸汽、钴60等多种不同的中药灭菌方法，目标是找到确保中药疗效的灭菌方法。1982年后，身为质量科科长，金霭英一方面在职工中培训工艺卫生、个人卫生、车间卫生，制定中成药灭菌工艺标准，另一方面参加原卫生部药品生物制品检定所"^{60}Co辐照中药灭菌剂量标准的应用研究"项目，为《中国药典》（2000年版一部）首次颁布微生物限度标准打下了很好的基础。该项目1997年获国家科技进步二等奖。

金霭英关于减少中成药细菌污染工作的手稿

好的医者，不会知毒而退

当老一代同仁堂职工渐渐归隐，金霭英成为守护同仁堂传统的中坚代表。

1840 年以来"西学东渐"，中药和西药在百年中从未停止争论。"中药现代化""中药国际化"等提法，某种程度上让中医药变得定位模糊和尴尬，文化不自信的声音里对中医药也颇多歪曲和指责，传承和弘扬中医药步履维艰。作为同仁堂人，金霭英紧密结合实际工作的需求，通过科研、挖掘、整理（传统知识）、调研、探索现代师承等方式解决工作中的问题，她的体会是，"在传承中要有创新，创新的前提不是否定而是继承"。

在中医的理论中，"毒"是一个很突出的概念。《周礼·天官冢宰》中说"医师……聚毒药以共医事"，在中医语境中，"毒"的第一层含义，是指药物的特性或偏性，所以"是药三分毒"。按照《神农本草经》的观点，药物可分上中下三品：上品药性味趋于平和；中品药偏性明确，需要辨证清楚；下品药的偏性则很霸道，杀伤力大，可能会伤害身体正气，用时须谨慎，最好"中病即止"。无论是哪一品，都需要对症、对人、看病机。《黄帝内经》说："其病生于内，其治宜毒药。"这当然是博大精深的中医药留给后世的玄妙礼物。炮制、配伍、剂量、服用时长等均有严格区分，如果不好好研究医理，看起病来，真的会像清代医家陈士铎《劝医六则》中所言，"动手即错，开口皆非，欲积功反损德矣"，因此，"学医幸务穷理"。

话虽如此，但每有中药"毒人事件"发生，整个中医药体系似乎都要"背锅"。其实，最想搞清楚每一味药的毒副作用、用量限制的，恰恰是中医从业者本身。

良毒者，以毒养身。好的医者，不会知毒而退。

在金霭英担任制药厂技术副厂长和总工程师期间，干得最漂亮的一件大事，就是给深受国外媒体所谓"毒性说"质疑的中成药正名。1990年北京亚运会召开后，很多外国人带走了中国各种品牌的中成药，其中就包括同仁堂生产的牛黄清心丸等。不久，韩国、日本、欧美等地的医药管理部门提出"中成药中含有超量重金属"，一时之间舆论哗然，这些国家和地区的媒体"告诫"本地民众，中成药含有有毒物质，不可服用。某媒体剑锋直指同仁堂，提出牛黄清心丸含有较大量的汞和砷，吃了会造成急性中毒，呼吸衰竭，甚至死亡。这给中国的中药行业，给同仁堂带来了巨大压力。

当时《中国药典》没有相应标准，金霭英身为技术副厂长，在多方请示没有结果的情况下，于1991年在原同仁堂制药厂自主立项，决定走产学研相结合的路子，由厂里先拿出五万块钱启动资金，和卫生部药品生物制品检定所、北京市药检所合作，首先对"牛黄清心丸（同仁堂牌）微量重金属元素检测方法及限量标准研究"课题进行立项。金霭英担当起立项、参加设计、协调组织鉴定的重任，并在几个关键环节提出了至关重要的思路。立项时，她提出，研究不能仅针对目前反馈的砷和汞的问题，要对牛黄清心丸中铜、汞、铅、砷、锡、镉、锑、铬等八种微量重金属元素的含量进行检测。最后通过研究，确定采用国际通用的原子吸收分光光度计进行检测，由同仁堂、检定所、药检所同时进行检测、验证。同年，课题通过以中国植物药学家楼之岑为鉴定主任的鉴定组鉴定。

给中成药正名，是金霭英
工作履历中的一件大事

担任技术副厂长时，
金霭英（左三）的资料照

在此基础上，1992 年，课题"牛黄清心丸的安全有效性研究"立项通过，通过产学研合作完成研究。实验设计时，金霭英又提出，用两个品牌的牛黄清心丸做对照研究，一个含朱砂、雄黄，另一个不含，研究内容一是安全性，二是有效性，三是质量标准。研究结果表明：第一，临床观察两种处方对风痰症的眩晕症状、中风先兆、神经衰弱（中医称"不寐"）等症候的改善作用，共观察 188 例，临床症候改善 90%～100%，处方有无朱砂、雄黄的牛黄清心丸疗效没有显著差异。第二，药效学研究结果显示，两种牛黄清心丸对心脑血管系统和中枢神经系统的保护作用均明显，但是在加速脑微循环作用和动物心肌缺血的改善方面，无朱砂、雄黄的牛黄清心丸作用不明显。第三，两种牛黄清心丸的农残和黄曲霉毒素检测结果为零或低于规定标准。第四，毒理学研究结果显示，牛黄清心丸对动物体内毒性危害较低，安全系数较高，两种牛黄清心丸比较未见明显差异，未发现动物体内毒性反应和靶器官受损。1994 年，"牛黄清心丸安全有效性研究"通过专家鉴定，鉴定主任是北京中医药大学原校长王永炎教授，鉴定结果是"实验设计的方法合理，整个实验的数据都是很可信的，研究评价就是，国内首创，国际领先，而且它有相当的社会效益和经济价值"。同仁堂把去掉朱砂、雄黄的牛黄清心丸开发为同仁牛黄清心丸，然后把相关材料都报给了卫生部。1995 年，卫生部批准了同仁牛黄清心丸部颁标准，使同仁牛黄清心丸可以合法生产。

1994 年，金霭英参加了第三届国际传统药物学大会，并在会上提交了论文《牛黄清心丸药效学及质量评价研究》。这篇论文被评为 A 类论文并发表。因为参加国际传统药物学大会的人很多，所以此举相当于对国际医药市场提出的问题做了回答。其后金霭英组织编写《重金属与中药》，并开办了全国范围内关于中成药中重金属检测方法的培训班。面对传统中药在现代社会应用中遇到的问题，她用科学的手段去创造性转化、创新性发展。

此外，1998 年，金霭英作为课题顾问参与了中研院中药所牵头的国家攀登计划项目"安宫牛黄丸朱砂、雄黄的药理作用与安全性评价研究（1998—2001）"，这是对朱砂、雄黄在大复方成药中安全、有效性的研究。

金霭英和其他同事通过努力，在国际上捍卫了中医药的声誉。"中国传统医药属于世界传统医药的范畴。世界医学史中，希腊－罗马医学、巴比伦医学、埃及医学、印度医学和岐黄医学即中医医学，都对人类健康做出了重大贡献，但随着欧洲的文艺复兴和工业革命的发展，诸多民族的传统医学渐渐衰落，唯独中医仍深深扎根在民众之中。"金霭英说，中医药有了理论体系后，经过两千多年在人而非动物身上的实践，已被证明是有疗效的医学体系。以前的理是历代医家的著述，现在的理又融入了现代医学的认知，其方向、结果，都应该是病患的安全与健康。

对消费者来说，在同样的产品质量差不多的情况下，他们之所以首选老字号，其中一个重要的因素就是情感，在消费老字号产品的过程中伴随着情感消费。但是，一旦老字号出现质量问题，甚至出现有意识的造假，必然对消费者造成情感伤害；而要再"和好如初"，老字号品牌需要付出巨大代价。如果看不到这一点，百年老字号可能就成了"百足之虫，死而不僵"。

"同仁堂人"的概念，是一个群体概念，是一个文化概念，同时也是一个道德概念。从药堂到公司，同仁堂做了很多有风骨的事，金霭英一直保持着自己的清醒认知，也用自己的克制与理性，捍卫着同仁堂的声誉。

1988 年，上海"甲肝"流行，具有抗病毒作用的板蓝根一药难求，同仁堂门口聚满了前来求药的人。市场上板蓝根药价飞涨，但同仁堂不为所动。2003 年，北京"非典"肆虐，同仁堂供应了北京地区一半的抗"非典"中药。由于供不应求，当时的安国药市号称"一天出一个百万富翁"。但同仁堂为保供应，坚决不涨价，甚至停掉其他产品生产线以增加这些急需药品的供应。仅"非典"期间，同仁堂就因此损失了 600 多万元。义利相争，公义为先，这便是金霭英和同事们的济世之道。

金霭英还提到，1995 年发生过一件怪事：同仁堂偏瘫复原丸需求量突增，拉药的车在车间门口排起长队。这种反常的现象引起了当时担任同仁堂制药厂技术副厂长的金霭英的警觉。她调查后发现，原来是一些经销商在媒体上大肆炒作偏瘫复原丸的疗效，宣称"治疗一切偏瘫，一吃就好，永不复发"。"这样做会毁了同仁堂的信誉。"金霭英扭转这种现象的建议得到集团公司的支持。公司第一时间召开新闻发布会，揭露虚假广告，再发声明，呼吁对症使用偏瘫复原丸。除此之外，同仁堂还组织了专家咨询会，介绍中风病以及合理用药的知识，并在电视台进行直播。经过一年的努力，偏瘫复原丸的销量下降了。金霭英说："不该挣的钱就是不能要，销量回归到正常水平，我的心也踏实了。"

金霭英感慨道："近100年以来，中医药发展得非常坎坷。一部分人认为中医不科学，理由是说不清楚中药的成分和机理。"现代医学是微观医学，能够越来越清晰地发现引起病症的细菌。但中医针对的是整体，药材是包含有很多成分的复方性药物。"西药药效是线性的，而中药是整体调节的药物，药效是非线性的。"金霭英认为，研究中医有必要弄清楚中药的成分和机理，但近100年来，一直都在用现代医学的研究方法研究中医，这并不严谨；中医应该建立自己的研究方法与手段。

生产成药时，有些按成分含量标准测定的所谓"合格中药材"，并不是等级最高、质量最好的中药材。"比如人参要测定人参皂苷，而人参叶里人参皂苷含量比人参根还高，但中药入药都是用人参根的。个别制药企业为使成分含量达标，对成药生产的合粉检测某种成分含量，如不达标会适度增加该药材的药粉，硬生生地把中药处方破坏了。"金霭英说，"当然，有些成分测定对中成药是需要的，但如果'唯成分测定论'，就会让中药变味了。制药人多年来一直在向有关部门反映，但我们的声音太弱了。"

西医讲成分，某种成分治什么病；中药讲药性，某种药性纠正人体的某种偏性。这两个体系不一样。长时间以来，中医药的医和药分属不同部门管理，中药质量归国家食品药品监督管理总局，医疗、医生归国家卫生和计划生育委员会，中药生产企业药品价格归国家计划委员会管。"中医与中药各自为政，不利于中医药整体规划。"金霭英说，2009年国务院出台《关于扶持和促进中医药事业发展的若干意见》支持中医药发展，这是对中医药发展很好的文件，但好几年过去了，下边纹丝不动。"中医药必须有自己独立的学术评价体系、标准、药品审批办法、临床标准、医药市场管理规定等。"

👋 在秘不示人的古方配本里寻找答案

"现在，传统医学赖以存在的社会环境已经发生了不可逆转的变化，它有可能流失，需要加以研究和保护，同仁堂就是中医药文化中的一个重要部分。整理传统配方和技术需要查阅大量历史文献，同仁堂在1993年时投入了6个专家。在整理的过程中，就有一位逝世。而现在，只剩下4位了，不抓紧整理怎么行？"金霭英特别强调的是同仁堂中医药文化与宫廷医药的有机融合。

同仁堂药目文献影印件

同仁堂自乐氏祖先于清康熙八年（公元1669年）创建以来，流传下大量秘不示人的古方配本。制药作坊看方抓药后，遵照蒸、炒、煅、炙、浸、水飞、霜冻等多达40多种手法炮制，放足分量，绝不掺假。300多年来，同仁堂已成为业内公认的金字招牌。乐凤鸣编著的《同仁堂药目》是我国现存较早的成方药目，收录了15门常用中成药363种。同仁堂所制中成药，除乐氏家传秘方和民间验方外，还有清宫秘方，其中牛黄清心丸、再造丸、大活络丹、苏合香丸、紫雪丹、安宫牛黄丸、女金丹等十大名药誉满中外，经世不衰。

为使同仁堂传统配本真实地保存下来，1993年起，金霭英开始进行"祖传丸散膏丹下料配方"的整理与研究，结合同仁堂堂史，确认同仁堂历史上系统整理传统配本共三次，分别收录363种、449种、495种成药处方。这是她对同仁堂中医药文化的又一次细心守护。金霭英说："同仁堂300多年留下来的这些传统配方，如果到我们这代人手里，给弄丢了，或者走了样，或者因为商业冲击、西方标准而变了形，那我们这些人就愧对同仁堂的先辈。所以我当时就想，必须得立个项，得先把同仁堂世代祖传的丸散膏丹下料配方彻底梳理清楚，保存下来。"

殿角飞檐，红墙树影，宽窄胡同。位于前门大栅栏的同仁堂老店里，隐藏着一段历经188年的供奉御药传奇。这是金霭英带领徒弟鲍志东完成的又一项重大课题。同仁堂供御药自雍正元年（公元1723年）至宣统三年（公元1911年）共188年，跨八代皇帝。雍正年间，宫廷中传出某亲王服汤剂身亡的消息，御医鉴定是中药饮片的问题，御药房查询后，认定是同仁堂的药，遂将乐氏当家人押往菜市口砍头。某亲王的真正死因无人知道，但在乐氏祠堂里，第六代供着"无头布衣人"，以使乐家人世代铭记这一血的教训。

在封建年代，伺候宫里的皇亲国戚，同仁堂体现的是以全店上下百十口人的性命作为担保的质量责任。疗效第一的药品质量，适用于宫廷多种需求的供药形式，绝对服从的药品价格，信誉为重的诚实经营，使同仁堂的药品质量融合了宫廷医药特色，达到了"全国之最"的高水平。"同仁堂因供奉御药而名满天下，但盛名也意味着重责。在当今的市场经济中，我们唯有'时时勤拂拭，勿使惹尘埃'，更加'兢兢小心'，常念'必不敢'，不能让先人的承诺失信于当下。"金霭英说。

金霭英带领团队从股份集团档案室调出尘封已久的御药房档案资料，先把胶片冲洗出来，再把宫廷文体翻译成白话文，有很多不熟悉的用词都要翻译出来，翻译了整半年，最后通过分类整理，终于理清了同仁堂供御药的种类、药品的质量要求、供药的程序、御药结算，还有同仁堂药商等。研究再现了同仁堂百年以前供御药的史实，使同仁堂人更加深刻地认识了同仁堂中医药文化和同仁堂精神的真谛，此外，研究还具有中医药领域的学术价值和现代应用价值，同时对现代师承—课题模式进行了探讨。

2000—2002年，金霭英参加国务院发展研究中心负责的国家科技攻关计划重大项目"中药现代化产业推进战略研究"、"中药产业国际化战略研究"和"同仁堂发展战略"研究，提高了从全国宏观层面对中医药发展的认识。2014年，国家提出"努力实现传统文化创造性转化、创新性发展"，金霭英十分兴奋。她表示，传统医药是特殊商品，在几十年的中医药学习、认知和工作中，自己对于同仁堂中医药文化产生了深厚的感情，在同仁堂的环境、氛围中感悟到的是责任心、使命感。"创造性转化和创新性发展除了要有自己扎实的业务能力，更重要的是组建同仁堂中医药专业技术团队，与大学院校和科研院的协作也是不可或缺的，不是一个人力所能及的。中药企业在任领导的作用是决定性的，他们可以掌握全局、提出立项，组建团队、统筹专业技术人员的攻关，解决实际问题，对外开展产学研合作。"

作为同仁堂中医药文化国家级代表性传承人，金霭英对于非遗传承，有着自己的独到理解。2009年收下徒弟鲍志东后，她带徒的方式是，以课题为引，通过系统性调研，来回答"同仁堂中医药文化到底是什么"。而这种研究又与同仁堂企业的生产经营相结合，实现了传统文化的创造性转化与创新性发展。金霭英做学问，不落窠臼，将文史哲、科技医学融合一处，不受学术规范所缚，也不受学术流派限制，直承先哲，不拘一格。这种气魄和视野，使她的研究成果处处皆活，立地成真。

年事已高的金霭英，从同仁堂专家委员会主任委员任上退休后，又被续聘为同仁堂的终身专家。近年来，她不顾年迈，仍在做着"同仁堂中医药文化资源"的调研和总结，此外还参与了"同仁堂中医药文化"非遗数据库、"同仁堂中药炮制基地"的建设工作等，甚至还参与过湖南卫视《天天向上》的节目录制，为的就是抓住一切机会，向更多年轻人普及中医药文化与知识。

金霭英在同仁堂工作了40多年，无论是从事技术、管理、研究工作，还是同仁堂中医药文化的传承与发展工作，她都能够以高度的责任感、敏锐的洞察力、前瞻性的思考力，勇于担当重任，潜心破解难题。2019年12月，同仁堂集团召开庆祝同仁堂诞生350年大会。会上表彰了一批为同仁堂的发展做出突出贡献的员工，其中10余名功勋卓著的老专家、老师傅荣获"同仁堂贡献奖"。在激昂的颁奖音乐声中，年近八旬的金霭英精神矍铄地走在领奖队伍前面，台下响起热烈的掌声。有人说："好久不见金总了，今天看见她，想起了好多往事。"还有人说："金总几十年来为同仁堂的发展做出了不可磨灭的贡献，她获得这个奖，可谓实至名归。"

"但愿世间人无病，哪怕架上药生尘。"有人翻山越岭，只为一颗种子；有人精研手艺，只为药尽其用；有人花白了双鬓，朦胧了双眼，只为医道永续、人间无病。世间的你来我往，生命的繁荣与共，皆因有情而有了聚散离合，有了冷暖温度。

同仁堂，是一个传说，更是一个传奇。同仁堂，是一种品质，更是一种文化。同修仁德，亲和敬业；同修仁术，济世养生。金霭英就这样循着历代同仁堂人的脚步，怀抱虔诚与睿智，在传承与讲述同仁堂中医药文化的路途上继续前行。

金霭英手写的同仁堂中医药文化提纲

金霭英在传承与讲述同仁堂中医药文化的路途上继续前行

修身修行医者心

——七十味珍珠丸赛太炮制技艺国家级代表性传承人桑杰

　　疾患与人类同行，病苦常伴左右。雪域高原上的芸芸众生，涉越生、老、病、死四条河流，方达至佛家眼中的圆满。这片土地上的医者，则抱守着草木有灵、人间有情的本分，于千百年轮回中做着各自可贵的探索，使人生的无限花序常开常新。

　　诸药所生，皆有境界，仁心至善，不负自己。初秋时节，青海拉鸡山。甘草星星点点，却是最具生命力的存在。一群采药人潜行天地之间，采摘道地药材，山高路远，方得至臻至纯。

　　队伍中领头的老者，是七十味珍珠丸赛太炮制技艺国家级代表性传承人桑杰。

从幼时起跟随父亲行医，到以珍宝藏药炮制技艺传承人的身份受人尊崇，草木有灵、医者仁心的虔敬时光已逾 60 载，这既是医术养成的厚重滋养，也是人生历练的探索修行。

从生长到采摘，从储藏到炮制，经历高温后又以新的姿态重生。这神奇药材的一生，也牵绊着桑杰的一生。

"舍悟离迷，六尘不改"

自古以来藏族人就将医生称作"人生安泰之师""神圣之冠"。在僧医合一的古代，要做个好藏医，先得做个好僧人。"舍悟离迷，六尘不改"，在藏区，宗教和医学完美地结合起来，带给人精神和身体的慰藉与关爱。藏医与藏药是说不完的话题，这其中既有朴素的信赖，也有玄妙的心理，还有几分带有神秘色彩的笃信。

藏医的开端，早已被宗教与神话云遮雾绕，显得无比神奇；但透过这些迷蒙的光彩，人们仍能判断出藏身其后的真切脉络。在青海，有一座目前世界上唯一展示藏医药文化内容的综合性博物馆——中国藏医药文化博物馆。笔者走入其间，于藏医史、曼唐器械、古籍文献、藏药标本、天文历算、彩绘大观等六大展厅中寻觅探究几度濒临失传的藏医药秘术。这一趟"预热之旅"，某种程度上对于了解桑杰以及他的诸多前辈医者的修身修行仁心妙法，助益颇多。

 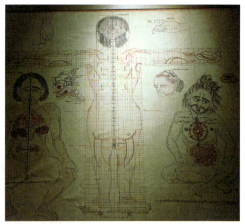

传统藏医使用的 180 多件外科手术器械　　　　藏医曼唐《人体脉络（背面）》

藏医学的历史应远在佛教传入藏地之前。最初的藏医先行者不但遍尝百草，甚至要遍尝百石，以身试毒，去伪存真。最终，在汲取了本土、中原与南亚的养分后，藏医学开花结果。大约在 4 万年前，青藏高原就有人类活动，藏医的历史则可追溯到新石器时代甚至更早的旧石器时代。从出土的四五千年前的陶器上已能明显看出，西藏这一时期的医学成果有：对死人进行解体二次葬和断尸葬，促进了对人体结构的认识；实施穿颅骨手术；等等。自新石器时代中晚期开始，藏族先民在数次大规模向黄河中下游地区迁徙的过程中，将文化习俗包括医药带到中原。中原广为流传的有"不死之药"的西王母之国，在今天的青海湖附近。

愿望树形象地介绍了藏医
对人体生理功能和病理
变化的理解

藏药知识在藏族先民那里，也有特定的表现形式：雪域人间出现的第一种疾病是消化不良，第一位病人叫希布，第一种药物是白开水，第一位医生是梵天；把羊毛烧成灰或用特殊处理过的酥油可止血消炎；藏地雪鸡可治疗感冒与眼疾；麝香内服治胃病，外敷治跌打损伤；青稞酒能疗外伤；柏子香燃烧产生的烟可以消除病毒……藏族人经过长期的摸索，知道使用身边的动物、植物甚至矿物，能够减轻病痛折磨。上述种种，既是古老的民族智慧，也是沿用至今仍在润泽后世的实用宝藏。

在藏医药博物馆中，供奉着一幅绘有雪域高原愿望树（也叫天堂树、菩提树）的图画。有诗赞云："满树盛开长寿花，结下法财康三果。以树为喻宣医道，堪称精华根本典。"按照藏医典籍的解释，愿望树是将人体健康与否的状态形象化为三棵树，三根生九树干，树枝四十七条，两万两千四百常绿叶，开花再生出五异果，进而表达出藏医学的基本理论体系。历代藏医根系何方、情向何处、术施何人、学至何境，通过眼前的愿望树，一切尽在不言中。

1945 年，桑杰出生在青海省海西州乌兰县一个医学世家。自七岁起，他便跟随父亲学习蒙、藏医学。父亲给人看病，小桑杰就跟着跑；父亲上山采药，他就追着问，如何寻、如何采、如何加工……懵懵懂懂，学着看着，就到了十三岁。

父亲引领桑杰上山采药、简单炮制的过程，无意间成为其从医生涯的缘起。桑杰的父亲虽是蒙医，但对藏医同样精通，特别是对藏药的炮制颇有心得。桑杰从小就在父亲的影响下，学习简单的炮制技艺。

　　国家恢复高考后，桑杰以优异的成绩考上了北京中医药大学，开始接受正规的中医学教育。而后他回到家乡，筹建海西州蒙藏医院，后到青海省藏医院从医至今。

　　每天慕名前来向桑杰求医的病患络绎不绝。

　　他所使用的脉诊，是藏医诊断中极为重要而有特色的方法。与中医相比，藏医在切脉的准备事项、时间、位置、手法轻重，在脉象、脉诊与脏腑的关系、脉象与五行及季节的关系等方面，都有独到体认。桑杰可任意使用左手或右手的中间三个指头来切脉，手指之间的距离是"一粒米"那么宽，以食指切皮肤，中指切肉，无名指切骨头。这一刻，彰显的其实是自然人事诸频共振、天人合一的医学道理。就是脉诊的时间，也有具体要求。"太阳已经升起，但其放射状光芒尚未落在山顶上之时，是最佳时间。藏医会取每只手腕的桡动脉，也就是病人手腕上比动脉方位略高一点儿的地方把脉。"之所以不取与重要器官相关的动脉诊脉，按照藏医书典的说法，是因为那样就会像是在瀑布附近与人交谈，而无法听清了。

　　"刚开始，人们都怀疑藏医院能不能看病，一些人不了解，还认为是迷信。"桑杰说，初建的青海省藏医院，基础条件薄弱，而从基层抽调的藏医们，大多没有学历。但事实胜于雄辩，治病救人不会说谎。"人们认为藏药疗效好，是因为炮制是特色。有些藏药，名字相同，但效果不一，关键就看炮制方法。大夫再好，药不好，也没用。"

　　在桑杰看来，说到底，行医制药，为的都是生命的演进："人的悲伤在于生命属于我们只有一次。生命的存在是一个过程，而这个过程十分短暂，医药的存在，就是让珍贵的生命变得更长。"

　　青海省藏医院副院长昂青才旦说，桑杰对于那些居住在偏远地区、经济条件较差的患者，投注的感情会更多："病人住得远的，比如住在海西的，来一趟很不容易，他就让患者直接住在自己家里，跟他们一块儿吃饭。在我们藏医的传统里，医生一直接受的就是这样的教育，除了老专家们做得更突出以外，年轻的专家也会这样做的。它已经融到藏医的医德里。"桑杰说，在藏医中，类似"神农尝百草"的事迹屡见不鲜。古书上所说的"若有疾厄来求救者，不得问其贵贱贫富，长幼妍媸……亦不得瞻前顾后，自虑吉凶，护惜身命"，更是落于诊疗实处，从不嫌弃斑疮、脓液、呕吐物与排泄物之脏腥恶臭。正因如此，藏医才会被历代的百姓所尊敬。"这种尊敬，也促使藏医更加注重自己的修养和医德。这都是相辅相成的。"

　　"身病"是一个世界，"心病"也是一个世界。对文化程度有限、医疗条件不够完善的藏民来说，藏医药身心齐治，才更有疗愈意义。经历天长地久的岁月供养、淘洗、磨砺，领受无以计数的藏医传人以及高僧大德的心智与加持，沐浴一代又一代藏族百姓燃起的酥油长明灯的光泽，藏药材生长在"世界屋脊"的雪线之下乃至冰川之上，藏成药诞生于雪域高原浓厚的宗教、人文气氛中，显示出与众不同的特异背景与气质。如今常见的藏成药剂，有汤剂、丸剂（包括水泛丸和酥油丸）、散剂（现代常用的散剂成方大约在 100 种以上）、酒剂、灰剂等多种，其中，以丸药应用最为广泛，次为散剂，汤剂用得最少。桑杰解释说，少用汤剂，显然与高原特殊的地貌局限有关，高海拔地区水的沸点低，药的性能难以全部熬出，影响疗效，故而用得最少。加之藏区人口稀疏，交通不便，往返求医十分不易，用丸药则可一次取出较多药量，不必经常长途跋涉去找医生。

桑杰记得几十年前，自己曾在牧场偶遇一位壮汉，对方脖子上戴着一个吉祥结似的装饰物，下端垂着一个小圆球。由于圆球被包在汗渍浸染破烂不堪的红布里，谁都不知道那究竟为何物。壮汉后来告诉桑杰，那里面是藏药丸。"他对我说：再早些年有'破四旧'的说法，佛像、护身符都不让戴，如果我在胸前戴'嘎乌'（佛龛），早就挨批了；可我戴的是药丸，防病治病总不会有错吧？接着他对我又笑了一下：你是学医的，你该知道，这是宝物，是佛给我们百姓的宝物，有病时它可以治病，没病的时候它就会像佛一样保佑我。"

一路追随措如·次郎大师

过去藏医用药的味数并不多，原则上主张少而精，尤其是针对新病、急性病，大多以与疾病性质相反的数味药物治之。随着时间的推移，藏医用药不断增加药味，特别是丸药，用药都在十味以上，甚至达到几十味。

作为一名擅长治疗心脑血管疾病的藏医，桑杰的药方中，离不开一味名贵的藏药：七十味珍珠丸。七十味珍珠丸，藏文译音为"然纳桑培"，该药最早源于藏医经典方剂二十五味珍珠丸，始载于公元 8 世纪宇妥宁玛·云丹贡布编著的《四部医典》中。经历代藏医药学家不断改进和完善，最后由藏医南方学派代表人物苏喀·年尼多杰于 15 世纪中叶（公元 1439—1476 年），在总结前辈研究的基础上，研制成了现用的方剂，成方距今约有 600 年的历史。

七十味珍珠丸是藏药里顶级的珍宝类藏成药，由珍珠、水银灰剂、麝香、藏红花等 70 余种名贵药材经独特炮制方法制成，主治心脑血管疾病，有助于安神镇静、通经活络、醒脑开窍、改善微循环等，是传统藏药中最具传奇和神秘色彩的药品之一。过去曾有"一头牦牛换一粒七十味珍珠丸"的说法，彼时此药仅供王室宫廷、达官贵族使用，普通人家难以企及。

　　七十味珍珠丸如此名贵而稀有，与其特殊的炮制技艺有关。13 世纪末，大医圣邬坚巴·仁钦贝成功地进行了"黄金炮制法"的冷热处理及祛毒等整个实践操作，为"黄金炮制法"的普及和弘扬做出了无法估量的贡献。

　　传统的炮制方法自 20 世纪二三十年代就已失传，直到 20 世纪 70 年代末期，西藏的措如·次郎大师才在波密县藏医院里重新炮制成功了七十味珍珠丸。自那时起，措如·次郎的名字，被整个藏区颂扬。

　　桑杰在 20 世纪 80 年代初，跟随这位次郎大师，潜心研习了数年七十味珍珠丸中赛太的炮制技艺。

　　桑杰说，次郎大师功勋卓著，其 1978 年在波密县进行的黄金、水银洗炼，堪称传奇。

　　冶炼黄金，乃整个炮制过程中极为关键的环节，如果这个环节顺利，后面的工序会势如破竹。次郎深知炮制的意义，不敢有丝毫懈怠，炉中的火一点着，他就同两个助手没白天没黑夜地坚守在炉前，整整四天四夜没有离开半步。桑杰说："四天之后，黄金终于炼到了古籍所记载的那种形态，次郎大师和助手迅速把它们取出，放进石窝里用铁锤反复舂捣，直到碎为齑粉。"

　　接下来的水银洗炼在藏药传统炮制方法中，工艺最为复杂危险。冷炼水银，要在大铁釜中加入适量水银、锡、铅和菜油、酥油等物质，煮沸后研磨成粉末，再加药液清洗；热炼水银，需在铁釜中融化硫黄后，再加入水银合炼。水银洗炼佐太（藏药之母本，被雪域人民视为藏药中的至宝，被称为"众药之王"）更困难，需对金、银、铜、铁、响铜、黄铜、铅和锡等 8 种金属进行闭毒合炼，再经过数道消毒加工工序，方能成功。

　　当年，次郎大师经过惊心动魄的 45 天，终于熄灭了合炼的炉火，小心翼翼揭开石头锅的盖子，取出 19 公斤重的成品，如释重负地说了三个字："成功了。"可是领导却有疑惑。望着黑乎乎的佐太，有一位领导说：这东西就是佐太？这东西能当药吃？要不，先给猪和鸡喂点儿试试吧？次郎大师毫不犹豫地说：不用喂猪喂鸡，我先吃给大家看看。桑杰每每谈及此事，情绪都会无比激动，他眼泛泪光地追忆着自己的老师："次郎大师的举动，在局外人看来是冒险的，其实，他对以身试药有十足的把握。一天之后，一切正常；两天之后，一切正常；七天之后，还是一切正常。新炮制的佐太终于经受住了考验，彻底打消了人们的疑虑。"面对外界质疑，一代大师以身试药；若干年以后，桑杰也曾循着恩师的足迹，做出过类似的举动，此为后话。

　　桑杰工作的单位在青海，追随的次郎大师在西藏，二人相识于桑杰代表医院去西藏买药之时。后来次郎大师携弟子在青海开设学习班，桑杰一路追随，虚心求教，终于赢得次郎大师的信任，次郎大师将濒临失传的藏医技艺逐一传授给他。"其实，这里面主要还是次郎大师的心胸问题：濒临绝迹的技艺好不容易重见天日，他的内心也有寻找、培养更多传人，将之发扬光大，后继有人的想法。"

如今，藏医药已经开始走出雪域高原，造福更多黎民百姓。藏医药之所以能够在短短几十年里开拓出如此广阔的天地，桑杰说，自己的恩师措如·次郎，以及在波密的那次里程碑式的炮制，功不可没。因为内行人都知道，所有名贵藏药都离不开药引子佐太，从水银中提炼出佐太后，才能有让其他名贵藏药重见天日的可能。

藏医秘诀禁止外传的医训，曾让七十味珍珠丸等珍宝药几欲失传。在措如·次郎大师和青海省藏医院的阿克尼玛、桑杰等一批名医的潜心努力下，七十味珍珠丸终于重见天日，让更多寻常人家的病患得到救治。

藏医领域的"至高机密"

七十味珍珠丸的完整组方和炮制方法，至今依然属于藏医领域的至高机密。其中能够披露的解密药方"八金八矿"，已令人叹为观止。

八金，指金、银、铜（红铜、黄铜、青铜）、铁、锡、铅。八矿，指自然铜、金矿石、银矿石、磁石、泉花、雄黄、雌黄、云母。人有六欲，药有七情，或"君臣佐使"，或相生相克。上述矿物药的相遇、配伍，考验着藏医的功力。

七十味珍珠丸的关键成分赛太，是指黄金经过一种特殊的绝密的方法炮制而形成的最终成分。《晶珠本草》记载：金味涩、苦，性凉，有毒；能益寿、绝育，可解决宝石中毒；本品分赤、黄的，分上品和次品。上品色红橙，有红色光泽，甚润；次品黄色带红色、淡黄色带蓝色，以及黄白色，前者质较佳。

藏医药博物馆所藏《四部医典·后续部》（16世纪）、《医学利乐新月》（19世纪）

《四部医典》中有载，以"黄金炮制法"进行祛毒提炼，所得金灰可增强佐太、常觉等贵重药的疗效，是制成珍宝药不可缺少的"毒八金属"之一。在藏医学体系中，五行学说贯穿了生理学、病理学、诊断学、治疗学和药剂学等多个学科领域。按照五行学说的理念，世间万物的生、化、驻、灭，皆离不开土、水、火、风、空五大元素；能入藏药的原料，自然也与这五大元素息息相关。而在所有药材的炮制中，又以矿物药材的炮制最为神奇。金、银、铜、铁、锡等矿物皆可入药，但并不是直接入药，而是通过特殊的炮制技术，发生质的变化，成为有特定治疗价值的药用有效成分。在所谓"八金八矿"中，金、银等金属是藏药珍宝类药品不可缺少的关键成分，经过赛太炮制，这些金属成为化合物，再加入其他配方辅料，便可化腐朽为神奇。

不同的药材经由医者之手，开启下一段神奇旅程。采集、鉴别、混合，以及关键的去毒去锈、煅烧炮制，所有环节，都要遵循严苛的标准。

藏药炮制方法可分为火制法、水制法、水火合制法三种。其中，火制法包括煅、烧、炒、炙四种方法；水制法有洗、淘、泡三法；水火合制法有淬、煮、蒸三法。

桑杰带领学生进行赛太炮制，经过特许，其中一部分环节首度允许外人在旁观看。

首要工序是去毒。将压制成片的黄金用微火煮沸 60 分钟，发酵一昼夜，第二天再次煮沸后，取出黄金，用棉布擦拭，并用冷水冲洗几次，还要在童尿中加某种神秘原料混合浸泡、过滤；经反复煮沸、冷却、擦拭，方可去毒。桑杰说："炮制，一个是去毒，第二个作用是提高它的疗效，第三个呢，是通过炮制改变了病人的服用法。里面的金属，本身有毒嘛，现在金属却能治病，为啥？通过炮制以后，它起了一个（作用），让毒变成药了——药本是毒，以毒攻毒。"

去锈的过程为：将黄金放入青稞酒中，加入已制妥的硼砂和碱花，煮沸 60 分钟，取出，用冷水反复冲洗若干次，可去锈。桑杰介绍，毒以外还有锈，金属要去锈，变成一个有用的能治病的东西："它有很多程序，煮、烧、闻、擦、炮。今天的程序搞完，搞完以后，觉得我这个黄金的毒也去了，锈也去掉了，再进入煅。煅的目的是啥？最后搞成金炭。"

煅烧是最难掌握的环节，几公斤重的昂贵黄金，火候、时间稍有不慎，便会前功尽弃。能够披露的煅烧做法是：将黄金与等量的雄黄、2 倍的铅灰、4 倍的硫黄，以及白、黑芝麻细粉，用羊奶和某种神秘原料拌调，制成豌豆大小的丸子，放入特制的陶罐中，密封，火中煅烧直至闻不到硫黄味为止，待其冷却，取出可得。煅烧不易，让人相信整套工序的可行性同样不易。桑杰回忆，药检所派来过很多专家，给他专门用来煅烧的灶加了封条。"火在下面烧，烧完了以后，谁都不许动，专家来亲自打开封条。黄金洗出来，（成）炭了，我成功了。"

最后一个环节名为"制丸"。将粉碎后的药粉，用糖衣机制作成小粒的模子，晾干；将小粒模子倒入糖衣机，洒水湿润，加入药粉；重复加水加药的步骤，最终制成规定大小的药丸，进入"晾丸间"封装。七十味珍珠丸，就此得成。

多杰才让是桑杰的徒弟，学习赛太炮制技艺8年之后，才逐渐摸清门道，获准进入比较核心的机密流程。但谈及技术难点，多杰才让还是连举了四点："看似去毒、去锈很难，其实所有工序都非常难。第一，辅料品质的把关，很多味，都是靠年龄与阅历的积累才能胜任。第二，辅料的配比，有些辅料是绝密的，书上没全写，那就肯定要看专家手写的一些笔记。第三，煅烧。第四是清洗，烧成金灰以后，你怎么把炮制煅烧金灰的那些辅料全都洗干净，而最后留下黄金呢？一般铜灰、锡灰，年轻人可以操作，等到黄金灰，不好意思，'来，来，专家过来，你们洗'，其他人看着。而且辅料要用几十个盆子来洗，在第一个盆子里把辅料洗干净以后，再放到第二个盆子，再放到第三个盆子，……，再放到最后一个盆子，还不能全倒掉。等最后你感觉辅料全都洗干净以后，要拿过去称一下，炮制了5公斤，现在有没有5公斤。一称，只有4 500克，那是不是还差500克呀？那放好以后，还要继续找。"

如今的人们，看古装剧，会看到"吞金自尽"的情节，而黄金入药，安全性到底几何？为了打破这样的顾虑，制药者自己甚至要亲身试毒。桑杰有一个习惯，赛太去毒，以舌试之。"黄金烧成灰、炭，去除毒性，是很了不起的事，现代科学技术手段是去不掉的。怎样验证去毒了没有？加工以后自己拿上一勺，一勺可能2克多了，自己先吃呀。我吃过的，把自己当实验品嘛，完全有把握的。我的（工作）是否成功了，一吃就知道，以前什么现代的检测设备都没有，只能肉眼看，然后自己吃，好，哦，这成功了。到目前为止，好多人问我，你这个里面有没有毒？我可以肯定地讲，没毒。现在科技水平更先进了，我们做了动物实验、药理实验，青海省生物研究所也做过严格的检测，反复验证了安全性。"

桑杰介绍，根据药材的不同种类，藏药可分为珍宝药类、石药类、土药类、木药类、精华类、湿生草类、旱生草类、动物药类共八类。七十味珍珠丸，乃是最顶级的珍宝药类。该药的成分里除黄金等贵重金属，还包括其他珍贵原料。如九眼石，也叫"天珠"，材质有亚玛瑙、玉质、皮质、木质、毛质等，属于古象雄文明遗存，在史籍中被誉为"如意珠"。从远古起，九眼石便是藏族先民防病、御邪的护身符。由各类名贵原料配伍制成的七十味珍珠丸，疗效自然不凡，对治疗心脑血管疾病、安神镇静、通经活络、醒脑开窍、改善微循环等具有奇效。

多杰，青海省藏医药研究院院长，如是说："藏区有这样的传说，一匹马换一粒药，一头牛换一颗药。说的就是七十味珍珠丸。老百姓可以说是倾家荡产弄到一粒，不舍得吃下去，都是带在身上，可见它的珍贵性。主要珍贵之处一个是它的原料，一个是它的炮制加工过程，不是说谁都能做出来的。"

经过几代藏医的执着研制，赛太炮制技艺日趋成熟，大大降低了七十味珍珠丸的成本，让更多寻常人家的病患得到救治。参与研制的藏医们可谓功德无量。

行文至此，笔者有必要做一个小小的解释，即本文中看似无比繁复的炮制过程描述，相较于完整的炮制方法仍是皮毛，或者说，仅画其形，难近其神。原因在于两点：其一，桑杰仅允许观看少部分过程，且都是此前已有媒体公开报道或经相关政策准许披露的内容；其二，天文历算同藏医药学有着直接关系，藏民族通过长期实践，得出"有算必有药，有药必有算"的辩证说法，如通过掌握外界气候变化、五行运行规律来进行药材的采集、炮制等，对应五行八卦，何时施何法，外人怕是永远无法知晓了。

❦ "他们叫我'曼巴'（医生），我就应该完成使命"

"真金不怕火炼"，传统藏药炮制法的神秘和神奇，也就在这个地方。从毒到药，化毒为药，修成正果。自然大宇宙与人体小宇宙息息相关，渺小的人体对应于伟大的日月运行、四季物候、乡土馈赠，天地的精华转化灌流回人体之内，自然与人事，真的做到了生态平衡。了不起的炮制技艺所包含的哲学内涵与科学意义，甚至比炮制秘诀本身更为重要。

传统藏药材中，大多数药物均有不同程度的毒性或刺激性，特别是矿物药。而矿物药被视为藏药的精髓和灵魂，是传统藏药学和藏医文化中不可或缺的一部分，藏药的珍宝药品配方中，如七十味珍珠丸等，均大量含有矿物药。在制药现代化的今天，这些传统藏药的临床安全性和炮制的规范性、标准性、科学性均已成为遏制藏药现代化的关键问题。

西方医学界对中华传统医学包括藏医学的误解由来已久，他们视而不见后者对疾病性质和疗法的有益探索、切实疗效，单凭臆测而对不了解的领域戴着有色眼镜先下判词。甚至一部分国人也把传统医学等同于唯心与迷信，失去了起码的民族文化自信。这些咄咄怪事，让桑杰颇为不满，他说，在传统医学智慧里，人体是不可分割的，人体健康与精神文化活动也不能割裂开来，所以，传统的医疗过程往往包括各种社群内的集体文化活动以及宗教仪式，它们绝非无来由、无理性的"迷信活动"，只不过其理论构建基础是与西方医学所依据的实证科学归属不同的哲学与文化而已。孰优孰劣，凭事实说话即可。"西方医学当然很先进，某些方面发挥了传统医学无法达到的功能，但它本身就完美吗，也不一定。（西方医学也存在很多问题，）比如滥用药物导致抗药细菌和病毒增长，危险药物泛滥，治疗成本昂贵，使多数穷人不能受惠，等等。如果武断地排斥拥有数千年传承历史、拥有数以亿计受益人口的传统医学，那就是远离理性的愚蠢。"

1991 年，国际传统医药大会通过的《北京宣言》主题词是："人类健康需要传统医药。"

世界卫生组织提出"2000 年人人享有卫生保健"目标时，号召人们应用、研究和推广传统医学的方法和手段，并特别提出，要重视中国中医、印度阿育吠陀医学、尤纳尼医学、拉丁美洲和非洲传统医学等传统医疗系统。

传统医学在人类医疗保健事业中所体现出来的重要价值和良好效果，正在得到不断的证明。2020 年新冠肺炎疫情暴发，青海省坚持中西医结合，注重发挥中藏医药优势作用，积极推动中藏医药参与疫情防控和医疗救治工作，助力打赢疫情防控阻击战。桑杰当仁不让地成为医疗团队的领军人物，他与省内其他几位中医药老专家，针对此次疫病中"湿、热、毒、瘀"的特点，结合青海气候及高原地域环境、人群生理特点，按照中医理论，以中医辨病与辨证相结合的原则，制定《青海省中医药防治方案（试行第一版）》并下发全省实施。桑杰还与青海省藏医院的国医大师阿克尼玛一起，积极参与制定青海省新冠肺炎藏医药预防工作方案，印发藏汉对照的青海省藏医药防治方案，分发各地，并配合尼玛大师紧急制作 3 500 个九味防瘟黑药药囊，捐赠给湖北省，以及青海省西宁市的医疗机构、支援湖北医疗队。

桑杰觉得，胸中的郁闷终于得到了一些纾解。"中国传统医学是包含了汉族医药学和少数民族医药学的经验与认知体系，科学是人类探索宇宙万物规律而形成的知识体系。这两者一定要对立吗？我不这么看。经验是可以用科学来验证的。另外我想说的是，所谓的'对峙'，不应该是中国传统医学与西医、科学的对峙，而是药物与人体、病情与诊疗。我们如果把眼界、胸怀打开，在疾病与医学的大历史上，这些纷争何其短暂哪，人类永恒的对手是疾病。"

为使藏医药文化的精粹得以世世相传，继续为人类健康保驾护航，桑杰除了认真履行赛太炮制技艺传承人的职责外，也将更多的精力投入到培养技术骨干、发掘更多可造之材上面。藏医学的教育方式有三种：第一种是口耳相传，这主要是远古时期的教育形式；第二种是祖传师授，这种教育形式延续了 1 000 多年，至今仍为一种常见的传统医学教育形式；第三种为以寺院为中心的系统教育。甘丹颇章时期所建医学教育机构已包括：官办学校、私办学校及以寺院为中心的藏医学校即"曼巴扎仓"。

《四部医典》对择徒要求极高，其中提到：对品行不端的人，要像摩羯含宝一样，永远不能将秘诀吐露；而对具备尊敬师长、聪明好学、心地善良、诚实正直等良好德行的弟子，方可予以传授。

青海省藏医院的多杰才让，跟随桑杰学医8年之后，才得到师父的首肯，进入七十味珍珠丸最核心的制作领域。作为赛太炮制技艺国家级代表性传承人，桑杰说，其炮制流程极其复杂，在藏药里当属最核心、难度最高的炮制方法。"赛太炮制流程保密，不轻易外传，但作为非物质文化遗产，应该留给后人。我们花了很长时间，已将全部流程都录了像。"

桑杰曾参与编著了《青海省藏药标准》《青海省藏药药用动物》《青海省藏药炮制规范》等。而经过长期积累，他发现藏药材中"同名异物""异名同物"的案例比较多，因此，桑杰筛选了70多种混乱品种，希望和西藏、四川等藏区的藏医共同鉴别，但身形消瘦的他已显得力不从心。

原始的藏医学与藏族初始文明的历史一样古老。行医的道德规范，既有专业的约束，也含朴素的信仰。《四部医典》把医学称作"无须诵经即可获得的护身符，是人体康泰的护持者"。它对医生的身、言、心三界之德均有具体要求，还有十一条医德思想、七条行医准则等。这种超高标准的约束，也深深影响着桑杰的从医经历。

认真对比桑杰的历年照片，人们会发现现在的他要比中青年时期消瘦了不少。这缘于10年前的一场大病。那年桑杰在北京参会期间突感腹部阵阵剧痛，但为了抓住向国家中医药管理局汇报当时藏医药事业发展的机会，他硬是强忍着病痛完成汇报。会议一结束，桑杰便乘坐飞机赶回西宁，被诊断为胃部恶性肿瘤，必须进行2/3胃部切除手术。多杰才让回忆，师父住院那几天，手机也是24小时开机，找他看病的患者不知内情，依然经常给他打电话，他也都是来者不拒，即便自己不方便接，也一定会安排学生轮流接听电话。

更让人惊讶的是，手术后1个月，身材魁梧、体重80公斤的桑杰急速消瘦，体重下降到60公斤，然而他没有康复静养，而是直接叫人搀扶着自己回到门诊，继续给患者看病了。"只要身体条件允许我就会坚持给病人看病，他们叫我'曼巴'（医生），我就应该完成使命，不能辜负他们的信任。"

青海省藏医药研究院院长多杰十分感慨地说："桑杰如果不上班，如果不看病，如果自己的工作这块不做的话，他的身体可能马上就要垮了。到了办公室，到了医院，到了他工作的那种环境，进入忘我的那种状态以后，他方方面面，从精神到身体，各个层面反倒都非常好。我们能看得出来，他确确实实是把工作作为第一要务，工作就是他整个生命的支撑。"

从医 60 载的桑杰凭着对民族医学的满腔热情，在这块舞台上尽情发挥自己的才能。他应用现代医学、中医学、蒙医学、藏医学多学科知识，先后完成"藏医混乱品种的鉴别"等多项国家级科研课题，参与编写《青海省中草药汇编》《青藏药用动物》《青海省藏药标准》等论著。

他的探索还未止步。藏药是中华文化瑰宝，而现代的藏医药工作者，要守住这份古人的馈赠，更重要的是创新。为藏药的生产构建符合国际标准的质量体系，桑杰一直是这件事重要的推动者。这是他在新时代的新课题。

"修合无人见，存心有天知"，桑杰付出耐心等待时间，这场严苛又漫长的赛太炮制，以七十味珍珠丸开启新的疗愈之旅作结，所有来自自然的道地馈赠有了最好的归处。

世界向前的脚步浮躁而匆忙，医术高明、医德精湛的老人，始终按照自己的节奏，在利乐众生的教义中获取甘露加持，一路追随藏医先师们的足迹，躬行大地，翻山越岭。桑杰对民族医学精髓的传承与发扬，还在继续。

卷四

守艺

琢玉成器，先讲规矩
——岫岩玉雕国家级代表性传承人王运岫

　　岫出祥云千古秀，岩蕴美玉万年春。中国人对玉的青睐，从始于1万年前的新石器时代开始，绵延至今。宁为玉碎的昂然气节，化为玉帛的友爱风尚，润泽以温的无私品德，瑜不容瑕的清正气魄，这些积淀深厚的玉文化，描摹出古老民族的清雅信仰。

　　琢玉成器，素心忘我。如何真正让原石成器、让凡人成名，不同的工匠会有不同的理解。画样的创意与用心，俏色的机心与布局，雕镂的技艺与天赋，都不失为关键一点。但对于连名字都与玉有缘的王运岫来说，他最看重的，却是规矩。

　　规矩，是雷打不动的作息，是横平竖直的为人，是玉在人前的讲究。琢玉的道理，都在规矩里。

凌晨四点的规矩

　　联系王运岫，想实地观察一下他的工作状态，对笔者来说竟有意想不到的难度。电话打过去,王运岫答应得十分爽快,透着东北人的热情:"没问题呀,来吧,欢迎!不过你得起大早了呀。多早?我一般是后半夜起床……"

凌晨三四点,辽宁省岫岩县县城第一缕晨光还没露头,时年66岁的王运岫已经准时起床。雷打不动的作息时间,是他坚持数十年的规矩。无人打扰的宁静里,他可以心无旁骛地完成各项功课,最重要的,是把自己藏在画室,花上一个多小时的时间,仔细画活儿。精细描摹出的图样,古朴端正,等待后续工序的雕琢与成器。

越规矩的东西,越难。"素活"的手艺如此,横平竖直的做人也是如此。一块原石,历经千雕万琢,才会迎来璀璨现世的一刻。王运岫的从艺经历,也如璞玉终成大器一般,苦熬无数面壁躬身的日夜,守得云开见月明。

位于辽东半岛北部的岫岩,凭借特有的自然环境和复杂的地质构造,孕育出丰饶的玉石资源,被誉为"中国玉都"。岫岩玉石不仅储量丰富、质地莹润,而且色彩斑斓、适于雕刻。据考古资料和专家研究成果证明,在辽宁海城小孤山旧石器时代晚期洞穴遗址中曾发掘出距今2万~3万年前的岫岩玉石;在辽西、内蒙古境内的一些新石器时代遗址中曾发掘出距今4 500~8 000年前的大批用岫岩透闪石玉制作的精美神奇的古玉器。迄今所知中国最早的玉制品——旧石器时代晚期的玉制砍斫器,多用岫玉制成;中国最早的一件玉器——新石器时代早期的玉斧,是用岫玉琢磨而成;中国最早的玉饰品——新石器时代早期的玉玦,是用岫玉制成;原始社会雕琢工艺水平较高的代表性玉器——勾云形器,多用岫玉制成;中国(玉)龙的最早形象——新石器时代晚期的玉勾龙,也是用岫玉制成。可以说,早在原始文化阶段,岫岩玉就已创下了数个"中国之最"。

1952年,王运岫生于岫岩满族自治县偏岭公社,父亲是公社干部,母亲是家庭妇女,父母都与艺术行当相隔甚远,但却都有一双巧手,王运岫儿时对父母的美好记忆,就来自一件件淳朴又精美的家用物什。家里曾有一个老式的柜子,上面放了一尊座钟,母亲打扫卫生的时候不小心把座钟顶端的装饰造型碰掉了。那年代座钟也属于昂贵的陈设,母亲怎么粘补也安不回去,懊恼不已。这时候父亲回来了,一看,小事一桩,找来一块小木料,左敲右凿,母亲烧饭的工夫,父亲已经刻出来一座毛主席小像,下面还配有三朵小葵花。这件事深深埋在王运岫心里,他第一次意识到,一双巧手真的可以让贫苦的生活增添光亮。

王运岫跟随着父母,懵懂间也打下了一定的美术基础。到十四五岁时,他正是凭借绘画特长,被选送到岫岩玉器厂当学徒,在这里,他遇到了岫岩第三代素活大师贺德胜,以及费永祥、杨永珍等名师。王运岫说,那时候不兴拜师,车间主任把他拉过来简单交代了一句"你跟贺师傅学",就晃晃悠悠走了。"画工跟贺德胜学,做工跟费永祥、杨永珍学，但是对我来讲，师父领进门，修行在个人，主要还是靠你自己。"

王运岫在车间工作台上画活儿

王运岫在进行岫玉雕刻

杨永珍如今已经 80 开外，隔一段时间还会被王运岫派车接到厂子里。王运岫像当初学徒时一般，拿出原石，摆出作品，请师父指点。玉雕技艺早已青出于蓝的王运岫，是杨师父眼中最骄傲的徒弟。杨永珍说："我带的徒弟里，他是最省劲的，一点就破，在技术上甚至比我这个师父看得还清。他小时候是真吃了大苦的，因为做不好我真抽他，真说他，一点儿不带客气的。王运岫能走到今天，我这个师父起的作用其实很小，更多只是领进门，主要还是他对工艺方面比较钻。按理说师父是不应该说徒弟是天才的，但他的确就是天生干这行的料。"

王运岫所从事的，是一种叫素活的玉雕技艺。

所谓素活，是玉雕界的行话，指的是运用玉料仿制以炉、瓶、鼎、薰、壶、罐、樽等为代表的古代陈设器皿，其造型多借鉴秦汉以前的青铜器物，结构讲究比例匀称，纹饰讲求古朴典雅，体现了中国的传统美学。据岫岩当地县志记载，清末民初，岫岩玉雕的素活就达到了一定的水平，其中李德纯、李富的素活作品炉、薰、瓶等更是作为供品为皇室和达官贵人所收藏；同时，这个时期也是岫岩玉雕素活工艺的成长期。总而言之，岫玉素活工艺艺术长期受到一方民族民间文化的滋润，吸收了地方民间木刻、石雕、泥塑、刺绣、剪纸、影人、彩绘等艺术形式的精髓，融合渗透，逐渐形成了具有浓厚地方特点的艺术风格。

岫岩当地玉雕素活大师主要有三位，按照代际辈分排序如下。

第一位，李德纯，原籍河北，出生于 1875 年，13 岁学艺，后入皇宫王府琢玉。其玉雕功底深厚，雕技娴熟。清末时期在北平开办玉雕作坊，清末民初，因仰慕岫岩玉，遂由北平迁于岫岩，在城内落户，于南门里开设"德兴聚"玉器加工作坊。1954年，"北玉四怪"之一的王树森来岫采玉，意外与李德纯相遇，李甚为惊喜，借此求教技艺，王树森悉心指导，对李帮助很大。李德纯雕琢的人物、花鸟和炉具，有穿丝过梗、玲珑剔透之功夫，居当时岫岩玉雕行业之冠，民国时期誉满岫岩，人称"大京李"。

第二位，李富，出生于1902年，为李德纯之子。从小随父学艺，家传笃厚，后入岫岩玉器生产合作社，从事玉石雕刻。其作品浮雕纹饰古朴、线条流畅，文玩以玲珑见长。1956年，李富与其弟李荣精心雕刻的《和平鸽》，被国家选为新中国青年献给第六届世界青年联欢节（1957年在莫斯科举行）的礼物。1957年7月22日—28日，全国工艺美术艺人代表会议在北京举行，李富作为岫岩玉雕界的代表参加会议，受到了朱德委员长等党和国家领导人的接见，成为岫岩第一位进京参加全国工艺美术艺术代表会议的玉雕艺人。1987年9月李富逝世，享年86岁。

第三位，贺德胜，出生于1939年，岫岩县岫岩镇人，1957年入县玉器厂学习玉雕素活类，1962年被选送至北京玉器厂学习。贺德胜先后被确定为高级工艺美术师和辽宁省工艺美术大师。其作品结构严谨、气势雄伟，赋传统素活以新意，代表作为塔薰《华夏灵光》。该作品通体高3.15米，做工复杂，气势雄伟，为中西合璧之作，历时一年完成，在全国工艺美术"百花奖"评比中获金杯奖，被国家收为珍品，为岫岩玉雕史上奖级最高的作品。1995年9月25日，贺德胜因病逝世，终年57岁。

由于素活选料难、工艺复杂、延时费力，且长期得不到市场认可，经济效益不明显，很多匠人后来迫于生计都改做"雅活"，如做一些讨巧的人物、花鸟等赢取销路。而王运岫认准一样便坚持到底，从未动过改弦更张的主意。由于他对素活的执着和坚持，"李德纯—李富—贺德胜—王运岫"这条难得的岫岩玉雕素活传承链条，才得以接续下一脉薪火。

在王运岫的展厅里摆有一件花薰，这是王运岫素活技艺的代表作品。玉色一体，神龙顶花，气势昂然。盖碗式的造型，体现了传统玉器工艺中高难度的套料工艺，料中套料、小料做大，这样使一块玉料可以创作出增高近一倍的作品。花薰每一节的结合处都采用螺口相接的方法，接合紧密、上下垂直到位，工艺难度极高。最让人叫绝的当属活环活链，雕刻过程漫长艰难，还具备一定的危险性。因为在雕刻时，环链取材都不能离开原石整体，损坏任何一圈或一环，就会前功尽弃。因此，对于匠人来说，既要心灵手巧、拥有高超技术，还要胆大心细、敢于实践。

王运岫家中展示的花薰作品

🐦 一件活儿的诞生，一种料的"革命"

岫玉的雕琢成品由最初的小件如清代、民国时期的烟嘴、手镯等，逐步发展为 20 世纪 70 年代的中等件，再到 20 世纪八九十年代的大型玉雕作品。如王运岫当年跟随师父贺德胜参与制作的《华夏灵光》塔薰，通体高 3.15 米；鞍山玉佛苑所供奉的用岫岩玉石雕刻的玉佛像，高 7.95 米，重 260 吨，被列入吉尼斯世界纪录。

而一件活儿的诞生，无论是大是小，所需经历的繁复工序，其实都大体相当。

首要的一关，叫作赌石。为了购得一块原石，从前的匠人往往会赌上全部身家。破料的一刻最为揪心，三分靠眼力，六分靠经验，还有一分是运气。一刀下去，赌输了便是倾家荡产，赌赢了，得到一块上好的璞玉，还需后续若干精细巧思与妙手雕琢，才能卖出好价钱。

关于原石璞玉，古人早有论述，并有"以璞玉喻人品"的引申评价。例如，《艺文类聚》卷五十三引南朝梁元帝《为东宫荐石门侯启》："点漆凝脂，事逾卫玠；浑金璞玉，才迈山涛。"再如，唐代白居易《除孔戡等官制》有云："浑金璞玉，方圭圆珠，虽性异质殊，皆国宝也。"中国"四大名玉"，即新疆的和田玉、河南南阳的独山玉、陕西西安的蓝田玉以及辽宁岫岩的岫玉。长期以来，岫玉的种类主要包括：老玉，又称作"河磨玉"，质地朴实凝重、硬度较高，是极为珍贵的璞玉；碧玉，质地温润细腻，以通透少瑕为珍品；花玉，玉质表面呈油脂玻璃光泽，质地结构致密、色泽艳丽丰富、过渡自然，一石一景的独特性使它具有极高的收藏价值。上述几种传统的岫玉，价格都已不菲，让不少匠人望而却步。还有一种岫岩透闪蛇纹玉，俗称"甲翠"或"翠玉"，以其玉质白地绿花、玉色如翠似雪而得名。

　　各种岫岩玉的形成不是偶然和孤立的，它们都是在一定的地质背景下，经过千万年的沉积作用、变质作用、热液交代作用以及后来的地质构造作用和风化作用等而形成的。根据地质资料分析，岫岩区域在18亿年前，伴随强烈的变质作用和混合岩化作用、岩浆作用，经过热液交代作用，形成了蛇纹石玉和透闪石玉的原生矿床；六千万年前至今，即新生代地质时期，由于地壳运动，原生玉矿层抬升至地表，经过碎裂、风化和搬运作用，形成了次生砾石砂矿即河磨玉矿。

　　岫玉矿藏虽盛，却也是开发利用最早的一种玉石，而且延续时间较长，传播地区和范围也非常广。王运岫介绍，根据现有资料可大概勾画出一幅从新石器时代到汉代的岫岩玉石传播地图，以岫岩为起点，向北、西、南三个方向辐射。"向北，到吉林和黑龙江；向西，到辽西和内蒙古东南部，再折向南到今天的河北、山西、河南和陕西；还有水路，向南经过辽东半岛和渤海湾，能够到达今天的山东地区，然后继续到江淮以及长江中下游，甚至更远的地区。"王运岫所言非虚，近现代以来，从福建等地的出土玉器中，能够明显看到岫岩玉石的影子。

　　千百年的开采，终于让岫岩玉料日渐珍稀，增添了从业的难度，工匠或"难为无米之炊"，或面对高价玉料望而却步。此时，王运岫敏锐地发现，岫岩当地曾作为废料被遗弃的一种透闪蛇纹玉——甲翠，可以成为新料。其实，"甲翠"也不是它最开始的名字。甲翠的颜色白绿相间，两种颜色组成很好看的花纹，一般为微透明至半透明，质地较其他岫玉略粗。因其表面绿色花纹色泽鲜艳，很有些像翡翠，故当地人在以前称它为"假翠"，但因为考虑到商业因素，一个"假"字会使这个新的玉种在推向市场的过程中受到种种阻碍，故改称其为"甲翠"。通过偏光显微镜对甲翠岩石薄片进行观察，发现其矿物成分为蛇纹石与透闪石，几乎不含其他杂质矿物。

　　王运岫是当地第一个将甲翠用于素活的人。在降低采购成本的同时，翠玉色泽纯净的特质与崭新的素活作品有机融合，艺术效果更胜从前。业内公认，王运岫几乎是以一人之力，变废为宝，改变了翠玉这种原料的命运。

　　王运岫说，选翠玉作为素活原料，最主要的原因就是价钱。"岫玉好的都十几万元，咱们根本买不起，买回来，可能也不是一等料。因为咱们做素活，对料的要求特别高。在料形方面，需浑圆、方形之物，这在玉料中很难找到，因为玉料大都是不规则形态。在颜色方面，素活要求通体一致，这也为选料增加了难度。买不起岫玉，这时候我就发现其实岫岩的翠玉，不但价格低廉，而且从品相、品质上看，反

王运岫的徒弟们在用翠玉设计、雕琢作品

倒更加适合素活工艺的要求。也是抱着试试的心理吧，研究着做了几件作品，在市场上一下就打响了。我倒谈不上什么贡献，只能说是无意中给翠玉名声提起来了，也让普通的工匠买得起材料了。"

🐦 "材有美"，更要"工有巧"

在素活业内，王运岫的设计能力有口皆碑，他特别注重玉器纹理和造型上的巧思。"图必有意，意必吉祥"，千百年来，这些瑰宝承载着人们美好的祝祷，经由代代能工巧匠之手，雕琢为颇具观赏和实用价值的器具。王运岫则成为当世、当地能工巧匠的杰出代表。

设计，又称"画活儿"。玉雕设计一般由专职设计师承担，根据料坯大小、形状、色泽，因料施艺。设计师先在料坯上勾勒草样，雕工雕出雏形，设计师再进行二次设计，将雏形的各个部位用毛笔细细描摹，雕工再精雕细琢，如此循环往复若干次。设计师对雕工随时指导，有悟性者深明设计师意图，尽情发挥，往往收到事半功倍之效；设计师常根据玉料的内部情况，随时设计、随时修改方案，直至布局合理、结构紧凑、形象逼真、色调和谐、光泽晶莹、验收合格为止。

王运岫有一个生活习惯，随身必须揣着一支笔，走到哪儿画到哪儿。对世间万物细微形态的捕捉与归纳，成为他工作时成竹在胸、笔随意动的量化积累。他的妻子于晓伟说，王运岫特别爱写、爱画，只要眼前有笔，甭管有没有纸，想法、灵感来了，直接就在桌面上开画。开始她还心疼，想制止，后来发现，这事根本就控制不了。"另外，他还有个爱好。你看别的老头儿，看电视看个新闻联播啥的，他不，他不爱看新闻，他看电视最爱看的是古装的电视连续剧。他也不关心那里头的故事情节，只看人家片子里面古董架上摆的什么，跟着了魔一样。"

不俗即眼界，多思成匠心。对王运岫来说，最大的满足就在于，在这一眼眼的相看、一笔笔的勾画里赋予凡尘原料以崭新的性灵。

化腐朽为神奇，点顽石成瑰宝。笔者曾跟随王运岫，对一尊玉瓶的雕刻过程进行了全程记录。

王运岫将这尊玉瓶命名为"寿字瓶"。素活的雕琢，大都采用三围立体圆雕法，前后左右都进行雕刻，使器型如炉、瓶、鼎等实物一般，可以从任何角度欣赏。如果能确定出玉雕造型的各部位在玉料中的实际位置，那么就能够确定出符合自己的习惯的加工余量，对哪些体块的加工应当"吃线"、哪些体块应当"放线"、哪些体块应当推落至多深、哪些体块应当扭转，都要做到心中有数。玉雕师还会运用浮雕和透雕的方法在器物表面琢制出凹凸立体、轮廓清晰的纹饰，并用透雕的方法在浅浮雕或高浮雕的基础上将纹饰背景部分镂空，制作出层次错落、远近有别的花纹图案，用内雕的技法雕刻出从里到外多层的景物。

王运岫经过四十余年的潜心钻研，除了娴熟掌握多种雕刻技艺外，还练就了不少绝活。这件寿字瓶，在修型的过程中发现了一处瑕疵，也就是行话所说的"绺"。

脏、绺是玉器制品中之大忌，业内有"剜脏去绺"的说法。剜脏即把玉中的杂质去掉，使玉更纯洁、明亮。王运岫说，玉雕大件难以找到通体皆无一丝杂质的玉料，要尽其所能剜脏，余其形状，根据其特征设计作品，最大限度地利用玉料。在作品的制作过程中，玉体可能再次或多次显露杂质，如黑色或白色的米粒状杂质等，尤其是在正面的主要部位，这是设计人员最难处理的问题，均要尽力去掉或遮住。很多玉制作品因剜脏而改变原定结构，既要去掉脏斑，又要使其结构造型趋于合理，煞费雕玉者之苦心。绺即玉中之自然裂纹，没有一定的形状、方向和规律。岫玉加工在选料和琢玉中首先注重纹绺的处理，或顺绺锯玉或躲绺，去绺后根据料形进行设计。在设计后的雕琢中，亦多有再次出现纹绺的状况，需设计和做工者苦思冥想，使其去绺改形，收到意外之效。

王运岫决定用梅花眼技法对绺进行处理。这是王运岫聪明的地方，他说："为啥要用这种技法，实话说，就是玉料有点儿毛病，需要掩饰。但这个工作考验的就是你作为设计者的巧思和妙用了，你得知道怎么用这种手法。用对了，会化遗憾为神奇，地子也平了，透视关系和层次感还好，衬托纹饰也特别漂亮，你还以为是特意加上去的设计。另外，我还爱用一种鼓钉的设计，这也是在玉料有缺憾、凹凸不平的时候采用的补救方法。一般来说，你看素活作品，凡是打鼓钉的地方，肯定是有意用纹饰遮盖了下面的料的缺憾。"

打梅花眼的过程惊心动魄，讲究手稳、心定、眼准、神清。原本只是用来掩饰玉料瑕疵的梅花眼，此时无论是横看竖看还是斜看，都对称谨严，为玉瓶增添了无限神韵。

王运岫的徒弟苗志群在对玉瓶打梅花眼

王运岫点评徒弟梁东和苗志群的梅花眼制作水平

雕琢完成后，要用砂纸和柔石对其打磨和抛光。传统的做法以软木为磨具。其工序主要如下：第一步，将雕琢后之玉器用柔石手工打磨擦拭，去其粗痕，柔石大小、形状据玉件纹包饰大小酌情而定。第二步，在水凳上用细金刚砂将柔石在玉件上留下的细痕磨去。第三步，再用 360 号金刚砂纸擦柔。以上三步目的是将玉件磨到光滑、圆润，不遗留痕迹。第四步，在水凳上用水牛皮轮（大小不定）带动氧化铬打磨擦拭（大件作品用蛇皮钻），加深玉件颜色，其后用清水冲洗。最后，用蒸锅加热、刷蜡，再用布轮或布带擦亮。

历经数月多道工序，王运岫和众徒弟的辛勤工作终于等来验收成果的一天。玉瓶造型庄肃大气，颜色材质均匀如一，细节雕刻巧夺天工，福寿意象吉庆祥和。温润研磨的岁月质感，饱含智慧的匠心巧思，俱在这眼前的造物之美里。

他不能坏了自己的规矩

圣贤常用玉比人：温柔滋润而有恩德，谓之仁；锋利、有气节而不伤人，谓之义。王运岫骨子里的个性，恰与玉相合。懂他的人说他是素心忘我，不懂他的人觉得他又傲又倔、不擅变通。县城也是江湖，各色人等为玉、为利而来时，王运岫通常是最疏离、固执的那个。早些年，素活不受市场认可，很多同行都改行做小杂件，而王

素活不被市场认可时，陪在王运岫身边
不离不弃的除了徒弟，只有妻子于晓伟

运岫的店里，从没摆过一个杂件。

王运岫说："1995年，玉雕厂对素活渐渐淡忘，很多人都放弃了素活雕刻，改做杂件的简单加工。我不能让师父的手艺就这样断在我们这代，于是默默离开了玉雕厂，自己研究素活雕刻，靠在其他小工厂打工维持生计。当时生活十分困苦，但我始终没有放弃我深爱的素活艺术。在那五六年中，我一直观望着市场的动向，蓄势待发。2000年以后，我觉得时机已经成熟，就将自己的素活作品推向市场……"

他不能坏了自己的规矩。陪着他熬过困窘岁月的，除了徒弟，只有妻子于晓伟。于晓伟回忆："王运岫告诉我说：于晓伟，我这辈子就干素活，我不干杂件。你就给我卖，我给你半年时间，你卖赔了、一件没卖，我都不埋怨你，无所谓的事儿，咱们坚持下来，肯定能等到懂行的、喜欢的人。我说好。货摆出去半个月，我们市场里那一趟的店铺哪家都开张了，就我没开张，当时嘴上泡真起来了，晚上回家睡不着觉。但是这时候他还是一直鼓励我，从来没给我任何压力。其实他鼓励我，我也能看出来，他那也是在给自己加油打气呢。他得挺住，他媳妇儿必须跟他一起挺住。"

王运岫不为所动，哪怕连当地四毛钱一盒的香烟都买不起了，自己家的店里，也没摆过一个杂件。他也终于等来了识货的人。王运岫说："终于等到有一天，北京来了一个客户，进屋看了货以后就不走了，说这个、这个、这个，我都拿，多少钱？这个当时的价钱不像现在这么贵，才一万块钱，媳妇儿打电话问我卖不，我说卖，开张，以后肯定越来越红火。事实也的确是这样，搁那以后天天卖货。所以（素活）这个东西，你得让人看，让人品，有一个过程。搁那以后，这个市场就一点点打开了，一直到现在。"

王运岫是个可爱的人，他的可爱不只在于沉浸在玉雕世界时的专注，更在于他超脱于物质追求之外的自我世界里的信念与疗愈。该坚持的时候，他像手执长矛独挑风车的骑士、一人之力也要搬山的愚公，油盐不进，寸步不让；不该在意的地方，则嬉笑怒骂皆属平常，吃糠咽菜甘之如饴。

一个人的快乐与否并不取决于物质生活的好坏，一个人的骄傲和自我认同也不取决于现实地位与世俗标准的判定。很多岫岩玉雕界的同行，都目睹过王运岫早年生活的窘迫，对那时的他多少抱有一些怜悯或者误解，可王运岫觉得，自己过得比大多数人开心多了。当一个人内心充满着对手艺的坚持、对未来的笃定的时候，他真的会淡忘眼下的艰难。"四毛钱的烟都抽不起，可以抽两毛钱的呀。"再说，满屋子的玉器就是给他"续命"的期望，攥住这些宝贝，一时的误解和嘲笑，根本没必要计较。

每当有年轻的后辈带着自己的苦恼向王运岫讨教时，他总会以自己当年的例子进行开解："你们年轻人总觉得活着累，每一年好像都是最艰难的一年，要我说，你有这想法才是最累的。我当年累成啥样？家、房子、地都要卖了，累到最后我连抱怨的力气都没了，也就不觉得累了。干呗，干是啥，就是有乐观积极的心态，坚信自己还有可能性，还不至于一败涂地。那玉料埋在地底下，成千上万年无人问津，总有一天会被发现，成为宝贝，被人看见。人也一样啊！糟心的时候，看看这些玉，你就有力气了。"

王运岫带着徒弟们走上了与众不同的素活传承之路。在素活的技法创新上，王运岫在进行《华夏灵光》塔薰创作时，尝试将工业螺纹引入玉雕素活的创作中，并一举成功。现在岫岩市场上流行的岫岩玉保温杯所采用的螺旋盖子工艺，就是对螺纹组合的有效应用。不仅如此，王运岫还尝试将俏色技法引入到素活创作之中。在雕琢玉器四羊方尊时，他将玉料的白地绿花部分设计为方尊上口，将纯净绿色部分设计为方尊足部，将白色闪灰部分设计为四羊的身首部位。全器琢成后，犹如四羊头顶蓝天白云，站立在草地上一样。

在题材上，王运岫突破了素活以瓶、炉、罐、薰、尊等陈设器皿为主的限制，将建筑题材引入素活领域。他亲自到北京实地考察测绘，创作出《祈年殿》，在全国首届"天工奖"评比中获精品奖。"当我刚拿到《祈年殿》的玉料时，头脑里的第一个反应就是北京

王运岫的代表作品
《华夏灵光》塔薰

王运岫的庭院，以及家中的
玉雕陈设

的天坛，形状、大小、色泽都那么让人满意。我特地去了北京，两天一宿的时间，我省吃俭用，来回坐硬座，只花了98元路费外加一碗拉面钱。回岫岩后，我花了八个月的时间才完成了这个作品。但因为当时工作强度太大，得了腰间盘突出，有时候都疼得直不起腰来，但一进入工作室就像着了魔一样，什么都顾不上。"

2007年，王运岫成为岫岩玉雕国家级代表性传承人。提及这个莫大的荣誉，王运岫的心情却格外复杂："我的心情真的，很复杂，百感交集，有激动，有难过，也有沉重。我的技术得到了国家的认可，岫玉素活雕刻也被大家了解了，这一点我很高兴。可是想到师父贺德胜和费永祥去世得早，没能等到这一刻，心里很难过。记得贺德胜老师曾问过我：干素活最主要的一条是什么？我说：靠技术。师父摇摇头说：用一个字说是'爱'，用两个字说是'热爱'，用一句话说就是'打心眼儿里热爱'！"

精诚所至，玉汝于成，素活扬眉吐气，王运岫终于迎来属于自己的时代。

这是他"艺在人前"的规矩

如今王运岫的工作环境已今非昔比。两座小楼里，制作车间、宿舍、餐厅、浴室、展厅一应俱全。自家的菜地，不光为了自给自足，也是妻子于晓伟的有意安排，能让王运岫枯燥的雕琢工作增添点儿活力。

慕名而来拜师的人多了起来，王运岫既是严师，也像慈父。虽已年过六旬，但论起待在车间和画室的时间，王运岫一点儿都不比这些徒弟们少。

大徒弟马凤田如今已有自己独立的工作室，王运岫每周都会来这里一趟，还像从前一样，指点一二。在手艺人的行当里，徒弟自立门户之后，师父还能如此尽心尽责的，十分少见。马凤田说："我们爷儿俩接触能有三十多年时间了，我师父的为人，在我们岫岩县玉雕行业可以说是屈指可数。老头儿有个性，非常有个性。他自己说的，我从事素活，横平竖直，直来直去，规矩。什么叫规矩，老头儿说这就叫规矩。"

在与王运岫的近距离接触中，笔者多次感受过这位被同行尊称为"老头儿"的玉雕大师的可爱个性与规矩。2019年7月3日那天，有一场"两岸三地玉文化专家岫岩玉文化研讨会"在县政府举行。官员、学者们纷纷发言，其中不乏精彩、对从业者有很多启发的内容："工艺品如何向艺术品转化""东北人的造型能力是天生强悍"……笔者从旁观察王运岫的参会神情，喜怒好恶完全搁在脸上。听到有真知灼见的发言，他立马从刚入会场时的瞌睡状态醒来，热络讨论，"金句"频出，还盛情邀请几位专家第二天到他家做客。而当听到身边某位同行一味说空话、套话甚至吹捧领导的话时，他则毫不掩饰脸上的厌烦。会议结束后，他背着手走出会场，冲笔者一乐："那话他咋好意思说出口的？"

王运岫参会时习惯坐在角落

王运岫傲吗？这个问题得从两方面来看：没出名的时候他也是这么傲，或者说倔；而出了名之后，他依然保持着强烈的个性与锋芒，不了解他的人自然觉得这人不好接近。

真正懂他的，还是质朴的玉雕匠人。一位年轻的匠人对笔者说："王老师这人吧，刚开始看了真犯怵，也看不出来他是欢迎你进门还是不欢迎。可聊上几句，他觉得你没藏心眼儿，是干活儿的人，态度马上不一样，啥都教你。"一般来说，上午九点之后，王运岫家中来往的客人就不会断，卖料的、赏玉的、求教的，络绎不绝。此时的王运岫，与三五知己和年轻后辈在一块儿，满脸笑容，无比放松。

王运岫与本书作者合影

岫岩当地有位擅长雅活的师傅孙立国，正在用 118 吨玉料制作气势恢宏的玉雕长城。作品中的长城、亭台楼阁都属于素活，技术难度极高，王运岫欣然前来加以指点。同行的作品充满了雄心，一旦完工，必将轰动业内。王运岫却毫无顾忌，尽心帮衬。这是他"艺在人前"的规矩。横平竖直，忘我成器。人在磨玉，玉也磨出了王运岫的匠人心性与有口皆碑的人品。

回到家中，夜色渐深。前一年王运岫得了一场病，体力大不如前，妻子与徒弟会在每天这个时候陪他一起锻炼身体，小院里终于有一刻的闲暇，与玉雕无关了。徒弟们在师父关切的目光中沉沉睡去。几小时过后，这样忙碌的节奏又会准时开启。

王运岫的名字中带一个"岫"字。岫出祥云千古秀，岩蕴美玉万年春。这份冥冥中注定的"玉石情缘"，必将伴随他的一生。守着艺，守着玉。视玉若宝，坚守如初。

岫岩当地有一座"玉石王"，六万吨的体量，矗立在一片荒地上，被围栏高高挡着，等待着什么。这里也是王运岫最爱来的地方，他背着手绕着玉石王走了一圈又一圈。跨越千万年的时空转换，破土而出，玉石王与王运岫郑重对视。面对如此雄伟神奇的自然馈赠，唯有苦心孤诣回以造物之艺，方不负乡土，不负天地。显然，王运岫还在酝酿更宏大的命题。

匠心画虹，与不测山水周旋

——木拱桥传统营造技艺国家级代表性传承人董直机

2018 年 4 月 19 日 14 时许，木拱桥传统营造技艺国家级代表性传承人董直机在浙江泰顺家中因病去世，享年 94 岁。匠心一生，技艺永存，"绳墨董直机"融入"中国廊桥之乡"的山水之中，廊桥之梦，一梦永恒。

泰福廊桥的意外发现

山色如娥，波纹如绫。一架虹桥浮潜苍茫幽情，才分渔火岸，正及稻花天。这是最富诗意的江南美景，点缀在山水之间的皇皇廊桥，迎来送往着千百年的民间俗常。

　　浙江泰顺，千桥之乡。境内没有大江大河，但几乎每个乡镇、村落都有溪水流经，封闭的山地、蜿蜒的溪水，为村民提供了安身家园，也为廊桥的出现、匠人手艺的施展创造了条件。泰顺廊桥，已成为一种地理文化概念，是泰顺乡民富有特定生命意味的文化符号。对泰顺人来说，桥就是故乡，造桥人、守桥人和村民们一起，守护着对故乡的情感。

　　走进泰顺县罗阳镇岭北乡村尾村，生于 1925 年的董直机老人，是当地最具名望的造桥"老董司"。

　　董直机与廊桥结缘是在少年时期。13 岁的他去邻县走亲戚，被当地正在修建的一座廊桥所吸引，好奇地守在木工师傅身边，从天真地打量到懵懂地帮忙，由此开启了他情系廊桥的一生。董直机在生前最后的一次访谈中，回顾过这段历史："我13 岁的时候去杨梅州，那儿在历史上就是福建与浙江连接的要道，峡谷的上游是地洋村，下游是李家山村，与我们泰顺毗邻。我就看见有一群人在造桥，一个是好玩，另外还能有工钱，我就跟着一块儿学了。当时有个师傅，70 多岁了，宁德人，摸着我的头叫我'小鬼'，他说小鬼你拜我为师吧，我教你造廊桥。我就跟着他学了。"

　　那位摸着董直机脑袋管他叫"小鬼"的老工匠，叫谭克进，是名闻浙闽的"造桥大木师傅"。董直机得到谭克进等人的悉心栽培，成长迅速，19 岁出师，20 出头就被委以重任，负责建造岭北上垟村的石拱木平廊桥——泰福桥。

　　随后数十年，由于资金匮乏等多重原因，廊桥不再兴建。董直机建造泰福桥的这段往事就被淹没在时代风尘里，不为人知。

　　20 世纪 70 年代末，著名桥梁学家茅以升在进行中国古桥技术史项目研究时，首次发现了泰顺廊桥并认定其为中国古代拱桥的代表。泰顺廊桥从乡间跨入了世人眼帘，廊桥文化逐渐成为研究泰顺历史文化的核心。泰顺县有关部门按图索骥，在全县范围内寻找掌握木拱桥营造技艺的工匠。

　　2003 年，当地的文化干部在泰福廊桥考察时，发现这座建于民国年间的廊桥主梁上，有"绳墨董直机"字样。所谓"绳墨"，也就是负责廊桥修建的大工匠。当人们在村尾村一棵古树下的石桌前寻访到他时，董直机已是年近八旬的垂垂老者。他是当时浙南地区发现的唯一能运用传统技艺建造木拱桥的老工匠。

　　温州市非物质文化遗产保护中心副主任季海波回忆道："专家们在考察泰顺各处廊桥的时候，刚好在泰福桥上面看到了'绳墨董直机'这几个字，最主要的是看到那个落款，上面写着'民国三十八年'，也就是 1949 年。然后我们就做了一个假设，说这个绳墨董直机他 20 多岁造这一座桥，差不多六十年过去了，他如果身体硬朗的话，现在 80 岁左右，也许还在人世。到后来我们根据这个名字，到了村尾村，看到一群老人正在那里下棋，我就问村里有个叫董直机的吗，董直机正好坐在那里，说'我就是'。当时我们这群人的心情哟，跟发现了宝一样！"

当年的造桥主理人找到了，却是垂垂老矣，尚能饭否的疑虑，深埋在所有人心里。季海波等人问他：您还能造桥吗？董直机说：能啊，而且我一直有很多想法，但几十年里一直无法实现。董直机的遗憾是一直没能造上一座真正属于自己的编梁木拱廊桥，这个愿望深埋在他的心底，一藏就是五十多年。谁道人生无再少，门前流水尚能西。当时代再次选中他时，以近八旬高龄再次出山的董直机，毅然接手同乐廊桥的"主墨"重任。季海波回忆："一看这 79 岁的老人家，居然是自己拿着斧头就上去劈木料了，那样一种阵势，一方面是他想向我们展示他的体力还在，同时也能看出老人心里的急迫感。后来我们了解到，近六十年里他虽然没有再造过桥，但是他一直没把技艺丢掉，转成替人家建木构件的房子、凉亭，对于木头的使用，对于木构件的尺寸的把握，对于榫卯之间的这个理解，他都把握得很好。"

2003 年 9 月，同乐廊桥开工。这是半个多世纪以来，泰顺的山水之间首次重现木拱廊桥营造的盛况。董直机觉得肩上的担子很重。他说泰顺人造桥真的非常不容易，因为造桥需要很大一笔钱，具体需要多少，由桥的跨度、规模决定。直到今天，造桥的钱通常都是乡邻们好不容易凑起来的。过去村里造桥，有的村民穷，但也一钱、二钱、三钱地捐，或捐几根木头，如果什么都没有就捐工，扛木头，干几天不要工钱的活。这些捐助行为都会被刻在廊桥上，或镌于石碑上。廊桥的绳墨承受的压力最大。廊桥建成之时，他们的名字将被刻在栋梁之上，而栋梁，被乡民认为是神仙从天上进入廊桥的地方。

董直机再次担任了绳墨，画过的图纸，叠起来可以论斤算。有时候为计算一个数据，几天吃不下饭，睡不好觉。他常常半夜醒来就再也睡不着了，点上灯，面对一堆图纸、模型，一直琢磨到天亮。他严格按照传统营造技艺架设修建，109 条木梁，衔接处没有用一枚铁钉。直木穿插、编织、别压、咬合，木头之间卯榫对接，上下相互叠压穿插，左右环环相扣，拱桥与廊屋互相交锁。隐身于云海深处的无名匠人董直机，利用一度被外界认为已经失传的营造技艺，科学地解决了大弧度拱跨受力难题，令人啧啧惊叹。

历时两年多，同乐廊桥于 2006 年 12 月正式圆桥。圆桥也有许多讲究。前一夜，村民请来道士在桥头做了整夜法事。至清晨，桥头还有当地"吊九楼"的表演，也是一种法事，将九张八仙桌叠成九层高，道士在顶上念念有词。他们说，那是村民们希望本地的土地神之类的各路神仙都能好好接纳这座新来的桥。圆桥仪式上的那最后一块木板，是董直机亲手放上去的，他的外衣外面罩了一条木匠师傅的夹缬围裙，右手握着斧头，左手拿着尺子。在两位徒弟的搀扶下，抬眼望向廊桥廊屋屋顶的那一刻，他眼里泛起泪花，两手在轻轻地颤抖。也就是这最后一块木板的一锤定音，让泰顺人终于可以向全世界宣布：古老的木拱桥建造技艺，依然在泰顺流传，泰顺依然有一名能熟练建造传统木拱桥的艺人，他的名字叫董直机。

❦ 广度一切，犹如廊桥

关于编梁木拱桥结构的神奇，董直机曾有一段总结，说的是"三无"和"四要"："三无"是无钉、无铆、无桥墩，"四要"即要运用顶、别（编）、撑、压这四种力学原理。这种结构不用钉铆，只需用相同规格的杆件构建。在廊屋的重压下，拱桥桥体各构件间产生摩擦力，反而越压越紧。董直机拥有一架编梁木拱廊桥的模型。他运用灵巧的双手，便可以在几分钟之内将这个模型拆成一堆零件，又能在片刻之间，用传统方式"合龙"成一体。然后，他还常对着"观众"怡然自得地说："坐上来试试。"小小的模型真的能承受一个人的重量，那么编梁木拱桥的承受力也可想而知了。

董直机犹如传说中的"扫地僧"一般，重新被世人发现后，慕名而来的施工单位络绎不绝。有一年，安徽省某地想造座廊桥，重金邀请董直机去指导。到了现场，他直言不讳地指出，起承接作用的一个部件"牛头"宽度不够，承受不了上面廊屋的重量，一旦刮起风来，就会把桥整个刮毁。对方接待人员面色复杂，说：董老，这个设计图是经过多位省级工程师鉴定过的，并盖了章，不能再修改。董直机摆摆手，回家了。事后得知，那座桥始终没能建起来。董直机说："为什么以钢筋水泥浇筑出来的大家伙，有时候还不如手工折腾出来的老桥结实耐用呢？现在科技这么发达了，新闻上还总说什么'豆腐渣'呢？答案就是良心与责任。其实在过去，也有桥建好之后没多久就散了架的，当时担任绳墨的木匠就会声名扫地，以后怎么会有人请他做活儿呢？那是一辈子抬不起头来呀！良心摆正，这是造桥匠师的本分。"

廊桥无言，铭记的是有德者的耿直灵魂。董直机指点我们观看廊桥屋檐上悬鱼和惹草形状的装饰物。悬鱼、惹草都是水中之物，可以镇火，保护木构桥梁；而这"鱼"背后，其实还有一层与清廉有关的深意。在古代，桥梁道路是王政之一端，修一座桥，是为官者政绩的体现，也是道德、善行、美好愿望的载体。悬鱼亦体现了人们期待清官护佑桥梁。《后汉书·羊续传》中有个典故：一位府丞曾经向羊续送鱼为礼，羊续接受了并把鱼悬挂在屋檐上。府丞再次来送礼的时候，羊续走出门外，指着悬挂的鱼干，以此杜绝了对方的送礼行为。悬鱼从此也就成了为官清廉的象征。董直机说："古人将造桥、修路、建庙，看作是为自己修来世福的机会，基本不可能出现贪污行为。"

一山一水一廊桥，在泰顺，廊桥既是交通建筑，又寄托着当地人的虔诚信仰和风水理想。

广度一切，犹如廊桥。在喝山溪水长大的泰顺人的观念里，水是村人的命，也是村人的财。先民选址居住时，水为第一要素。无水不看山，有水必有桥。横跨于水口的廊桥建得如何，关系着一个村落的兴衰。一座桥起来了，周边会跟来一串商铺，搭起戏台；人们在桥上设神龛，于此祭祀。这样的古廊桥，早已不只是一座建筑了。廊桥上一般都设有神龛供乡民祭祀，有的并不设在桥屋中，偏在一旁，或正对桥头路冲。祭祀的对象如观世音菩萨、门神、关公，以及文昌帝和财神爷，更有一些当地特有的杂神和半神，如陈十四夫人、马仙姑、忠烈王等。每月的初一和十五可以行祀，每年的正月是祭祀最隆重的时期，乡民从四面八方聚于桥下，摆牲献祭，焚香祈福。

这样"桥庙一体"的独特景观和风俗印记，在董直机担任主墨的同乐廊桥上，也得到了沿袭。廊桥成为连接人心与乡愁的纽带，与周围的祠堂、古塔一起，见证着今天的泰顺人的祭祀祈祷、民俗日常……

一架虹桥浮潜苍茫幽情，既是交通建筑，又寄托着当地人的虔诚信仰和风水理想

董直机重回同乐廊桥，
难掩激动

即便是董直机自己，老来重回同乐廊桥时，也总是难掩激动之情，那是他作为"老董司"最骄傲时光的见证。

董直机在被人们重新发现后，暮年的代表作，主要是两座木拱桥，一是同乐桥，二是琼华桥，在温州三垟湿地公园。两桥各有特色。季海波评价："董直机掌握的这一个技艺是非常传统的，至少从他师父到他这里，几乎没有任何变异，几十年里他也没有受到过外界信息的干扰，以前老一辈怎么建，他就怎么建，所以对于古法的继承，可以说是原汁原味。"

2009年，董直机成为木拱桥传统营造技艺国家级代表性传承人。他先后带出6个徒弟、4个专业从事木拱桥营造的团队。濒临失传的技艺，从董直机一人掌握到多人从艺，通过一座座廊桥的实地营造，实现了活态传承。这位一生建桥、守桥、护桥的老人，无比欣慰地坐在他那间"泰顺编梁木拱桥纪念馆"小屋中，与慕名而来的参观者抚今追昔，畅谈廊桥文化。

徒弟领命，超高难度的廊桥修复如何完工

董直机说：我人虽然老了，但是头脑还在廊桥上。

世间万物有盛衰，人生安得长少年。随着晚年病情的加重，董直机这位饱经风霜的传奇老人，逐渐淡出营造廊桥的一线。接续在老人身后的，是他的几位高徒。在董直机与病魔抗争的最后一年时光里，师徒们紧密配合，完成了一项超高难度的廊桥修复工程。

2016年9月15日，台风莫兰蒂侵袭泰顺局部山区，百年难遇的洪水，令国宝级的薛宅桥、文兴桥、文重桥轰然倒塌。村民们从灾后泥泞的河道沿岸捡回上千件大大小小的原木构件，百年廊桥等待重生。

季海波永远记得，廊桥被冲毁的那一天，他站在现场痛哭流涕。"它在村子里是最高大的一个建筑，我们都叫它'大桥'。当它在的时候，没有觉得什么特别；当它不在的时候，情绪就呈现一种紧绷的状态。"董直机提醒季海波，廊桥的历

史，其实就是屡毁屡建的历史。老人的一句提点，让季海波猛然醒悟，修复古廊桥并不是天方夜谭。

而且，当地村民已经循着祖辈的习惯开始行动了。薛外村村民薛细云的太公曾是修建薛宅桥的捐资人之一。薛细云沿着溪流跑了两天、65公里的路程，一直寻到了福建境内，搬回100多个桥木小构件。实难想见，这是一位年逾古稀的老人所能做到的事情。第一块桥木在一个回水湾里，之后在下游的车站对面又找到了五十几根，能拉动的他就自己用车载了回来，拉不动的就叫上人来一起拖回去。泰顺洪水多发，当地有一种说法叫"发洪水财"，意即趁着发洪水，捞一些上游漂下来的物件做家用。可这一次，这句老话却很默契地普遍"失灵"了。

"村里一个青年去水库钓鱼时，捞到一个有雕花图案的木构件，这种物件其实是能卖到一定价钱的，但他捞上来之后就送过来了。"这样的村民并不在少数。季海波感叹道，当桥被冲走时，所有的人都是自发去抢救，这是从祖辈开始流传下来的习惯。一百六十年前的洪水冲桥，整村的人跟下游的人也是一样的，自发去抢救木构件。"他们往往是一群群地把木头搬过来，当时激动得只数了木头，却忘了登记他们的名字，很多人也不肯留名，最后记在本子上的只有七八个人。这种优秀的传统文化是一代接着一代延续下来的，被大家所认同。所有的人都因为桥而激发出了文化遗产的保护意识，这是对民众文化遗产保护意识的重塑，也是将老祖宗留下的优秀本质激发出来。"

2017年3月25日，开工仪式上，董直机的三个徒弟各自领命，由郑昌贵带队负责修复薛宅桥，曾家快负责文兴桥，赖永斌负责文重桥。如何将这些颇具历史价值的古代廊桥"修旧如初"，把非遗传承和文物修复完美地合在一处，徒弟们谨记师父的教诲，各显身手。

木拱廊桥的技术难度主要有两点：一是其独特的编织拱结构，需要巧妙的设计与准确的计算；二是高山深涧的地理环境对施工技巧有着超高要求。加之此次三桥重建需要尽可能地采用原木构件、恢复原貌，更是难上加难。

光一座薛宅桥就捞起了1 200余根桥木。三座桥，几千根木头，在事先没有编号的情况下，完全打乱了顺序，要按原样修复起来，无疑难度极大。而且，并不是每根抢救回来的木构件都可以重新上桥。有的外观完好，但内部已经损伤，再使用就无法达到安全性要求。省古建院的专家团队先后近20次来到修复现场指导修复工作，现场施工团队采用"专家团队＋图纸数据＋现场原构件＋传承人经验"的方式，对每一件木构件施工前都有方案登记，施工过程也有图片留档，安装归位后则有位置记录。

坐在轮椅上的董直机，口齿已经含混，依然强打起精神为徒弟进行着最后的指引。传统的造桥工匠，在竹笔、矩尺与墨斗是仅有的绘图工具的条件下，构建比例的计算几乎是"在脑子里完成"的。如今的工匠，虽有与时俱进的绘图工具相辅佐，但关键环节、重点构件依然需要跟前辈匠人一样，以手问心，仔细测量。

在此次修复中，三座桥的牛头梁都选用了新木。作为木拱桥中受力的关键，牛头梁的木料年份，甚至何时伐木，都有着诸多讲究。工匠们跑遍了当地大大小小 17 个山头，但这些树不是年份不够，就是树身太老，不宜砍伐。几经波折之后，他们终于在一条正在修建的高速公路旁找到了 21 棵符合要求的老树。

冥冥之中似有天定，这 21 棵树，除了成为牛头梁的绝佳木料，也在三座桥的修复中充当了许多关键的配件，而且全用上了，一棵不多一棵不少。

关于修复时到底采用何种木料，徒弟曾家快一直谨记师父的教导："现在不一样了，你可以买外国的木料，想要什么样子的都可以，想要多大、多结实的都可以。但是，我师父提醒我一个问题，我们在做的是修复古廊桥的工作，外面的木头是不是合适我们这里？它必须要合适我们这里才有用，所以说有些东西，有些木构件，我们还是用当地的，不敢替换它。"

7 月 14 日，是薛宅桥搭拱架上剪刀撑的日子，由董直机的徒弟郑昌贵负责。

编梁木拱廊桥的基本组合单元是 6 根杆件，纵向 4 根，横向 2 根，主视图呈"八"字形。利用桥体受压产生的摩擦力，构件之间就会越压越紧。

三节苗，是木拱结构最先构建的部分。取 9 根柳杉木，一头制成卡口，顶住桥台的枕石，另一头制成直榫，连接韧性好、硬度强的棱柱体横梁大牛头，组成一副三节苗斜苗，同时，在河道的另一边的桥台上，如法炮制

徒弟郑昌贵负责修复薛宅桥

另一副三节苗斜苗；两副斜苗之间再用数量相等的平苗相连接，以燕尾榫方式将平苗由上向下打入两边的牛头横梁中，至此，两副斜苗和平苗连成"八"字形三节苗结构。

桥头两边竖立将军柱后，通过穿插别压构建五节苗，包括上下斜苗、上下小牛头横梁和平苗，完成后的五节苗完全与三节苗编织在了一起，共同来承受、传递桥受到的向下的力。为了让桥体更稳固，用"X"字形剪刀苗，来避免拱跨左右摇摆；由于桥板苗比较长，所以又在它的下方，用俗称"青蛙腿"的组合架支撑，有效加强了桥板苗的刚性。编梁木拱结构以小构件形成大跨度，通过穿插别压，三节苗、五节苗系统相互支持、分担受力，共同承载廊屋的重力。

有经验的老师傅从选址、备料、开工、营造到竣工，整个过程凭借的就是经验和眼力。而具体到搭建的现场，则要求工匠们徒手攀上柱架，匍匐蹲爬，凿锤修葺榫头卯眼，全程高空作业，看得人惊心动魄。

被洪水冲毁的百年廊桥，就在这样日复一日的相看、测算、凿击、打磨中，渐渐复原成形。

☛ 上梁的日期近了，董直机已无法亲临

在与董直机的交往过程中，季海波从普通的非遗工作者，渐渐成为廊桥文化的自觉参与者、守护者；而董直机也把季海波当成莫逆的小友，将关于造桥的所有学问尽数托出。很多时候，季海波也会疑惑，廊桥为什么会得到那么多人关注？它究竟承载了什么？从物质上看，廊桥只是承载了一百六十年来的文物信息，"但远远不止，它承载了所有人的情感，一代又接着一代"。季海波说，那是一种精神上的愉悦。通过廊桥，我们可以看到泰顺乃至温州地区非常精彩的一种文化积淀。廊桥文化里有提线木偶戏、药发木偶戏、仕水碇步舞龙、畲族民歌等，它们是构建在一个文化生态整体里面的，因为桥，它们逐步被人所认识，更重要的是，瓯越大地上这种优秀的传统文化，通过桥这条纽带，展现在世人面前。"所以非遗是活的，它就是生活，它是以前的生活，一直延续到现在的生活。"

在整个造桥过程中，开工与上梁是最重要的两个日子。

开工伐木前，"首事"需对栋梁木行整整七天的祭祀之礼。等到伐木这一天，被选中栋梁树的主人，会得到首事赠予的两个红布袋，一个装红枣、花生、莲子、黄豆等"八宝"，一个装面条、毛巾、108元现金等。砍伐的角度方位也有要求，东方先砍三斧，而后西方砍四斧，寓意"前三后四"（为古时匠人讨口彩的说法）。

董直机抱着病体，指导季海波（中间站立者）等后辈修复廊桥

按照习俗，栋梁木是不落地的，因此，砍下来的栋梁木要落在预先准备的木架上，梁头梁尾要扎上红布与青叶子，寓意为兴旺长青。抬栋梁的人需要精挑细选，要选村中父母都健在且生了男孩的壮年人来，一直抬到木匠师傅装备的高位木马架上，并一直祭祀到上梁那一天。

2017年9月15日，薛宅桥上梁。作为薛宅桥的主墨，郑昌贵遵照祖制仪轨，择吉时，行祭典，遍请鲁班仙师、巧匠三娘等各路上仙，焚香祝祷，邀请首事和当地贤达将红绸裹于主梁之上，以求鸿运当头、工程圆满。郑昌贵神情庄重，朗读颂文，宣告紫微星君驾临庇佑合境平安。古朴的仪式感不是浮于表面的玄虚，而是唤醒人们内心对廊桥和生活的尊重。董直机对这里的学问有过讲解，他说："那个叫'喝梁'。这是鲁班仙师传下来的规矩。我们这里的风俗是：家里亲戚房子上梁，近亲都要蒸馒头带来，让上梁师傅带上去，上好梁以后喝梁用。上梁师傅喊'鲁班师傅到哇'，下面拿锣鼓的人就会答应一句'到'，并敲一声锣鼓……"

上梁之后，桥面中间仍然留下一块空缺。这是因为，桥的正式落成还必须经历圆桥的仪式。这就如同婚姻中的圆房，具有最为隆重的圆满完工的象征意义。

2017年12月16日，圆桥之日。泰顺四方百姓会聚于此，宴百家，舞长龙，敲锣鼓，放烟火，热热闹闹地宣布桥的重生。此刻，三座廊桥仿佛落虹，静立溪上。登桥远眺，是绿树清溪数里；凭栏细观，是新木旧料交织。百年廊桥终于重获新生，村民们又可以像从前一样，在山水之间、廊桥之上有滋有味地生生不息。锣声、鞭炮声、人们对工匠的致谢和彼此的祝福声，打破了山村的宁静，而此时，病重在床的董直机，已经无法亲临现场见证家乡盛事了。这三座深藏着古代匠人智慧，又融入新的技艺实践的廊桥，便是董直机借徒弟之手，留给世界的最后礼物。

2018 年 4 月 6 日，季海波看望卧病在床的董直机，那时的董直机已经没有办法坐起身子，连说话的力气都没了。可是当见到来的人是季海波时，他突然开口说了一句话："我们可能不能再相见了。"两行浑浊的泪水慢慢滚下，老人紧闭双目，再不发一言。季海波难忍悲痛，握住老人的手说："知道您有太多舍不得。"

2018 年 4 月 19 日，董直机在家中去世。廊桥深筑于心根，碧涧长流于念头。木构梁架的结构形态，早已升华为理想家园的图腾印记，而匠人营造的巧夺天工，也在人与自然之间，赋予了触手可及的乡愁温度。一切的美好与神奇就这样连接在桥的两端，融入绿水青山，既平凡，又珍贵。长空一道飞虹渡，人生相见会有时。董直机老人的名字，印刻在他精心搭建的时光虹桥上。匠心烛照后世，手艺代代传承。

长空一道飞虹渡，廊桥，是董直机老人留给后世的珍贵礼物

人生知味酿酒香
——北京二锅头酒传统酿造技艺国家级代表性传承人高景炎

一坛老酒，是天地自然的馈赠，也是人类智慧的结晶。农民的辛劳成就作物的丰腴，高粱小麦汲取天地的灵感而颗粒饱满。辛劳和收获又在甘露的调和下，在酒匠的妙手里蒸馏、拌曲、发酵、装甑，最终蜕变成丰俭由人的玉液琼浆。诗酒才情、酿酒技艺，融入民族血液，成为中国人特有的生活方式，既有"对酒当歌，人生几何"的感喟，也有"只作披衣惯，常从漉酒生"的野趣，代代不息。

而说起北京城的名酒，二锅头是永远的乡愁。"清香纯正、醇厚丰满"的口感，历经八百年余香不绝。

酿酒之艺，代代传承。北京二锅头酒传统酿造技艺国家级代表性传承人高景炎，堪称近几十年内行业内最具影响力的人物。极具平民色彩的二锅头白酒酿制的背后，是高景炎"一入酒乡是一生"的执着坚守。

南方小伙结缘北京二锅头

1939 年 8 月，高景炎生于江苏常熟。1962 年 8 月他毕业于无锡轻工业学院发酵工学专业（即现在的江南大学生物工程学院前身），而后分配至北京酿酒厂。来自南方的毛头小伙，就此与北京二锅头结缘一生。高景炎的专业所学，与传承八百年的传统酿造技艺相遇，是特殊语境里"服从分配"的顺理成章，也是时代因由的某种命中注定。他说："我那时候在学校，基础课程主要是化学，包括普通化学、有机化学、物理化学、生物化学，后来学微生物学、化工原理，最后学的专业课一个是酒精，一个是化工溶剂，另外我还学了抗菌素。我当时印象最深的是搞校办工厂，我参加了，专门搞食用的金霉素、土霉素等等，这些经历，对于我后来到北京二锅头的工作，应该说打了一个比较好的基础。"

意气风发又有些许胆怯的南方小伙高景炎来到了北京前门粮食店街，首先迈步走进的是源升号旧址，这里记录着北京二锅头酒的缘起。

北京二锅头酒酿造技艺之萌芽，可追溯至元代的烧酒。李时珍《本草纲目》里描述过元时始创的烧酒"用浓酒和糟入甑，蒸令汽上……"，说明甑桶蒸馏技术在元代已有采用。书中还载："近时唯以糯米或粳米，或黍或秫，或大麦，蒸熟，和曲酿瓮中七日，以甑蒸取。其清如水，味极浓烈，盖酒露也。"这说明固态发酵工艺和固态甑桶蒸馏在明代已经成型。到了清康熙年间，固态发酵工艺和固态甑桶蒸馏技术得以进一步提升，功不可没者当属源升号的创立者赵存仁、赵存义、赵存礼三兄弟。他们发现京城烧酒的口味有好有坏，时而浓烈呛喉，时而寡淡无味。经过多次技术试验，三兄弟一致认定，只有用第二锅水蒸出来的酒味道最好，不烈、不淡，醇厚爽净。他们随即发明了"掐头、去尾、取中段"的酿造技艺，狠心撇掉第一锅和第三锅酒，最终酿造出品质清绝、甘烈醇厚的美酒，从此一炮而红。这种酿造技艺，在许多古籍中都有记载，例如清代杨静亭《都门杂咏》、清代童岳荐《调鼎集》等，并有众多与酿造二锅头有关的老物件留存于世。康熙五十年（公元 1711年），皇帝下旨举办"千叟宴"，源升号作为京城颇负盛名的酒坊，有资格进贡美酒。席间，源升号所供之酒，酒香弥漫，酒色纯净，入口绵甜甘冽，荡气回肠，不同凡响，得到了康熙皇帝与百官的赞赏。源升号得到御笔亲题牌匾，随后成了朝中大臣朝后议事、诗酒往来之所。

从第一代的源升号赵氏三兄弟起，这种传统的酿酒技艺，靠着酒匠师傅的眼看、鼻闻、口尝、手摸、脚踢等方式传承至今。1949 年 1 月 31 日，北平和平解放。当时京城的 12 家老酒坊，大多早已处于停工的状态，只有源升号维持着经营。

新中国成立初期，华北酒业专卖公司
实验厂，厂门有战士持枪把守

高景炎介绍，新中国成立前，烧酒的叫法很多，叫"白干"的，叫"高粱"的，叫"土烧酒"的，叫"干酒""炮子酒"的……为了工业化的规范，政府将工艺和原料类似的烧酒统一称为"白酒"。1949 年 4 月，中央税务总局、华北酒业专卖公司在京召开首届酒业经营管理会议，决定对酒实行专卖，停止私人经营，同时决定在北京成立华北酒业专卖公司实验厂。建于建国门外八王坟的华北酒业专卖公司实验厂，就是北京红星股份有限公司的前身。实验厂接收了12 家老酒坊，从 1949 年到 20 世纪 90 年代，红星在这里一待就是近半个世纪。

高景炎初到北京酿酒厂，遇到的恩师，正是北京二锅头酒传统酿造技艺的第七代传人王秋芳。

王秋芳，1926 年生，曾任北京市食品酿造工业公司技术科长、北京酿酒总厂副厂长。她在 1949 年带领技术人员着手开展二锅头的工艺研究、质量定型、产品评定等多项工作。高景炎忆及，老师当年接下的第一个光荣任务，就是要在开国大典之前生产出开国献礼酒。新厂建立不久，只有生粮蒸煮发酵之后的生立馇，要想生产出合格的优质白酒，需要有经过发酵蒸馏后的软立馇。而且酿酒所需的酒曲在发酵完之后，还需要 2～3 个月的储存期。如果按照常规的方法酿酒，献礼酒根本不可能完成。但是员工想尽办法克服困难，选择了"二锅头"酿酒工艺。1949 年 9 月25 日，距离开国大典还有一周时间，献礼酒酿出来了。"酒的质量还相当不错！过去二锅头酒精度一般是 68 度，王秋芳老师酿出来的是 65 度。她又把酒做了勾调，口感相对柔和，不那么辣嗓子，更有利于人们品味酒的香气。因为出色地完成了献礼酒的任务，实验厂还被特批参加开国大典，当时实验厂的方队就站在天安门东侧，也就是现国家博物馆附近。"

王秋芳等人 8 月制曲，9 月下旬出酒，如期在 10 月 1日之前完成了酿制新中国成立献礼酒的任务。一个由酿造工艺命名的品牌"红星二锅头"就此诞生。

高景炎说，王秋芳比自己年长13岁，属于建厂元老。当年厂子里有一项重要工作，就是把过去"眼看、鼻闻、口尝、手摸、脚踢"的传统手工作坊式的酿酒生产方式，向现代科学化生产方式转变。"经过反复取样、化验、核实，王秋芳老师组织汇编的《传承北京二锅头的分析方法及产品质量标准草案》，成为酿制二锅头酒的标准。这是北京二锅头酒发展史上的一座里程碑。应该说，在那样一个艰苦的年代、粗放型的经济环境里，老师所体现出来的职业水准和精细化的工作流程，带给我的冲击是很大的。"

20世纪80年代王秋芳（右三）、高景炎（右四）在红星酒厂门口合影

👉 老作坊、老烧锅并不完美

高景炎是在老师的带领下，用实证精神与做实验的方式，研究白酒生产从原始作坊向现代工厂转变、从手工生产向机械化生产转变的路径的。谈及一些影视作品中的老作坊、老烧锅，高景炎直言，那是艺术化的浪漫想象，在新一代酿酒人看来，传统酿酒工艺并非完美无缺。就拿"出池"这道工序来说，白酒生产的主要容器发酵池，一般有2～3米深，过去需要工人从酿酒窖池里一锨一锨把酒醅扔到窖池外，劳动强度特别大，而且窖池里的空气也对人体有一定的伤害。"后来王秋芳老师带领我们，设计出一种刮板出池机，工人只需把酒醅装到刮板上，机器就会自

动把酒馇从池底运到池外。"

在采集酿酒工艺的基础数据上，高景炎等人也下了一番苦功。这个工作说直白点儿，就是从以技师经验为依据逐步转化为以科学控制为基础。酒馇入池发酵前，酿酒师傅用手捏一下酒馇，看水分恰好渗满指缝而不溢出，"我们就赶紧取样检测水分含量比例，是50%还是60%；老师傅用脚踢酒馇感受温度，说可以入池了，我们再赶紧取样测温度，是26℃还是28℃；师傅闻一闻发酵的酒馇，预测酒精含量能否达标，我们于是又记录发酵时间长短"。当年的工作能细致到什么地步？工作人员把每个时间段、每道工序、每个班次、每个师傅操作的工艺数据全部记录下来，经过综合、考量、分析、核实，再制定出一套工艺标准流程。

高景炎在二三十岁的年纪，经由恩师王秋芳以及龚文昌、穆瑞祥等业内名师的悉心栽培，加之自己良好的专业理论素养，很快在同辈中脱颖而出。年轻时的高景炎，浑身有使不完的劲，他主动提出申请：到车间去，跟着酿酒师傅们劳动。发酵车间闷热潮湿，劳动强度大，高高瘦瘦的高景炎才90多斤，可仍坚持要扛装150斤高粱的麻袋，一趟下来挥汗如雨。身体苦累，心情却无比愉悦。高景炎说，当年他在白酒酿造车间实习的时候，每天酒蒸好了，班长就带着工人坐地上开会，讲今天的生产情况。最后班长总会说，大家都来尝一尝今天新出来的酒，质量怎么样，有没有进步？"我们就拿出搪瓷缸，尝一口今天新出的酒。这都是65～70度的高度酒，没有佐菜，根本咽不下去。我们就拿大葱蘸着黄酱品酒。"

一年时间，高景炎就把白酒、葡萄酒、溶剂等车间劳动了个遍，这段经历让高景炎迅速掌握了酿酒行业的诸多秘诀，他加入自己专业所学，融于一处，成为厂里年轻的技术专家。他曾在20世纪70年代初编写过一部《白酒讲义》，拿着这本自制教材，年轻的高景炎手把手地教会了那些远比自己年长的酿酒师傅更加科学规范的酿制流程。高景炎不无骄傲地说："当时北京的十五六个二锅头生产厂家，我都去讲过课。"

便宜、顺口，对二锅头酒，京城百姓评价颇高。可要真想喝到，却并不容易。资料显示，到1949年底，全北京的二锅头年产量才只有20.5吨。1965年，高景炎工作的第三年，北京市面上仅有红星二锅头一个品种，年产几百吨，紧俏程度可想而知："寻常百姓想要喝，只能逢年过节凭购货本买两瓶尝尝。"

20世纪70年代，高景炎捧着自己的《白酒讲义》跑遍北京各个郊区，把二锅头酿酒技术传播开来。在房山交道酒厂，没讲课房间，高景炎就在车库里挂一块黑板，工人们席地而坐；在延庆八达岭酒厂，路途遥远辗转乘车，早晨出发中午才到，讲完课回城已是天黑；在怀柔汤河口酒厂，条件艰苦到连酱油都买不到，葱花汤撒点儿盐就着窝窝头，就是一顿饭……高景炎回忆说，当时的交通极不便利，每次到郊区县酒厂，都要乘坐长途公交车。"比如到怀柔的汤河口酒厂，要先坐车到东直门，换乘去怀柔的长途车，到了怀柔以后，还要再坐一趟去往汤河口酒厂的长途车。最麻烦的是去密云酒厂，先到东直门乘去密云的长途车，再由密云换乘去密云水库的车。转乘密云水库的车只有一趟，上午 10 点钟发往密云水库，下午 4 点钟返程。如果时间不赶趟，从密云车站到酒厂的 6 公里路，只能靠两条腿走了。"当时与高景炎一起下到各酒厂的，还有总厂白酒车间的张永和老班长。老班长资格老，背着双手态度严谨地来回踱步、观看，负责"挑毛病"，高景炎则一身热情，负责讲课，同时进行技术指导，并且深入各处酒厂进行调研。当时北京有多少酒厂，有多少发酵池，有多大产能，高景炎都了然于胸。到现在，北京很多酒厂的技术骨干乃至企业高层，见了高景炎都要尊称一声"师父"。

1966 年北京市个人购货证，北京市民凭购货证春节时每户限购两瓶二锅头

很快，昌平酒厂的"十三陵牌"、通县酒厂的"向阳牌"、大兴酒厂的"永丰牌"、牛栏山酒厂的"潮白河牌"等北京二锅头酒品牌遍地开花，到 1981 年，二锅头酒年产量大幅提高到 3 万吨，解了京城百姓的"酒瘾"！此后数十年，除了指导帮助郊县酒厂投产二锅头酒，高景炎还参与组织了酱香型、浓香型、兼香型等白酒工艺引进北京的有关工作，组织推广应用新菌种"UV-11"使北京市白酒行业的出酒率达到历史最高水平，主持北京市各白酒企业进行酒体降度等工作，并参与了中国酿酒工业协会（即今天的中国酒业协会）的筹建工作。

曾有专家这样评价王秋芳、高景炎等人的贡献：二锅头的传统生产工艺是北京酿酒技师首创，这些绝技是在酿造过程中靠眼看、鼻闻、口尝、手摸、脚踢等来完成的。在新中国成立后中国白酒生产史上，（王秋芳、高景炎等人）第一次真正打破了经验主义的局限，建立了科学酿酒工艺流程规范。

高景炎20世纪80年代参加
业务研讨的工作照

❀ "高粱香、玉米甜、大麦冲、大米净"

高景炎跟随恩师王秋芳的脚步，于20世纪80年代担任北京酿酒总厂技术科长、技术副厂长、厂长，逐渐成为业内公认的酿酒名家。

2018年6月，年近八旬的高景炎仍然深入酿造厂区，指导具体工艺步骤。笔者跟随高景炎，实地探访了二锅头酿造流程。

百年坚持，步步考究。白酒的酿造由自然的馈赠而起，首要的环节是选料。所谓"高粱香、玉米甜、大麦冲、大米净"，不同的原材料与白酒的最终品质密切相关。具体到二锅头的原料，高景炎说，一定要用颗粒饱满、坚实整齐的高粱，不能有霉烂、干瘪与"邪味儿"，坚持住这个原则与标准，才能保证酒是香的。

酿酒工艺的第一步叫润粮。高粱米搅拌上水，水量的控制是关键。十几个小时的时间，让粉碎成二四八瓣的高粱米充分膨胀。

其后的步骤是蒸粮。需一口大锅，就是蒸二锅头酒的必需装备甑锅。师傅们用笸箩一铲一铲地将高粱米均匀洒进锅内蒸熟，使淀粉糊化，再冷却五十分钟，等待进入至关重要的拌曲发酵环节。

酿酒加曲，双边发酵，是中国白酒酿造的独特工艺。酒曲上生长有大量的酵母菌，酵母菌所分泌的酶，可加速将谷物中的淀粉、蛋白质等转变成糖和氨基酸。糖分在酵母菌的酶的作用下，分解成乙醇。

在北京二锅头酒博物馆里，展示模型就生动记录了当年师傅们脚踩拌曲的过程。高景炎记得，自己年轻的时候亲眼看过酿酒师傅的操作过程，七八个人站在一块木板上，交换着使用人力（脚力）踩踏、翻转。脚踩拌曲，南方一些酒厂采用的多是"玉足（女工）踩曲"，高景炎对此进行了一番有趣的分析："踩曲和其他环节相比，收入比较微薄，很多男生都会做其他比较繁重的工作，比如拌曲、拌料、发酵等，所以男生不喜欢这样的工作……当然还有一个原因就是喝酒人的感受了，喝酒的人主要是男人，听说曲是女性的脚踩出来的，可能心理感受会好一些。不过在北方地区，这种讲究和噱头就少了些，所以多是男人在踩曲。"

北京二锅头酒博物馆

酿酒的衣钵传到高景炎手中时，工具虽有大幅改进，但万变不离其宗的传统技艺仍在严谨践行着。此时，高粱表面挂满参与发酵的菌类，在温度与时间的陪伴下，慢慢发生糖化发酵。

在一大堆混合高粱粉里，插着一根带把儿的金属棍，这其实是一根温度计。搅拌了大曲的高粱，必须要控制在17～18℃之间才是开始发酵的最佳时机。

地域不同，温度不同，参与发酵的微生物群也不一样。北京特有的环境，刚好就盛产清香型白酒的大曲微生物群，这也是北京二锅头独特口味形成的奥秘。酿酒行业的资深专家马勇告诉笔者："传统的二锅头酿造技术，比如说它的糖化发酵剂，跟四川、贵州（的）川黔流派，包括华中地区、黄河流域和江淮流域的浓香型白酒，有比较大的区别。我们有一部分麸曲作为糖化发酵剂，生产的过程中，它对发酵容器、发酵时间、温度掌控等方面都有精细化的规定，与其他地区是两种体系。"

蒸馏时，酒汽的冷却及蒸馏酒液的收集是重要的操作。传统酿制技艺中，保存着一种五甑蒸馏法。窖池内有五甑材料在同时发酵（即回活、小碴、大碴、二碴、糟活），其发酵后的酒醅，出池时分层取出，分别蒸馏；蒸馏后，其中四甑重新回到窖内发酵，一甑作为废料丢弃，即平均每甑材料要经历五次发酵和蒸馏。因为每投入一次新材料，要在池中循环五次才丢弃，所以，原料中的淀粉利用率高，有利于积累白酒香味成分。

装甑是五甑蒸馏法中至关重要的一步。用竹编的簸箕，一点一点把酒馇撒进甑锅里，要做到"稳准细匀薄"，每一层撒下的酒馇都得均匀疏松，保证让热气能够顺着酒馇之间的空隙把酒汽给带上来。这一环节讲究"见汽盖料"，把气压找平，极为考验师傅的眼力、手法与耐心。高景炎说，装甑的时候一定要"大技师"来负责，起码得有五年甚至十年的经验才能胜任；"二技师"当助手从旁协助，负责把馇子装到簸箕里边。"两个人衔接好，整个流程就成功了多半。其他的工人负责出池子、拌料。所以这个大技师、二技师应该是在这个（酒）班里是起主导作用的。"

甑锅与天锅的相遇，意味着二锅头酒要出酒了。下面的是甑锅，甑锅底下是带孔的箅子，掀开了里头有管线，送来呼呼的水蒸气。上头的是天锅，从里面看是一个倒放的漏斗形状，边上还有一圈凹槽，酒液在汇酒槽中汇集，排出后被收集。

古法所酿的二锅头，在蒸馏过程中，会人为损失掉开头与结尾的两锅；如今借助循环水处理技术，已不必如此浪费了。

甑锅里流出来的酒叫甑流，砸到花装（储存原酒的器皿）里会溅起一堆气泡，这就是业内所说的"酒花"了。高景炎可根据酒花的大小，"看花摘酒"推算度数。

刚出来的酒，砸出的酒花足有黄豆大，是大清花，转瞬即逝，度数在72度左右。随着酒糟里的酒越蒸越少，甑流的度数越来越低，砸出来的酒花也就越来越小。绿豆大小的叫小清花，有60度左右。再到小碎花（也叫"油花"），已经是非常细密的小气泡了，而且能在花装里保留半分多钟，大约有50度。有经验的师傅知道，这已经是极限，再流下去就是不能要的酒尾了。

高景炎"看花摘酒"推算度数

🌰 高景炎的神奇调制

传统酿酒方法里，甑流只是原酒，要想上市，还需放在大酒缸里，存于阴凉处，少则半年，多则数年，才能保证口感。为适应如今白酒市场需求量的变化，高景炎带领团队进行了调酒技术的改良，通过勾兑，使酒中的微量成分重新组合，达到恰当比例，符合出厂标准。

在红星二锅头的厂区里，有数座三四层楼高的贮酒罐，这里贮藏着各个时期的甑流原酒，等待高景炎和他的徒弟们的神奇调制。这些小瓶子里，就是从不同的提酒罐里提取的原酒。勾兑，讲究"四分组合，六分调味"，组合是成型，调味是美化，成型得体，美化方才容易。高景炎说，勾兑不是简单地掺兑，也有严格标准。"把储存一个月的酒作为基础酒，它要符合理化（卫生）指标标准。然后还要用储存时间长的，半年或者一年的老酒，勾兑进去。因为储存一个月的酒，喝起来还是有点儿冲的，那么把老酒、比较绵柔的酒勾兑进去可以完善口感，所以要勾调。勾调，有个工艺叫'画龙点睛'。你比如说基础酒一尝，苦头大一点儿，我找点儿我的调味酒，甜的也好，或者酸度大的也好，去勾调。不用多，一点儿就好。"酸甜苦辣之间的口感差别十分微妙，只有高景炎这样的高手，才能在细微之间"斟酌调兑"出精准、均衡的味道。

现代化生产流水线上，印着品牌标识的北京二锅头酒，即将装车上市，行销各地，成为中国人餐桌上的舌尖记忆。把酒从衣湿，吟诗信杖扶。从源升号赵氏兄弟，到历经十代传人的不懈坚守，北京二锅头酒依然保有历史的余味，积淀着皇城根下的无限乡愁，并将酒和中华民族的内心世界密切相连，从而成为民族文化守正与创新的基因密码。

老百姓爱喝二锅头，甚至成了某种时代的印记。20 世纪 90 年代，一部讲述中国人海外奋斗史的电视剧《北京人在纽约》掀起收视热潮。姜文饰演的王起明，在一场经典的"决斗戏"之前提溜出一瓶红星二锅头、两个塑料杯，教育老外："这叫二锅头，中国最好的白酒。在北京，老百姓只喝这个。"

在上一代酿酒大师纷纷退隐之后，高景炎逐渐成为中国白酒酿

高景炎逐渐成为中国白酒
酿制技术的代表性
学者和传人

制技术的代表性学者和传人。与从前的酒匠不同，他格外注重学术创新和归纳总结，著作颇丰。1982年高景炎与他人合作编写了《北京市白酒工业"尝评、勾兑、调味"培训班教材》，深受基层酒厂技术员的欢迎。后来他又根据自己的实践经验，和王存厚等人一起编写成《白酒精要》，正式出版发行。

1992年，原国家轻工业部计划成立中国酿酒工业协会，鉴于高景炎丰富的工作经验，轻工业部领导向他发出邀请，希望他能参加筹办工作。以耿兆林为首，高景炎、王秋芳、吴佩海、王延才、石维忱、袁惠民参加的中国酿酒工业协会筹备组在王府井大街一个部队招待所里成立了。协会成立之后，他们又分别筹办啤酒分会、葡萄酒分会、酒精分会、果露酒分会和黄酒分会。为了更好地发挥领军企业的示范作用，他们把各分会的机构设在了各酒种的领军企业中。当时黄酒分会设在绍兴黄酒厂，啤酒分会设在青岛啤酒厂，葡萄酒分会设在张裕葡萄酒厂，果露酒分会则设在了北京酿酒总厂。各分会的工作借鉴了白酒协会协作组的经验，由各酒种的骨干酒厂轮值，定期召开交流协作会。五年之后，中国酿酒工业协会各项工作渐入轨道，在第一届理事会期满换届时，高景炎正式离开中国酿酒工业协会，回到中国食品工业协会白酒专业委员会担任常务副秘书长，并任全国白酒专家委员会主任委员。

1999年，高景炎还曾主导应对过一场针对白酒行业的"勾兑酒舆情风波"。当年在武汉召开的一次酒业研讨会上，白酒权威沈怡方应邀介绍固液结合酒的工艺特征和产品优势，以及在业内普及的情况，重点表扬了几家企业，不料被某媒体一位记者曲解并夸大报道说，中国白酒70%是酒精勾兑的。当时山西朔州假酒案的影响还未完全消除，许多消费者不明真相，市场上立即出现消费恐慌，而沈怡方重点表扬的几家企业首当其冲，成为重灾区。情急之下，高景炎、高月明、刘锦林等人立即组织危机公关活动，并举行新闻发布会，为固液勾兑新工艺白酒正名。这件事让高景炎第一次见识到行业不稳定、不团结的破坏力，也是高景炎对于市场竞争残酷性感受最深的一次。但也正是这一次危机，让高景炎与沈怡方、高月明结成莫逆之交，三人被业界奉为白酒专家的"金三角"。

在高景炎之后，活跃在生产一线的，是他的徒弟、徒孙，这些北京二锅头酒酿制技艺的第九代、第十代传人，循着高景炎的足迹，继续为传承二锅头酿造技艺挥洒汗水、贡献智慧。徒弟们酿出好酒、新酒，总会习惯性地请师父加以品评。这时候的高景炎，再忙再累，也会放下一切杂事，正襟危坐，眼观其色，鼻闻其香，口尝其味。关于品酒，他也有一套成熟的理论："先得辨色，用手举杯对着光或者白纸作底，观察酒的色调、透明度，以及有没有悬浮物、沉淀等。二是闻香，酒杯放在鼻子下边7~10厘米的位置，轻嗅气味，这是第一印象，需要特别重视，因为人的第一印象一般都比较灵敏准确；稍微休息一下之后再第二遍嗅香，然后转动酒杯急速呼吸，用心辨别气味。第三是尝味，将酒饮入口中，入口的动作要慢而稳，酒液先接触舌尖，然后两侧，最后舌根，使酒液铺满舌面，进行味觉的全面判断，这个环节除了要注意味的基本情况外，更要注意味的协调以及刺激的强弱、有无杂味、是否愉快等。品酒，也是怡情的过程，必须勤学苦练，反复实践和磨炼，才能明察秋毫准确甄别……"

2018 年，北京红星股份有限公司设立了"高景炎奖励基金"，高景炎将国家每年颁发给自己的代表性传承人补助费，全部放在这个奖励基金里，专门用于奖励在二锅头技艺方面做出突出贡献的红星员工。如今，高景炎早已是名闻酒业的泰斗级人物，但对于自我评价，他始终保持谦恭的态度。他说："我自己这个人真的就是沧海中间的一滴呀。要没有大家的话，哪有我个人哪。人家尊重我，我更要尊重人家。现在好多人说'你都 80 了别乱走了'，但是我总觉得人家请我是尊重我，我能够走的话，一定要去，去了以后实际上我也是在向他们学习，活到老学到老，学到老要干到老。最近我总结了一个提法，'活了干，死了算'，这是我最后想的。"

二锅头技艺三代传承人共聚一堂：王秋芳（前）、高景炎（后右）、艾金忠（后左）

　　借问酒家何处有，人间有味俯长流。如今，年事已高的高景炎退而不休，将更多心力投入到组织领导中国食品工业协会白酒专业委员会等社会性团体的工作中，以他数十年的经验积累和酿酒心得，为中国酒文化的传扬发挥余热。

　　积健为雄趋平淡，返虚入浑以简约。高景炎正如这品位亲民、口味醇香的二锅头老酒，洗尽铅华，襟怀磊落。他以"弘扬守真""敬畏传统"的守艺之道，完成着一场回味无穷的人生酿造，以酒写意，以酒抒怀，以酒言志，花开花落年复年。

卷五

乐事

土风乞粒舞中来

——本溪朝鲜族农乐舞（乞粒舞）国家级代表性传承人金明焕

　　峦迭起，峰竞天，世界文化遗产辽宁五女山山城所在的五女山，峻拔挺秀，兀立峥嵘，云水潺潺。山脚下的本溪市桓仁县横道川和六道河等地，自古便是多民族汇聚之所，17 世纪二三十年代起，大量朝鲜族先民来此定居，孕育了丰富多姿的朝鲜族文化。四面环山、相对封闭的地域特征，又使这些自古相传的民俗印记得以完整保留。

　　李白曾有诗云："金花折风帽，白马小迟回。翩翩舞广袖，似鸟海东来。"古老的长鼓击打出明快的节奏，长长的彩带随头部的摇晃欢快甩动，男女老少身着鲜艳的民族服装翩翩起舞、进退不停，四五岁的幼童站于成人肩头，上下齐舞，看得人啧啧称奇。这种被叫作乞粒舞的朝鲜族农乐舞蹈形式，为本溪当地所独有。时年 70

岁的金明焕，已是乞粒舞的第四代传人。

🌰 公元5世纪前后的祝祷之舞

所谓"乞粒"，即乞求米粒、庆祝丰收之意。在货币还没产生的时候，朝鲜族群众以米代替货币，进行商品交换。米的作用和价值，从朝鲜族群众供奉"乞粒神"中可见一斑。"乞粒神"实际上就是坛装新米。每到秋天，把当年收的新米装进坛中，将口封死，置于家中显眼之处，以求来年再获丰收。世代居住在五女山脚下的朝鲜族先民，在艰苦的生活和劳动中，为了抒发对大自然的感恩和祈求风调雨顺，跳起了这欢快的民族舞蹈。

乞粒舞之所以在桓仁地区产生、流传，是与当地的地理环境和人文文化分不开的。桓仁地处长白山南麓，五女山高、浑江水长，其区域地理环境十分独特。《三国志》记载，此地"多大山深谷，无原泽，随山谷以为居，食涧水。无良田，虽力佃作，不足以实口腹。其俗节食"。社会生产力的发展状况，决定了人们的思维和信仰。历史上，桓仁地区的产业结构由农业、畜牧业、渔猎采集、手工业等多个部门构成，主要从事农业生产的朝鲜族人民供奉的是粳米神。一年的辛勤劳作，只能勉强维持生活，可是这并没有让勤劳质朴的人们沮丧，每逢年节，对生活充满乐观的他们总是要载歌载舞、自娱自乐。没有锣鼓道具，就用筷子敲打水瓢、铜碗、盘碟，音响古朴，节律生动，后来就有了头顶铜碗并以筷子击打日常用具的碟舞、瓢舞。

《三国志》对历史上当地的民俗文化亦有记载："其民喜歌舞，国中邑落暮夜男女群聚，相就歌戏。"溯源浑江流域桓仁地区的原始舞蹈，由商周至两汉，已经具有稳定的地域特色和民族风格，又经唐宋元明演变到近代，形成了独特的民间民俗文化生态。在桓仁及周边地区发现的历代贵族官宦的墓葬中，一些绘于公元5世纪前后的壁画便描绘了当地先民翩翩起舞的景象，画上的舞蹈便是乞粒舞的雏形。乞粒舞的起源活动，主要有两种形式：一种是在朝鲜族聚居区域里，每当要办一件大事、搞一次大型活动或建设一个公共设施时，就要由村里有地位的头面人物挑头，组织能歌善舞的人，穿上鲜艳的民族服装，击鼓奏乐，到富户人家或商号、店铺的门前表演，请富人、商人出来资助；另一种则是为了建造、修缮庙宇，和尚手里拿着铜钹，边敲边念着经文，到各家各户化缘。直到现在，乞粒舞的指挥者也是手中拿钹而舞。

乞粒舞在桓仁县有着悠久的表演历史和广泛的群众基础

乞粒舞集朝鲜族民间舞蹈双层舞和乞粒活动中的舞蹈精华于一体，形成了一种独特的表演形式和风格。该舞蹈被《中国民族民间舞蹈集成》收录，经国家民族事务委员会、文化部全国艺术科学规划领导小组专家认定，全国仅传承于本溪。

金明焕与笔者交流时，用的是普通话，由于他惯用朝鲜族语，所以有些时候说普通话听起来比较费劲，这时他会让女儿金花从旁协助讲述。比如拔河活动与双层舞的关系，在金花的重新指点下，终于得以厘清：双层舞历史悠久，它的产生同朝鲜族群众喜欢的拔河活动有着密切的联系。拔河的日子是每年阴历正月十五，整个活动从筹备到结束，需要十天左右的时间，大体上为三个阶段：集资阶段、制绳阶段和比赛阶段。

集资阶段，一般从每年阴历正月初五就开始了。参加集资的人们用稻草绑扎一条草龙，龙头上能坐住一个人。大家抬着象征吉利的草龙，边走边唱边舞。每当路过官府、衙门以及有钱人家的门前时，队伍都要停下来，先歌舞一番，再请求官差、富人出钱资助，直至达到目的方肯离去。

制绳阶段，是用筹集来的钱购买大量藤条，编成许多根绳子，再把这些绳子组合在一起，扎成一条直径约一米、长约几百米的巨大绳索。这条巨索中间粗、两头细，主干周围分出数不清的枝杈，活像个大树根。

　　比赛阶段，参赛者以居住的方位为界，分为东、西组。参赛者多是青壮年，双方人数不限，且都在千人以上，而围观者竟有上万之众。围观者在山坡上组成庞大的啦啦队，但由于现场人实在太多，啦啦队的歌和舞一时难以发挥作用。于是，有人就让七八岁的孩子站在大人的肩膀上，连唱带舞。这一招果然见效。人们纷纷模仿这种做法。拔河结束后，胜利者抬着奖品——巨索，让站在肩上的孩子们高歌狂舞，通宵达旦。后来人们给这种表演形式起了个形象的名字，就是今天所说的"双层舞"。

　　金明焕的太爷金利清，是乞粒舞的一代宗师，其生卒年代已不可考。而后，乞粒舞传至金明焕的爷爷金兴振、父亲金成龙。金成龙老人生前讲过一个传说：很久以前，海神肆虐，连年的暴雨冲毁了土地和家园。传说家乡的五女山是一条受风浪袭击而搁浅的大船，行将倾覆。于是人们从山上砍来无数藤条，编成了一条巨大绳索，拉着"大船"闯过急流险滩。从此，朝鲜族群众才过上了风调雨顺的日子。为纪念"闯滩"之举，人们把"拉船"变成了拔河。

　　据金成龙生前讲述，民国时期乞粒舞的音乐有了相对稳定的曲谱调式，传统的动作造型有了新的突破，在辽东、吉南一带的东边道地区颇有影响力。日本占领东北十四年间，金氏家族拒绝为伪满政权效力，舞蹈活动全部停止。直到1945年日本投降，金成龙才出山组织全村百姓欢庆解放，跳起了乞粒舞。1963年桓仁县城举行秧歌大赛，金成龙率队参加，乞粒舞轰动全县。

　　直到20世纪80年代，金成龙依然是当地首屈一指的民间舞者。沈阳音乐学院退休教授李瑞林此次与笔者一同前往本溪时，兴致勃勃地回忆起当年第一次看到金成龙老人跳乞粒舞时的情景："总的来说有20来个人，几个孩子我记不清楚了，整个跳的动作是不规范的，大家即兴地跳，愿意怎么跳就怎么跳，但是不管他怎么跳都是朝鲜族味儿，所以我也随着下去跳了。跳完了以后，当时一个领头的老人走了过来——后来我们知道他叫金成龙，他对我说你跳得行啊，跳得挺好哇，于是就单独把我们请到他家去喝酒。那是1984年，到现在三十多年了，当时那个老人已经是80多岁了……他和我说，喝我们的米酒吧，好喝，但是要注意，好喝容易喝多，喝多就容易喝醉呀。我还真是喝多了，在他那儿睡着了。"

　　李瑞林教授对金成龙即兴起舞的回忆，也让金明焕很是感怀，他说自己自幼跟随父亲习舞，多次在父亲的指导下，组织公社朝鲜族群众跳乞粒舞。1964年，金明焕从桓仁县朝鲜族中学毕业，考入了辽宁省朝鲜族师范学校，较为系统地学习了音乐知识，后来又参加了"长征文艺轻骑队"，背着行李、乐器、道具，到农村去宣传演出。金明焕说，那时候每天走个四五十里路，到农村后学习解放军给农民扫院子，晚上演出、座谈，从开原、铁岭，一直走到沈阳苏家屯，历时一个半月。"在实践中学习了很多朝鲜族特有的乐器、舞蹈、表演唱等，这些都对后来乞粒舞的传承和创新起到了很大作用。"毕业后，金明焕回到了桓仁，在六河朝鲜族学校任教，闲暇时编排乞粒舞。他把自己到农村演出时学到的东西有意识地融入到传统的乞粒舞当中，在保持民族特点的同时，也让乞粒舞有了更多的表演性。年纪轻轻的金明焕为什么偏偏爱上了乞粒舞？他说，主要就是觉得"父亲那代留下的东西，扔下了太可惜"。

当父亲老去，传承的衣钵真正交到他的手里时，新的时代也已经来临，金明焕意识到，乞粒舞需要应对形势的变化，做出一些改变。原来的乞粒舞形式非常简单，只有节奏没有旋律，有鼓、锣、钲等简单的打击乐，没有吹管乐，舞蹈队形简单且少有变化。舞蹈服装以白色为主，男人穿的是白色上衣和白色裤子，上身套一件黑色坎肩，女人穿的是白色上衣和黑色裙子。"在父辈的指导下，我大胆琢磨，搞了许多花样，没有专门的民族乐器，就用学校里的简单乐器，外围的跳集体动作，里圈的即兴表演，大家都很欢迎。我弄了四十多年的乞粒舞，逐渐发现，舞蹈的形式必须和时代的需要、观众的需求挂钩。观众要是不认可，不是好现象。但是这里面也必须有一个前提，就是我们乞粒舞的风格绝对不能扔，民间的原生态的元素还得有。"

金明焕说，1983 年，他们在乡政府院子里搞了一场乞粒舞演出，省市县文化部门来了 40 多名舞蹈专家，看了节目都挺惊讶，感觉挺好。"父亲那个时候还能表演双层舞，扛个小孩儿，也不用手扶。"1984 年，金明焕被调到县文化馆，专门从事乞粒舞作品的创作。"有了专门的时间，把更多民族的、有感情的东西加入进去……"金明焕说，原本在场院里的乞粒舞没有时间限制，大家都是自娱自乐，跳到哪儿算哪儿，可走上舞台就不一样了，演员要固定，动作、时间也要有规定，不然你在那儿没完没了地跳，观众岂不烦了？于是，金明焕在 1987 年、1988 年又下乡采风，对乞粒舞进行

金明焕（站立者）与父亲
金成龙（正中者）合影

金明焕的父亲金成龙早年间
表演乞粒舞双层舞的照片

青年时代的金明焕已是当地
有名的文艺骨干

了大胆改编，时间缩短了，队形也改变了不少，不光有打击乐，还加入了唢呐、小号、长号等管乐，以及扇子舞等集体动作。在1989年的辽宁省首届文化艺术节上，被调演到沈阳的乞粒舞非常成功，大放异彩，"开始出名"。

孩童站上大人肩膀起舞，高潮才真正来临

乞粒舞是自娱性民间舞蹈。它不仅吸收了拔河比赛时双层舞之精华，而且也把乞粒活动中的歌舞部分融于其中，从而形成独特的表演形式。乞粒舞的多种表演形式何时融为一体，至今尚未找到直接证据。但是，这种融合绝非偶然，它与当地朝鲜族人民群众的生活习惯、审美心理、语言表达、情感表露都有着密不可分的关系。乞粒舞有着相对稳定的传统程式，但又不完全受传统程式的限制。根据具体情况和情绪，乞粒舞的表演程式具有很强的应变性。在一般的佳节喜庆之时，参加表演的人数众多，场面宏大，这就需要有人出来主持、引导舞队进入表演场地，从舞队入场至走出各种队形变化，直到舞之尽兴，表演程式相对稳定；而在"做周"、回甲节、回婚节等朝鲜族节庆活动中，因受表演场所及参加人员的局限，就没有入场、走队形的必要，因此，表演程式相对发生变化。因地制宜、因情而变，成了乞粒舞表演形式的主要特点。

乞粒舞在金明焕这里，由祖辈时的即兴舞蹈，慢慢变得范式规整、层次明晰、环环相扣，而朝鲜族舞蹈特有的韵味和律动，则得以保留。整个表演时长，也迎合现代观众的审美喜好，不断压缩，由最初的17分钟，演变成13分钟、11分钟，直至现在的6分32秒。

乞粒舞的表演流程大致分为六个部分。

第一部分是开场群舞。在保留乞粒舞传统动作如背手、横手、扛手、头顶手、勾脚步、垫步的同时，将扇子舞等朝鲜族民间舞蹈元素融入其中，丰富了表现形式。舞者通过队列的变化，摆出船的造型，这样的设计中，隐含着当地的一个传说。金明焕的女儿金花告诉笔者："以前横道川那个地区，农作物收成不太好，后来大伙儿研究了一下是怎么回事，这个问题到底出在哪儿，结果发现当地的地势形状是一个倾斜的船，如果把这个倾斜的船给正过来，就能够

达到风调雨顺、五谷丰登的效果。地势是改变不了的，于是人们就想到用跳舞的方式，意象化地给（地形）正过来。我们舞队出场的这个阵型就是船，再在舞蹈里面加注了乞粒舞的出场部分，把船型摆正、跳正，收成就好了。"

第二部分，是突出显示女性柔美气质的碟舞。伴奏的曲子是金明焕自编的《美丽的家乡》，节奏欢乐明快，伴随清脆悦耳的筷子击打碟子的声响，女性演员头顶铜碗，翩翩起舞。朝鲜族群众日常生活的姿态稍加编排，就成为一方水土的艺术表达。

乞粒舞在金明焕这里，慢慢变得范式规整、层次明晰、环环相扣

金明焕的女儿金花（右）表演碟舞

第三部分，是男性的相帽舞。帽子按照飘带的长短，分为大相帽和小相帽。动作可分为背手转帽和沉颤步转帽。舞者做点步、沉颤步，双手背于身后，以颈为轴转动头顶甩动帽上的飘带，使其于身后绕立圆或于头上方绕平圆，以及于身两侧交替画立圆成"8"形。已过古稀的金明焕，仍能做出单手撑地的相帽舞蹈动作，这显示了他深厚的艺术根底。

说起相帽舞，它源于商朝时期的商林舞，将彩羽饰于头上作氏族图腾舞蹈。《旧唐书》记载了一段有趣的逸事："（杨）再思为御史大夫时，张易之兄司礼少卿同休，尝奏请公卿大臣宴于司礼寺，预其会者，皆尽醉极欢。同休戏曰：'杨内史面似高丽。'再思欣然，请剪纸自贴于巾，却披紫袍，为高丽舞。萦头、舒手，举动合节，满座嗤笑。"萦头，即不停地绕动脖颈，让头颅回旋转动；舒手，即舒展双手。

进入第四部分，是乞粒舞中独一无二的双层舞。动作可分为：双层垫步、双层沉颤步、双层跪蹲。底座舞者与小孩儿配合默契，彼此借力，方能完成。双层舞源于朝鲜半岛，最初是朝鲜族人拔河时，孩子因为个子小而看不见，就由大人举着来看，渐渐发展成大人扛着孩子一起跳舞。金明焕小时候，就站在父亲金成龙的肩膀上跳双层舞。几十年过去了，他也开始不断选拔新一代的站上他肩头的孩子。金明焕说："我六七岁上小学一年级的时候，就看我父亲他们在这个大道上、在学校的操场上和大院子上跳双层舞，我一看就喜欢，越看越有味儿。当时在我父亲肩膀上学了一些，开始上去站不住，身体还晃、还抖，有很多的困难。后来逐渐掌握了，就是靠我父亲的头和我两个腿的支撑，形成一个三角形稳定下来，才能学双层舞。后来我把这个教给我的

金明焕表演相帽舞

金明焕表演乞粒舞中独特的双层舞

女儿……"

　　第五部分，体现了乞粒舞特有的打击乐，包括圆鼓、长鼓、大锣、小锣等。传统的乞粒舞仅靠长鼓、铜锣等伴奏，金明焕觉得过于单一，特意重新谱曲，经历了20多个小时的颠簸只身找到延边的一支传统乐队，录制了新的伴奏。在更加符合时代审美、层次丰富节奏明快的音乐伴奏下，男女青年和老年人依次下到场中，表演自己最拿手的技艺。老年人的动作，不仅十分注重舞之韵味，而且很注重姿态，为了表达欢快情绪，动作变化繁多，看似即兴，却能把心底之情表达得淋漓尽致。金花介绍，这部分在乞粒舞当中也是相当有特点的："为什么有特点？这个乞粒舞基本上是整体划一的，唯有打击乐这块能够完全体现出来即兴表演的成分，明快的节奏出来之后，自己可以随便加动作，随着音乐自由发挥，怎么得劲怎么来。到了这个环节，气氛也特别好，再喝点儿酒的时候感觉特别好，男女对跳，看着对方舞动的那种感觉，无比的自由和快乐。"

　　乞粒舞的舞蹈动作既是规范的，又是即兴的。规范是说群舞时整齐划一的动作，如背手、横手、扛手、头顶手、勾脚步、垫步等。这些动作老少皆可做，似有统一训练一样。这种规范的动作，体现了朝鲜族舞蹈的基本风格。即兴指的是，当表演者的情绪高涨时，他们都会各显神通，展露舞姿，这时他们所做出的动作是即兴的、无拘无束的。姿态造型、动律转承、节奏变化，以及身体各部位的感觉、动作与动作之间的连接，方法不一，约定俗成，这也是乞粒舞的独特风格所在。

　　真正的高潮，是收尾段落——农乐舞。最醒目的要数头上戴着小转帽的孩童，他们站在成人肩头，也开始跟随节奏转起相帽舞。以双层舞舞者为中心，其他舞者在外围快节奏、大幅度地弹跳起舞，形成欢乐的群舞。观看演出的观众，此时也会自发地加入舞群，一起分享无尽的欢乐。此时，所有人各展风姿：青年富于激情，

乞粒舞特有的打击乐，带有即兴表演的成分

乞粒舞演出的部分乐器、道具

动作幅度大而强烈，但动作变化相对较少；而老年人的动作，稳重轻盈且变化较多；长鼓手的鼓点清晰明快；圆鼓手的步法铿锵有力；双层舞的孩子天真活泼……这些各具特色的动作交织在一起，使得整个舞蹈场面热烈、生动、感人。

乞粒舞的每一个动作，都充盈着娱乐之趣，抒发着喜悦之情，因此，十分强调通过体态的美感来体现人的情感。金明焕总结说，乞粒舞的舞蹈动作可塑性很大，它的每一个动作都不是固定的程式，既保留着朝鲜族民间舞蹈所共有的内在含蓄的特点，又体现了自己的独特风格。例如：在做动作时，不管向前还是向后，无论向左还是向右，身体重心的移动、腿臂力度的增减、不同动律的转换，都是在脚抬起或落下的一瞬间完成的。

✦ 来跳舞吗？ 传承人掏钱送礼请你来跳的那种！

乞粒舞陪伴当地的朝鲜族群众走过年年岁岁，这样的艺术形式绝非个别舞者的专属，而是整个村落共同参与的民俗传承。每逢重大节庆，如朝鲜族人最为看重的正月初一、清明和八月十五，以及日常生活中的重要时刻，如周岁时的"做周"、老人60岁时的"回甲"、朝鲜族特有的纪念结婚六十周年的"回婚"等，能歌善舞的朝鲜族群众均要相邀欢饮、纵情舞蹈。

每年开春的时候，金明焕作为当地德高望重的长者，会与其他几位老人商定同族春游的日子。到了这一天，大家席地而坐，打起节拍，口中呼喝哼唱，简单的几声鼓响后，男人的膝盖开始摇摆发热，女人的袖口凛凛生风。这样的民俗场面，正是朝鲜族特有的欢乐剪影，无比鲜活无比生动。金明焕说："农民就这个时间是他玩的时候，再以后就是天天干活了。村里的人，有什么能力就拿出什么能力，能跳舞的跳起舞来，会唱的唱起来，没乐器咋办，大家就把碗筷敲起来，妇女们跳碟子舞，男的呢拿着盆和瓢就敲吧。还是挺热闹的，转一转，走一走，然后跳一跳，该给老人们敬酒了。老人也高兴了，老头儿也跳；妇女平时挺受拘束的，这个时候就放开吧。"

任何一种艺术形式的传承，都不会永远一帆风顺，面对日新月异的外部环境、现代时尚的文化冲击，乞粒舞也曾面临不足为外人道的尴尬。1994—2004年十年间，乞粒舞的排练曾一度中断，可金明焕实在放不下乞粒舞，他克服重重艰难险阻，终于在2004年重新逮着了一个机会。

金明焕告诉笔者，2004年桓仁五女山山城"申遗"，为了迎接前来考察的国际评委，县里在文化工作会上点名要拿出乞粒舞表演，这个担子又落在了他身上。"当时也很上火呀！"因为上火，金明焕白内障发作，住了一个多月院才好，出院后马上就"捡"起了乞粒舞，再次改编。"结合时代，现在人们的生活节奏都在加快，节目就不能太长了。"金明焕先是把3支曲子做了修改、灌碟，这样就可以使表演队伍更精干，然后把一些重复动作删掉，11分30秒的舞蹈被他缩短到6分50秒。"时间短了，但内容并没减少，舞台上时间长了大家不爱看，现在给人看不过来的感觉。"

金明焕说，如今，乞粒舞名气越来越大，但最大的困难一直存在，就是人才不足，演员找不到。"为什么呢？朝鲜族的演员比较少，学生毕业以后大都到韩国打工去了，剩下的都是一些老人，也跳不动了。"

药，消炎的、祛火的、止疼的、退烧的，每逢重要演出，排练期间，金明焕都是药不离手，随时吃上几粒。跳乞粒舞本是一件愉悦身心的事情，可组织这样一群

乞粒舞的群舞场面

纯业余的舞者跳舞，在没有太多物质激励、多靠队员自觉的情况下，就变成了一道超级难题。

在传承的使命面前，面子变得微不足道。40多个队员，个个有自己的脾气和想法，排练迟到早退、演出前一天突然说不来了，各种状况层出不穷。平日里受到同族爱戴、已经年过古稀的金明焕，此时也只能放下面子，想尽一切土办法，安抚人心。

这些办法，在外人看来简直有些不可思议。女儿金花一提到父亲求人来跳舞的事，就会眼泛泪花。她说："上次就有一个演员，前两天沟通好之后定了说来，临排练的时间，说我有事了去不了，有这样的。还有的说我这次不想跳了，没原因，就是不想跳，累了。我父亲都是个人走人情关系，打电话反复地请他来，甚至我父亲自己掏钱买点儿东西，给人家送点儿礼，说辛苦辛苦，来吧来吧。就这样子，把这个乞粒舞一直维持到现在。"

现如今，金明焕已将他整个家族的众多亲戚子侄，都发展成了乞粒舞的演员和伴奏人员。先前金明焕重点培养的是他的侄子，后来侄子不跳了，金明焕又开始重点培养女儿金花。几年时间下来，金花不但自己成为技艺出众的乞粒舞者，而且开始协助父亲，负责舞团的日常管理，并教授徒弟。以前身体硬朗性格倔强的金明焕，也越来越倚重女儿，放手让金花打理团队的一切。回到家里，这对父女仍在讨论着乞粒舞的改进。而金明焕的老伴儿早就"落下病"了，一听见他俩研究舞蹈就神经衰弱、头痛欲裂，干脆躲进里屋，不听，不问。

可熟悉金家的人都知道，老伴儿嘴上说不管，背后却一直秉持着朝鲜族妇女对丈夫无比尊重的习俗，尽量协助他处理杂务，张罗一桌饭菜招待队员增进感情，帮着缝补服装、修理道具……一陪就陪到了今天。

舞的力量在拍上，人的力量在心上。金明焕就是用金家当家人的身份，不断地为乞粒舞培养后人，而他的这种努力，也看在乡邻的眼里，获得了由衷的敬佩。桓仁当地的朝鲜族群众，都把金明焕看作德高望重的乡贤，谁家里办事情了，定要先把他请去，众人心里才能有底。特别是举行婚礼时，金明焕击打鼓乐、唱起民歌，自然带动其他族人一起即兴跳舞，场子瞬间成为欢乐海洋，喜悦写在每个人脸上。那时站在场地正中的金明焕，真的无可替代。

金明焕的老邻居金明喜对笔者说："从前在我们这儿，跳乞粒舞的人不是金明焕一个人，有很多，但是能传承下来的只有他。要是没有他的努力工作的话，乞粒舞就是一般的朝鲜舞，老百姓讲话就是'乱蹦跶'。但是他能把舞蹈整理出来，带出一个队伍，带着越来越多的年轻人往前走，这个很不容易。"

寻常村落，偏偏就隐身着这样一位，甘愿把自身全部力量与热忱投放在感知美与传承美使命上的老人，为民族文化保留着最初的容颜。2008年从县文化馆退休后，金明焕退而不休，继续为乞粒舞的传承贡献心力。2009年6月，他被评为国家级非物质文化遗产代表性项目代表性传承人。2016年，金明焕被评为当年的"本溪好人·最美乡贤"，足见他在本溪桓仁县一带为民族文化、民间文化所做的贡献。金明焕对笔者说："我是这么想的：乞粒舞不是我自己的，也不是金氏家族的，这个乞粒舞是国家的、整个中华民族的，一定要发扬光大。国家给我传承人这个名义，我得对得起国家，对得起我的工作。这不是我唱高调，我从思想上就是这么认为的。"

金明焕与本书作者合影

每年9月，金明焕都会做一次寿。桓仁小镇的人们从四面八方赶来，聚拢在金明焕身边，送上真挚的祝福。酒香与笑脸，舞姿与歌声，一位德高望重的长者的生日，顺理成章地成了整座小镇的节日，这是家乡父老给予金明焕最高的礼遇。

最恋是吾乡，邀月唱浑江。五女山下，浑江水畔，鼓声振振，这曼妙欢快的舞蹈，就是朝鲜族群众与乡土连接的人文脐带，一招一式，祝祷着丰收，赞美着团圆。所有的颠颤、踢步、扭摆、跪蹲，都成为时光的倒影，照出人心，照见未来。

生命不息，舞动不止，这是天地的狂欢、民族的叙事，也是金明焕毕生的使命。

永远的『头跷』，永远的『浪跷人』
——海城高跷国家级代表性传承人邢传佩

　　四面山青，一湾水碧，风物黑土，百转浓情。一声唢呐叫醒东北千年古城，一通锣鼓震出队队铿锵跷声。从清朝康熙年间算起，这种踏跷而舞的民间秧歌形态已在辽宁省海城市摇曳了三百多年。

　　海城高跷，驰名中外。山西会馆门前的这方广场，就成了代代艺人集结竞演、各展绝活的场所。逢初一十五、关帝庙会，更要隆重其事无限畅快。他们扭则裙飞扇舞眼花缭乱，逗则幽默诙谐情感炽烈，浪起来率真烂漫又美又哏，叫鼓亮相时则是异峰突起高潮不断。里三层外三层的观众恨不得把喉咙喊破，央告着表演者再来一个、再来一个。

眼看着现场气氛已经嗨上云天，乐队师傅们身后突然站出一人，他身穿迷彩服，胸前挂着一枚口哨，大大的茶色墨镜好像也挡不住他眼神的威慑力。只见此人冲场上演员微微扬手打了个暗语，心领神会的由男性反串的老妪马上带着俊美的大妞和逗趣的傻柱子，加演一段《丈母娘逗女婿》，三人翻转腾挪各出窘态，引得父老乡亲掌声雷动。

这藏身在幕后调度一切的老汉，正是海城高跷国家级代表性传承人，已近七旬的邢传佩。眼前这帮由他一手带大的海城市民间高跷秧歌艺术团的团员们，在这位"邢团"不怒自威的目光注视下，把叠罗汉、孔雀开屏、大风车等超高难度的造型动作一一演来；而这些雀跃扭动的身影，也把邢传佩的思绪带回到他自幼跟随父辈师长习练高跷技法、渐成头跷名角的往事里……

🐾 英雄神武，天生就是头跷的料

说高跷秧歌，必提辽宁海城；说起辽宁海城，则要从牛庄这个小镇讲起。清初，东北的海上贸易主要集中在辽南近海，当时的牛庄没沟营和小平岛、旅顺口与我国东南各港经贸往来十分繁忙。海城古镇牛庄，因此成为当时关内外物资集散地，也是辽宁最早的水上商埠和南北艺术交流的咽喉要道之一。

每逢年节，外地来的阔老爷们便会设一套锣鼓供伙计们自娱，在同乡会馆举办"同乐会"。逢农历四月十八娘娘庙会、五月十三关帝庙会，各会馆还会筹办"香火会"，以遣众人的思乡之情。关于海城高跷最早的文字记载，可见于清光绪年间出版的《海城县志》："清康熙十二年（1673年），牛庄古镇三义庙就有高跷、旱船沿街跳舞表演。"《周铁沟花儿山碑记》记载："兹有周铁沟花儿山集合乡傩，每年于四月十八日朝顶进香，庆贺圣诞，名为'天吉盛会'，历年已久……"岳州迷镇山娘娘庙会从农历四月十七开始到四月二十止，各种民间艺术皆云集于此，海城高跷数十支队伍赴会参赛，为海城高跷秧歌繁荣提供了一个重要条件。另据《海城喇叭戏志》大事记载："康熙二十一年，海城知县郑锈任期内，于海城西门外修建关帝庙，路南设乐楼一座，每逢农历五月十三日关帝庙会，届时，戏台上演民间戏曲，还有高跷、旱船等沿街表演。"据海城高跷前辈艺人代代相传的回忆，明末清初，在海城牛庄秧歌会上，就出现过高跷活动和地秧歌同时表演的景象，距今已有三百多年历史。不过当时的高跷，还只是在跷上舞耍刀、枪、棒，艺人叫它"武跷"，还没有形成现今扮"四梁四柱"人物的海城高跷，可算作海城高跷秧歌初期的活动。

海城高跷的形成，也受到了中原文化的影响。海城地处辽河左岸，与营口毗邻，临近入海口。"辽河所经之区,如怀德、梨树、昌图、开源、铁岭、沈阳、辽阳、海城等处,都盛产大豆,在铁路未修筑前,主要凭借辽河水运,至牛庄、营口,然后再通过海运,转销至南方各省。"(《东北地方史研究》创刊号(1984年第1期)《近代东北海运的"豆禁"与"解禁"》一文)从顺治朝起,清廷颁布《辽东招民开垦条例》,宣布开放辽东地区,以奖励政策招揽官吏和应招出关的移民。至康熙七年(公元1668年)止,先后有多次由关内移民东北的大潮。清政权后来对关东执行封禁政策,设立了一道边墙,但"闯关东"现象却禁而不止,形成了中国近现代史上蔚为壮观的"闯关东"移民潮。这为辽南海城高跷秧歌的产生创造了独特的历史环境。随着闯关东的移民的涌入和辽南经济贸易的发展,南北方的艺术也得到了广泛交流。每逢年节、庙会,山西柳腔喇叭戏都会在戏台演出,晋商作为外来经济强势主体的代表,也让柳腔喇叭戏在海城很自然地被大家高看一眼。喇叭戏里已有的演出模式、唱词剧情、角色扮相,开始与海城本地的高跷秧歌自发融合起来。

踩高跷扭秧歌逐渐成为海城百姓的民俗乐趣之一。每年农历正、二月间,"乐会"余兴未息。辽南大地冰消雪化,乡道泥泞之时,乡间少年子弟遂自制木跷,学着踏舞;靠近山乡地区的一些孩童,则就地取材,用带杈的松枝代替木跷,走街串巷舞动;沿河地区村屯,在劳动之余,两脚分踏两锹(当地叫"桶锹"),双手左右上提,扭浪自娱。

农耕永续的祈福愿景与踩跷舞动的艺术形态完美融合,形成海城独有的秧歌形式,被代代艺人传承发展着。从19世纪20年代的第一代传人小金子、大来子,到第二代的红、粉、黄、蓝、白、青"六朵菊花"(艺名),20世纪初的第三代、艺名"白菜心"的张久荣,第四代"抓地虎"吴奎一、"滚地雷"王凤翔,再到新中国成立后的第五代王连成等,传承谱系蔚为壮观。

在邢传佩的记忆里,踩上高跷,扭浪巡街,是伴随他童年的火爆印记。旧时的高跷表演形式,一般分为"骑象"、"大场"、"清场"和"混场"。高跷队到一个重要的场合先要"骑大象",现在也叫"叠罗汉"。骑大象以后要唱喜歌,如"一进大门抬头观,看见了东家的灯笼杆,灯笼杆上喜鹊落,发福生财万万年"。唱完以后,整个架起来的"象"一下子就散开来,叫作"谢象"。然后是"跑大场",由头跷率领打场,艺人边表演边向外移动队形(观众会随之后退,自然形成一个圆形场地),把场子打开。大场的表演有"剪子股""十字梅""二龙吐须""龙摆尾""四面斗""卷白菜心"等传统队形。跑完大场后,群众都退到后面去,场子打开了,就开始表演清场(也叫"情场",由一对男女艺人搭档表演)。所谓"清场"就是把场子都清理了,其他高跷队员站在一边,场子里留下一对艺人开始表演各种小场子，如"扑蝴蝶""捕鱼""杀江"等。另外还有混场，在一对清场艺人中间可能剩个老扠，三人或是表现老扠挑拨男女之间的关系，或是表现保媒拉纤，根据艺人的个人情况，表演内容也不太一样。有的混场表演中，也会加入傻柱子这个角色，像这样的场子都比较诙谐、幽默、逗趣。当时的高跷表演基本以文场为主，中间也穿插一些武场表演，武场主要体现翻、滚等技巧，有"抢蛤蟆""翻跟头""三角倒立""穿毛""叠肩"等招式。还有一种形式叫"过街楼"，也叫"街趟子"，当秧歌队行进到一个观众较多的地方，受场地局限，不适合表演大场时，就会表演一段街趟子。街趟子的表演很欢快，时间短，一般用[五匹马]的曲牌子，演奏完一段曲子后就结束。其他形式的表演基本上都属于中慢速，而街趟子把速度提上来，表演非常欢快。

新中国成立以后，每当岁时节日，人们总要敲起胜利锣鼓，扭着高跷秧歌，表演于山区、平原、沿河村镇的街头、广场。邢传佩说，那时当地组织起来的高跷秧

海城高跷在关帝庙前的表演场面

歌队少则百余支，多则二三百支。在 20 世纪 50 年代初，海城当地和周边涌现了一大批技艺高超的民间艺人，如老生刘继武，头跷张成仁、王世新、李秉武，上装张庆志（张大姐）、刘乃义（刘大辫）、张凤棠（粉菊花）、张久荣（白菜心），下装王世甲、申玉珠、刘玉印，老抠高德振、宋长德，等等，都在各自的家乡培养了一批批青壮年高跷秧歌骨干，组建了一支支高跷秧歌队。这些高跷秧歌队曾先后参加了丹东、沈阳、辽阳、鞍山、海城等地举行的省、市、县各级民间艺术会演。

邢传佩的父亲邢立才便是一位优秀的高跷秧歌反串艺人，二大爷邢立巨更是名动辽南的头跷。虎头虎脑、体格强健的邢传佩，在父辈眼里，天生就是踩高跷的料，二大爷邢立巨更是早早就为他指定了当头跷这一行当定位。邢传佩告诉笔者："打小我二大爷就相中我了，告诉我，小石头（邢传佩的小名）你必须来这个头跷。我也从小跟着他后边看、学，看他怎么打圈场，怎么下清场，怎么'备马'。头跷扮相是红脸膛儿、吊眉，表示英勇、不惧一切。我二大爷一上场，能给全场镇住，当时我就想，有一天我一定也得跟他一样！"

七八岁时便开始在父辈指点下上跷戏耍的邢传佩，到十六七岁时进入马风公社文艺宣传队，接受更为系统的训练。除去二大爷邢立巨的手把手教学，更有当地杰出的秧歌老艺人王广让的悉心教诲，以及县市文化馆胡藻文、郭丽华等名师对他舞蹈动作的亲身示范。不到 20 岁，邢传佩已是当地极有名气的头跷艺人。邢传佩回忆："这位王广让老师呢，从他父亲到他，都是咱们辽南很有名的头跷艺人。他一眼就看中我了，说就你了，我就是你师父。那时候一听认徒弟非常高兴，宁肯不吃饭不睡觉也得把高跷练好！像备马呀，一马三鞭哪，都是那时候开始真正系统地学起来的。"

邢传佩示范头跷动作、
演练老生造型

在高跷队列里，头跷永远都是开路的先锋，变换队形、阵法的领头人，而这样的角色安排，冥冥中也注定了邢传佩的当仁不让的"会首"气质。

"四梁四柱"是海城高跷秧歌表演的核心：头跷，张三，武生，来自喇叭戏《神州会》（《张三赶会》）；二跷是武旦，张三之妻，名叫桂兰，后来也指《拉马》中的杨八姐；老生（渔翁），《杀江中的肖恩；老扢，俗称"茶婆"，即《铁弓缘》中的茶婆。除此之外，海城高跷秧歌中的主要角色还有上装（小旦）、下装（丑）、傻柱子等。

邢传佩所负责的头跷，是打头阵的先锋官、变换队形的领头人、整场演出的精神核心。邢传佩介绍，头跷的备马场子很有特色，头跷先把鞭子别在背后，手拿一把扇子，道白："自幼生得（性）烈偓，好穿牛皮缎靴，上房走瓦不响，下地（如同）流星赶月。""在下跑报张三，今闻得山东有一个庙会，我一来访友，二来寻妻，待我备马走走。"下面扇子一收，往那儿一插，把鞭子拿出来就开始演备马。这个场子的表演一般是备马和鞭挂两段。备马就是牵马、拴马、取水、掸水、取马刨、刮毛、打马腿、取鞍屉、取马鞍、勒肚带、拿马嚼子、戴马嚼子。然后表演上马、扬鞭，也就是鞭挂。这段主要是表现张三在马上的动作，如一马三鞭、压鞭、马失前蹄等。

邢传佩展示头跷"备马"动作要领

年轻时候的邢传佩，身形伟岸，跷功卓绝。通过现在他指导队员时展示的鞭花、翻身、压鞭等动作，依稀能看出当年的英俊潇洒和威武气概。

邢传佩这个头跷，无疑是秧歌队列的灵魂。每一段引领就像成竹在胸的统帅，每一段衔接就像浓雾散尽的转场，只要踏上高跷、立在队首，他便能看尽世间冷暖、掌握观众情绪调动。他一动情，准是开合恣肆浓墨重彩；他一炫技，准是满场喝彩力压同侪。

❧ "黑油油的土地黄玉米，哥哥和妹妹耍在一起"

"黑油油的土地黄玉米，哥哥和妹妹耍在一起，一尺尺杆杆一段段情，最风流是咱浪跷的人。"这是辽南地区喜爱高跷的人们最常说的俗语。正所谓"戏出高跷"，其实，情也在跷里。青年时代的邢传佩一身硬功夫，能够与之搭戏的，必也是女中花魁。一个叫杨敏的女孩渐渐成为他的固定搭档，然后顺理成章地成了他的妻子。

杨敏高跷之路的缘起，来自身为公社高跷队队员的舅舅。

长大后她被马风公社文艺宣传队招入，接受省市文化馆姜淑芬、李显达老师的舞蹈启蒙，海城高跷老艺人黄英凡的亲身示范，胡藻文、郭丽华等省内名师的高跷舞蹈训练。

民间的培训依然严格，考核与排名，让杨敏在磕磕绊绊中激发了出人头地的韧劲与拼劲。那时候团里也实行"末位淘汰制"，只保留30人，杨敏的排名恰恰是第三十。这可给她上火坏了。邢传佩也是从那个时候注意到杨敏的。"她那个时候吧，练功特别狠。我就发现总有个小丫头在那儿照镜子，心说你在那儿臭美啥呢，后来发现她不是臭美，她是在那儿一直在琢磨动作表情和眼神呢。那时候我们都小，不练功了恨不得马上躺下歇会儿，就她一直在琢磨、在练，我就感觉她不简单。用老话形容，她这就叫：宁可身受苦，不让脸受热。"

杨敏打小就有一股要强的劲，在宣传队里知耻后勇，短短一年时间，已能完成难度颇高的单出头表演，一人分饰小姑娘、村支书、地主婆三个角色。如今已经七十岁的杨敏，腰部有伤，但只要鼓点一响，动律与神态依然不输当年风采。

当年，邢传佩与杨敏在队中是当之无愧的"压底鼓"的。跑完大场以后第一对清场的一般是压底鼓的，这一对也是秧歌队里上、下装表演最好的一对。二人在锣鼓伴奏中上场，传巾递扇，做腰滚、浪头、五鼓亮相。上装（女性）讲究"站像一枝花，走如风摆柳"，下装（男性）讲究"丑中见美，笨中求巧，傻中见乖，呆中求俏。"为什么叫"压底鼓"呢？邢传佩解释，因为这一对在演员队列的末尾、乐队司鼓之前，所以叫"压底鼓"。跑大场是快板，等鼓一慢下来，就开始表现高跷秧歌中"浪"的特色。要想让高跷队员的动作浪起来、美起来，就要通过鼓的变化来转换他们的表演情绪。比如一鼓、二鼓、三鼓、四鼓，最后到五鼓，由慢板逐渐转到中板，转到快板，最后结束。五鼓基本是高潮的时候，它像个句号。压底鼓这一对还有一个特权即"叫鼓"，打鼓的就看压底鼓这一对，别人叫鼓不给，所以整个高跷队都要按照压底鼓的叫鼓节奏来进行动作的变化。"叫鼓啥意思？叫鼓就是给打鼓的一个信号，我做叫鼓的动作了，一抬脚。这个脚怎么抬，每个艺人有不同的叫法，有的是小腿往上一提，有的旁抬，有的交叉、斜踢，都不一样，有的双脚跳落。因为这个特别能凸显每个艺人的扭法特征、叫鼓特征。"

艺谚说得好，"上装是盘菜，全靠下装卖"。上、下装之间的逗情逗趣是演出看点，而夫妻间的相扶相携则成就了海城高跷别开生面的发展道路。邢传佩与杨敏，从场上的合作伙伴成为生活中的恩爱夫妻，一切都显得顺理成章了。

正所谓性格决定命运，角色成就人生。随着年龄的增长，邢传佩渐渐减少了踩跷表演，但打小就是头跷的角色定位，让他一直在思考如何带着海城高跷迈向更高处。

20 世纪七八十年代，闲散于各村的民间戏班逐渐解散，海城高跷面临断代危机。此时邢传佩拿出了头跷的气势，当仁不让，与杨敏共同挑头成立海城市民间高跷秧歌艺术团，把耿庄、东四、牌楼三处的民间艺人重新集结在一起。古老的海城高跷，在他和杨敏的带领下，开始扭向广阔天地。

邢传佩任团长，主要精力放在行政管理和对外宣传上，杨敏则专心在队伍里带徒传艺、对传统节目进行精细改良与提升。邢传佩带团，严字当头，情字殿后。民间艺人师承纷杂、作风散漫，多年来养成的舞台陋习不胜枚举，而这在邢传佩和杨敏的团里决不允许。邢传佩说，演出必须立规矩、守纪律，之前的演出模式必须得重新捋一遍，老毛病、坏习惯都得给我改过来。"以前演出有多随便呢？一边演着一边俩人在跷上唠上嗑了：'哎，晚上到我家喝两口去呀。''行啊，一会儿你叫我……'这哪儿行！还有的老演员直接在场上就擤鼻涕吐痰的，有些反串演员格调不高，摸胸的动作呀啥的，这些都必须得给扳到正道上来。不这么严格管理，海城高跷就永远上不了台面。"杨敏对于海城高跷的创新与发展则体现在，她把来源于生活的动作舞蹈化，把辽南秧歌比较随意的舞蹈动作与海城高跷相结合，形成了二人场、三人场的成规制的套路与规范，并融入了符合现代观众喜好的时代审美。以海城高跷经典三人场《丈母娘逗女婿》为例，杨敏在前人基础上做了大幅度的改良与丰富，对于老扽偷听女儿和对象谈话的神态、从旁搅和先怒后喜的情绪反转、手举烟袋锅作势要打的动作细节，以及演员的眼神、神态变化等，都进行了重新编排与加花创造，从而使这出戏成为新时代海城高跷三人场的经典戏目。

老话说，宁带千军万马，不带戏班杂耍。艺术团组织松散，演员素质参差不齐，带这样的队伍，邢传佩拿出了不少土法子。邢传佩胸前，有一把特制的哨子。对大伙儿来说，邢团长的哨音便是命令，令行禁止，马虎不得。邢团带队的权威，在这一声声哨响里得到了无比生动的体现。团里的老演员亢金明说："你一个团队，没点儿纪律性那能行吗？团长给你带出去了，你这帮人把干自家农活时候的劲都拿出来了，一会儿唠

杨敏指导反串老太太的
男演员排练

嗑一会儿溜达玩去了，一旦有点儿什么事，团长得摊多大责任，那好使吗！所以后来我们这帮演员也都懂了，一个团队纪律性必须得有，必须得有一个邢团这样严厉的人来管，才能镇住。你团长要是说了不算的话，这队员都不听你，那你组建这个团还有啥意思？对吧？"

就这样，邢传佩与杨敏男主外、女主内，夫妻组成的事业"一副架"（东北二人转术语，指一对男女搭档），把曾经差点儿失传的海城高跷，愣是扭成了名震全国的王牌军。

"不逗不为秧歌，逗得不活不为能手"

一方水土养一方人，一方人养一方艺。在海城周边，民间流传着这样一句俗语：辽精、海怪。"辽"指辽阳，"海"指海城。海城人为什么怪呢？这一评语很是意味深长，意指海城人性格处于精明"脸大"（脸皮厚）与谨厚朴直之间。而海城高跷表演风格，似乎也与上述民风基因有所暗合，其主要特点被概括为扭、逗、浪、俏、相。

古舞新生，这数百年流传下来的民间舞蹈，一旦被海城人接受与喜爱，无论是表演范式、动作技法，还是服饰演变、代际传承，均已默默融入黑土地的年代记忆，成为民俗发展史的同步见证。海城高跷，既见证着关外民俗的精神气节，也浓缩着海城人日常生活的点滴记忆，在一个相对封闭的时空环境里，最大限度地保留着民俗对于这一民间舞蹈形态的影响。旧时，这是穷苦村落里的"穷欢乐"，寄托着农民对来年风调雨顺、无病无灾的朴素祝福；到今天，则早已成为城镇里的日常助兴表演，秧歌队扭动起来，全员参与，不分你我，一派祥和喜乐景象。

海城人的人文性格对秧歌的有益补充与技艺发展，同样不可忽视。他们敢于冒险、挑战前人、"豁得出去"、不断追求更高更难的性格特点，令秧歌技法不断提高，特别是踩跷，从寸跷到高跷再到大高跷，从对原有套路的保留学习到现如今花样翻新的群体造型动作的涌现，海城人把高跷秧歌艺术进一步丰富提升，极大满足了不同阶层不同口味观众的需求。

邢传佩结合自己多年的头跷艺术实践，对于艺术团里的年青一代演员，特别是头跷、下装、渔翁这些男性角色，细抠动作，严扳作风。海城高跷表演风格的几大特点，在他的教学过程中，也得到了逐一展示。

先说扭，这是海城高跷韵律的基本特征。扭的动作要领可以概括为扭腰、展臂、挽腕、屈膝、提气。邢传佩指导队员必须突出腰的主导作用。扭动时，以腰为轴向左前或右前送胯再收胯，画横"8"字，带动全身扭舞。两臂放松，手腕用力，给人一种只见腕动不觉臂张的感觉。膝部屈伸要柔顿相济：柔时屈和伸的时长相等，线条圆润，略带韧性，优美流畅；顿时抬起的腿呈向前（后）抽踢势，另一条腿要顿挫鲜明地屈伸一次，讲究屈时短、伸时长，"抬短落长"显出棱角。

杨敏展示海城高跷上装的
"羞、媚、喜、怒、欢"

　　再说这逗，是海城高跷表演艺术的核心。有道是"不逗不为秧歌，逗得不活不为能手"。旧时上装都是男扮女装，在表演中出现一些夸张过火的挑逗表演在所难免，不过在邢传佩这里，逗是很有分寸的，他要求晚辈做到"逗而不俗，趣而不丑"。

　　浪，是海城高跷的审美标准。在海城民间，一向称扭秧歌为"浪秧歌"，评价一个演员扭得好，邢传佩的说法是"浪得好"。他把祖上传下来的"稳中浪、浪中美、美中俏、俏中哏"十二字口诀，规整到队员的每一个动作中，让海城高跷的浪，是浪漫，不是浪荡，突出的是动态之美，又是内在感情的率性抒发。邢传佩说，"稳中浪"是上装动律美的概括：在动作上呈现优美、端庄、风流、潇洒的格调；在表情上既"似笑非笑、含而不露"，又洒脱利落、柔美俊俏。一位好的上装在表情上宜达到"羞、媚、喜、怒、欢"五个字。"浪中哏"是高跷下装的艺术特色，即在"逗哏"中给观众以美的享受。其动作是"八字步、腰要煞（土语，指腰往上提，展示下装角色干净利落的劲头）、单双搭肩、水袖花，步法有力多变化"，在表情上"眼能传神，脸会说话""丑中见美"。一个好的下装应做到"精、傻、乜、呆、愣"五个字。

　　相，就是"鼓相"，是海城高跷向高水平表演技巧攀登的阶梯。借鉴吸收戏曲中亮相的表演程式，在一定锣鼓套的配合下做一个优美、英俊、威武或滑稽的瞬间静止造型。用在角色上场、下场或一节舞蹈动作完毕后，以突出地展示人物的精神状态。

　　接下来的业务训练，主要由杨敏负责，特别是对上装演员"俏"的指点，杨敏毫不含糊。手绢花的运用，是杨敏的一绝，也是海城高跷区别于其他地区秧歌形式的重要特征。"碎绕花""里片花""外片花""里片旋花""外片旋花"等招式，飞转灵动，俏美纷繁，配合手臂舞的动作，如"缠头花""搭肩花""前后绕花""双臂花""盖分花"等，更见舞者功力。

杨敏特别向笔者展示了舞腕的特殊动律："腕为主导，臂作配合；腕带臂动，臂随腕走；只见腕动，不觉臂张。"每做出一个舞步，双膝必随之自然屈伸，这是海城高跷扭步的另一个特点。以膝部富有弹性的屈伸，推动躯干、头部及双臂、双脚之舞，产生一种全身协调的动作美。抖肩、耸肩则是用以表现滑稽、俏皮的典型动作之一。抖肩有单、双、碎、交替各种，耸肩则有单、双之分。这种富有技巧并具有喜剧色彩的动作，往往在清场、过街楼或小戏中偶然出现，会产生特殊效果，也是突出艺术风格的动作之一。

采访期间，杨敏正在指导队员复排失传多年的扑蝴蝶场。自1989年她演过这出《扑蝴蝶》后，海城当地已无人能演。杨敏从团里选出四个上装、一个俊生、一个傻柱子，把这出传统戏目重新练起。开场是四个小姐踩着石桥过河，有的胆大心细，有的胆怯畏惧，四人四相，灵动有趣。待到蝴蝶杆出场，小姐们集体扑、单人扑，傻柱子逗趣扑，摘花、戴花，环环相扣的剧情与动作，看得人有如身临其境，笑声不迭。

年轻的上装演员按照杨敏的指令，以不同的跷功和神态，演绎出不同性情的女性形象，海城高跷在这一刻，完成着又一场艺术传承。

邢传佩早年当过剧场经理，对演出市场的动向十分敏锐，当代观众喜欢看什么风格的演出，他会第一时间跟杨敏沟通，调整艺术团的节目。邢传佩负责"开方"，提出问题；杨敏负责"抓药"，落实解决。古老的海城高跷，在保持传统韵味的基础上，主动顺应着时代和市场的发展。

以前踩高跷，时间不受限制；如今为了配合各类场合

海城高跷绝活展示：
平地叼人、孔雀开屏

尤其是电视录制，邢传佩提出必须要压缩时长。杨敏于是把即兴松散的表演精炼编排在十几分钟甚至七八分钟以内，既保证经典技艺的展示，也符合现代传播的规律。

对跷的尺寸，邢传佩也有新要求。跷的高度从原来的一尺二，变为一尺八甚至两尺多，这样，海城高跷出场亮相时就能高人一头。队员立于跷上却如履平地，时而翻滚腾跃，时而轻歌曼舞，时而火爆热烈，时而即兴狂野……高难的跷功令人惊叹。

再看海城高跷的服装造型，浓艳明丽的配色，符合角色身份的脸谱，由以前的一味突出"丑"却格调不高，转向更具和谐统一美感的活泼与俏丽，更加适合各类大型演出所需。

"叫鼓亮相"是海城高跷传统表现手段之一，其功能在于渲染气氛、转化情绪、变换节奏。在邢传佩、杨敏的精心排练下，叫鼓亮相的运用更加火爆热烈，配合舞蹈呈现异峰突起之势，保证了演出效果的冲击力。

夫妻俩在海城高跷技艺上最大的突破，在于组合造型上的编排创新。各类繁复多变的招式与队形变化、运动路线方位变换等手段，是出外演出、参与各类大型活动、同行比拼竞演时的撒手锏。味儿还在，范儿不丢，但新时代海城高跷整体演出的观赏体验，与过去相比，早已大为不同。商演的邀约多得接不过来，这是市场给予今日海城高跷最客观、公正的评定。

民间舞蹈研究专家李瑞林教授是《东北大秧歌教材》的编写者之一，他认为："从民间舞蹈起源来看，它的首要属性是自娱性，自娱性即舞者为表达自己的喜悦之情，可以根据自己的喜好去扭，不受规范性的影响。可是现在看起来，我们的高跷秧歌不完全是这样，它不完全是自娱性，表演娱人占了很大的成分。我们现在很多地区，如海城的秧歌队员，基本属于专业表演人员，不像过去是单纯的农民，需要的时候我就上来扭。现在得事先排练，按照一定规范性的音乐、乐句来规范动作、队形。实际上除了表演性以外它又形成了一个规范性。所以民间舞蹈随着社会的发展在不断地变化，我们也要重新界定民间舞蹈表演的特征。随着我们的广大人民群众的艺术素质、欣赏水平的提高，高跷的这些发展变化受到了广大群众的喜爱，这种变化也是艺术发展的必然。"

🌰 精明，江湖，我的团长我的团

农历六月十五这一天，邢传佩早早来到山西会馆的关帝庙，祈福上香。多年来，这已是他的惯例。高跷演出多在露天，求个顺风平安，是他这个领头人的必修功课。如果去外地演出，他也会习惯性地在自己的箱子底下压一炷香，开演前必要焚香祷告一番，以期演出安全。高跷表演的危险性，既是观众眼中的艺术奇观，也是邢传佩永远绷紧的心弦。

团长，按老话讲是戏班的会首，实质上更是一家之主。除了严格要求，更要"宽严相济"，邢传佩朴素的领导艺术里，蕴藏着历练多年的人生学问。很多人都说，邢传佩特别计较演出费用，与活动主办方交涉时，最爱说的话就是：吃的不用太好，住的也可以差点儿，省下的钱都算出场费里吧。有时对方只邀请踩高跷的队员，邢传佩还要再三争取带上乐队师傅。团长的精明与实惠，都体现在这些毫不遮掩的"斤斤计较"里。邢传佩说："演出费用，我真的是能争回来一分是一分，我不是为我个人，是为我这些队员。民间艺术本来就人才断档、后继乏人，你用啥留住人哪？用口号留不住，用忽悠留不住，必须得用待遇留住人，留住心……"

收入提高了，队伍稳定了，邢传佩又把眼光投向了更长远的地方。最让队员感动的是，他软磨硬泡地找各级领导，终于把这些大多来自农村的民间艺人的社保给办上了。几个年龄过线的老艺人，市里领导还特事特办，专门予以解决。"全国民间艺术团体，我们给队员上保险，的确是相当早的。而且也得说，感谢咱们海城当地的领导，特意开了市委办公会，专门研究咱们这些民间艺人的保险问题。当时有几个年龄已经过线的，市领导也特事特办，都给一起交保险了。这一下解决了大家的后顾之忧哇！"

作为团长，邢传佩一直把当年跃上跷头挥斥方遒的劲头保留在日常的团队管理中。他最爱看的电视剧是《亮剑》，平时的衣着军绿、迷彩色居多，只要哨响，队员们必须迅速立正站好。邢传佩按照他的铁腕招数与奖惩办法，愣是把一帮脸朝黄土背朝天的农民子弟，训练成半职业化的民间艺术家。单这一点，已足见他的能力和真性情。

邢传佩既懂演出，又懂市场，身上有江湖的义气，也有商人的精明，加之头跷演员的专业出身，各项因素综合在一起，决定了他在团里说一不二的地位。众人信他的业务能力，怕他的严格管理，更服他对市场变化的准确判断。

对传统艺术最好的保护，不是束之高阁，而是多曝光、多演出、让更多人看见与喜爱。海城高跷延续三百多年的演出范式相对老旧，虽独具浪俏的韵味，却少了吸引当代观众的卖点。邢传佩与杨敏决定，跟上时代，做出改变。"高跷艺术历史悠久，但不意味着保守，不意味着只适合农民和老头儿老太太看。怎么让海城高跷跟上时代发展、适合各种媒体传播，我想到的方法是两点：一个是你要有绝活，演别人不会的、不敢演的、演不出来的；另一个是你要有特色，一看这就是海城高跷的东西。"

依托重大社会活动，以广场或长街为展示舞台，少则几十人多则上百人的演出团队，用令人惊奇的整体造型和队列转换，向现场观众展示各种绝活技艺，这已经成为海城高跷近年来屡获关注的制胜法宝。

北京奥运会开幕式当晚，在鸟巢的北舞台，由 65 人组成的海城高跷秧歌队有一段三分钟的表演，这是东北三省唯一入选的民间节目。开幕式导演组认为，海城高跷秧歌独特的舞蹈造型与精妙的高跷绝技能够彰显出我国民间舞蹈的迷人风采。邢传佩告诉笔者，由于鸟巢的舞台非常大，现场表演需要相应夸张。"我们团的节目在中央电视台演播厅表演时是 22 人的演出阵容，到鸟巢了就要编排 65 人的节目，这对我们来说可谓规模空前。导演组要求我们充分展示出海城高跷秧歌的绝活，以便让观众看到'见所未见、闻所未闻'的好节目。彩排的时候，人家那导演组对各个地方院团，都是十分严厉的；到我们海城高跷了，张艺谋就给我提了一个要求，说老邢啊，你们就撒了欢儿地演就行，一定要野、要美、要开心，让全世界看见你们都开心！"

由 65 人组成的海城高跷秧歌队参加北京奥运会开幕式，做热场表演

其后，上海世博会"辽宁周"、2013年全运会开幕式，海城高跷的每次亮相，都已经不再是传统技艺和基本跷功的简单机械展示，而是有意识的综合艺术展演，更具整体性、时代感，以及对观众的视觉冲击和刺激。如最为经典的孔雀开屏、堪称视觉奇观的叠罗汉、最多时可上20人用两组队形表演的大风车，以及大场演出时压轴亮相的一面墙等，都体现了如今邢传佩团队超越前人的高超实力。

海城高跷参加上海世博会辽宁活动周演出

杨敏说："只有变化才能生存，海城高跷要让更多年轻人喜欢，就一定要与时俱进。我们不想做被救助的民间艺术，我们想靠自己的能力养活自己。现在看来，我们这样的思路和改变做对了。现在我们经常出国演出，有一次在奥地利演出的时候，他们总统亲自接见了我们，他说中国高跷秧歌是世界一流的民间艺术，给了我们很高的评价。以前我们这些队员都是最普通不过的农民，现在能和总统一起讨论艺术，那老自豪了。我们特别乐意参加这样的国际交流，老外用手风琴伴奏，跳他们的舞，也学我们的手绢花、扇子功，不住地冲我们竖大拇指。"

邢传佩的儿子邢义杰，是海城当地电视台的导演，对父母的工作也多有协助。他对笔者说："现在年轻人都知道媒体营销、形象推广啥的，我爸也知道，这让我有点儿意外。他是一个挺与时俱进的人，建立自己团的网站、网页，从网上推广，包括微信，每天都在朋友圈里发布最新消息。我感觉他挺跟得上这种潮流的，就是什么流行他就用什么。还有一个细节，团里有一面旗帜，他们专门有打旗的，出去演出，专门有一个人负责打一面大旗，上面写着'海城高跷'，我们是什么什么地方的，我们是什么样的一个团，这又是传统的招牌意识。他真的很懂做自我推广，而且宣传的从来都是团，不是他自己。"

同泽中学偶遇"娃娃跷"

头跷，只是邢传佩事业的起步角色，他用五十余年的韶华时光，把这条头跷之路踩出了扎实的爬升脚印，成为海城高跷的真正领跷人。

在邢传佩的艺术团里，由他亲手带出的头跷演员刘嘉亮、二跷演员高磊、老生演员汤胜田、下装演员王小刚、俊生演员陈士友、名丑演员祝恩国等，在当年邢传佩跷功和表演特色的基础上，各有创新发展与独门绝活，令海城高跷的艺术表达形式更加多元繁盛。

除了在艺术团里带班授艺，邢传佩最近这几年，还与海城当地的中小学合作，传授"娃娃跷"。在海城同泽中学，第一批招收的30名娃娃已在非遗活动日上跷进行过团队表演，孩子们步履稳健、神态轻松地完成着邢传佩与杨敏传授的基本技艺，引来啧啧赞叹。第二批学员规模更是不得了，将近百名。授课期间，邢传佩天天往学校跑，带着王小刚、周娜等人，忙着赶制高跷。站在操场上指引着孩子们蹒跚踩跷的邢传佩，与几十年前他的父亲、二大爷带着他习艺时一样，既严格，又慈爱。

邢传佩说："我这个人就认死理儿，性格天生也倔，既然海城高跷传到我这儿了，咱就必须要把它干好、干漂亮。如果努力了没传承好，那是我本事不行，我认栽！但如果连努力都不努力，那我咋对得起老祖宗！"

日升日落，舞动百年。海城高跷顽强坚韧地舞动在东北大地，它从白山黑水中舞来，也向美好的和谐世纪扭去。

邢传佩和浪跷人存在的意义，不止于技艺的提升，更是中国人民族情感的自然延续，寄托着芸芸众生给予天地和乡亲的质朴祝福。无论岁月如何流转，人们都不会忘记根在哪儿、自己是谁。锣鼓唢呐一响，手绢彩扇一扬，扭跷送胯一浪，故乡的味道扑面而来，热血如沸。

当年马风公社那个初露锋芒的头跷艺人邢传佩，以自己的倔强与恒心，执着于跷功的提升与团队的发展，从未懈怠。世界之大，选择之多，他甘愿投身于万千中之一。头跷之路，发之于个人的安身立命养家糊口，功在于一门民间艺术的衣钵传承发展勃兴。其间纵有苦乐酸甜，也从未彷徨迷失，鼓点唢呐便是这位"永远的头跷"的冲锋号，不登峰造极、不独占鳌头绝不停歇。他把这份热爱的执念当成了生命的避风港，抵抗时代的浮躁、无视欲望的纷扰。人生的故事，头跷的路径，终于讲成了两个字：圆满。

邢传佩、杨敏夫妇与本书作者合影

我心归处，只在影中

——复州皮影戏国家级代表性传承人宋国超

　　寒露节气一过，东北山村已近暮秋，万木迎霜萧瑟，只待漫长的"猫冬"。大连得利寺镇花红沟屯的宋国超与别人略有不同，越是农闲时光，越是他里外忙活、各处奔走的时候。这间不起眼的院落里，藏着宋家已传袭五代的看家本事——复州皮影戏。

　　庙会酬神、唱喜影和愿影之外，宋国超在村里也会随机接下演出任务。今晚的活儿，是在村前广场演一场传统大戏《樊梨花征西之"沙场情缘"》。家里的东厢房，看似庞杂而自有规矩地放置着演出所需的头茬、影身子、道具和装台工具。宋国超顾不得吃午饭，就开始一个人把所有东西过上一遍。这是他作为"班主"的责任。

　　在辽南一带，提到皮影戏，必提"义和班"，这是宋国超的祖父宋德新创立的，经过父亲宋喜云，再到宋国超这一辈，历经百年时光，依然名声不减。

🍂 义和班的后人

　　复州皮影戏的名字来源于复州。复州历史悠久，早在四五千年前的新石器时代，其境内就有人类生息繁衍。至辽初，设"扶州"，并于会同元年（公元938年）用同音"复"字代替"扶"字，称"复州"，从此就有了复州这个名称。复州位于辽东半岛，濒临渤海，这里交通发达，物阜民丰，是历史上的重镇，也是历史上辽南地区经济、文化、政治的中心。据《东北俗文化史》记载，复州皮影戏是在明朝万历年间（公元1573—1620年），由从陕西来东北戍边的士兵传来的，后逐渐由营房传入民间。复州皮影戏真正盛行是在清朝嘉庆年间（公元1796—1820年），当时北京附近白莲教活跃，有的皮影艺人也参加了白莲教，被清政府诬为"悬灯匪"，清政府下令禁演皮影戏，滦州皮影艺人被迫流入东北并进入辽南。大约与此同时，山东登州的皮影艺人也陆续跨海到辽南来演出。复州皮影戏就是在这种背景下产生和兴起的，产生至今已有四百多年的历史。

　　瓦房店市政协原副主席、文化馆原馆长牛正江在接受采访时曾介绍，1951年，他在民间艺人学习班上调查得知，当时分布在复县民间艺人手中的影箱有43盘，这还不包括皮影爱好者手中保存的。一盘影箱就能组成一个影班进行演出，43盘影箱就意味着一天晚上可同时演出43台皮影戏。当年演技较高的皮影班，一年到头不封箱，冬天在室内演，夏天在村头树下露天演。当时演出的报酬比较低，花七八元钱或八斗、一石粮食，就能请影班唱三宿。每次演影都要有个名目，那个年代人们还受封建迷信的影响，牛马得病，用演戏酬神这种形式向牛马王许愿，或者祈求得个丰收年，当然也用这种形式庆丰收。

　　宋家几代人，就是在这个拥有浓厚皮影戏演出传统的地域，把义和班坚持至今。宋国超从老辈人口中听说，自己的爷爷宋德新最开始是给其他影班做饭的。演员们四处

义和班演出皮影戏
《孙悟空三打白骨精》

宋国超珍藏的影卷

演出，需要一个厨艺好的厨师，演出时爷爷还负责拎着两壶水去后台，随时给演员们解渴。后来有演员临时有病、有事，爷爷就开始替补，"看得多了，也就会了，就这么简单"。从后厨到替补，乡野影班的规制在宋德新眼中逐渐明晰后，头脑精明且深具天赋的他，便偕同家族中人，创立了义和班。

"过去管戏班也叫'江湖班'，为的是大家彼此有个照应。"有江湖的地方，就要有行话和隐语。宋国超介绍，爷爷那辈行走江湖时，天下还不怎么太平，今天这儿打仗明天那儿打仗，官匪村霸、同行倾轧、小人使坏，各种杂事都少不了，老艺人为了保护自己，常会使用所谓的隐语，让外人看不出自己的真实意图。在李跃忠先生所著的《中国影戏与民俗》一书中，也有类似的记载。当时东北影班的行话，一般有下面几种构成方式：第一种叫"露八分"，即用一种词语代替另一种词语，含意微露。例如：吃饭——超付；走——摘；你唱——乌车；钱——脐儿；多少钱——怎么个触；钱多了——触多了；钱少了——触舍了；不是人——乜上姚；影没唱好——影彻户了；影无人看——苗摇人课。第二种叫"回中语"，又称"徽宗语"，即把所有的字根据不同发音而分为唇、膛、齿音，把每个字都拆分为两个字说（原字由前一个字的声母和后一个字的韵母拼成），如"黑"说成"喝勒"。第三种叫"棍语"，即每句话的尾音都带一个"棍"字。第四种叫"喜鹊语""老鸹语"，类似鸟的叫声。新中国成立后，人心安定，上述这些"费二遍事"的隐语，终于渐渐退出江湖。再有人用，实属故弄玄虚了。

宋家人主理的义和班，在辽南的名气渐起。宋国超加入时，已是 1961 年。他

复州影人

说："一开始我主要是打小手锣，第二年开始帮着操影。老艺人也都有心眼，只让我文场的时候上去动一动，偶尔教一教我。好在我爸也在影班，慢慢地我就接触到全部的行当，有时候我爸干脆不演了，就专门盯着我。别的老艺人一看，这宋国超还行，就也乐意教我了。"

🌰 爱训人的班主

义和班的衣钵，传到宋国超手里。严格、严厉，是他留给外人的强烈印象。宋国超从下午开始准备晚上的演出，笔者站在一旁默默观察，发现他的火暴脾气的确是不管不顾，有没有外人在场，都一个样。

下午的排练，让宋国超有些恼火。影班成员都是农民，平时各有活计要忙，把人全部凑齐已属不易，而参差不齐的技艺水平，难免让他起急。被宋国超训斥的人里，有个叫王淑琴的，既是他的徒弟，也是他的小姨子。也许正是因为多了这层亲戚关系，要求才最为严厉。唱得不对，开始还能耐着性子指点几句，一旦王淑琴反应慢了，犯了重复的错误，宋国超劈头盖脸几句话就怼过去了。王淑琴背过脸抹了两把眼泪，接着回过身继续唱，又唱错了。宋国超噌一下子站起身："不排了，还排啥呀，休息！"众人面面相觑，没人敢搭茬儿，等宋国超抽两根烟，情绪好点儿了，再重新坐到一起继续排。

徒弟们也都已经五六十岁，在帮着装车、搭台的时候，手脚不够麻利，组装影棚的过程不够顺畅。宋国超的急脾气再次显露，空旷的场地里时不时就能听到他不留情面的喊声。

急脾气还没完。等到夜色低垂，幕布亮起，宋国超还会用更火暴的方式掌控全局。宋国超将新唱词竖排抄在稿纸上，字迹工整，字架开阔，看不出他只有小学四年级的文化程度。宋国超常年穿着一件灰棕色马甲，这件摄影记者常穿的马甲把他和周围普通的农民自动区别开来。待演

在后台，宋国超从不掩饰
自己的脾气

出正式开始，某个徒弟操影的时候动作慢了，宋国超会直接拿肩膀撞或者手划拉，舞台后边只见他一人怒目监督、来回指挥，其他人全都小心翼翼。

守住从祖上传下的义和班的名声，比什么都重要。"面子？要面子能演好戏吗？"

可不熟悉内情的外人，难免生疑、困惑：都是低头不见抬头见的村民，"为'一脚踢不倒'的那么点儿演出费，凭啥这么骂我、数落我？"……

不近人情的背后，藏着宋国超家族和他自身的隐秘往事。20世纪60年代，皮影戏被归为"四旧"之列，被禁演。很多影班就地解散，影人、影卷就地销毁。宋国超想保护好祖传的有三百多年历史的影人和影卷，便大着胆子偷偷留下。但藏在哪儿，成为一个难题。最后，他选了一个污秽不堪的地点：猪圈。用油纸包好、埋在猪圈地下只是第一步，宋国超怕影人影卷发霉，每年还要偷偷挖出来一次，在院里晾晒，然后再埋回去。如此反复，一藏就是十年。三千六百多天的提心吊胆，十个来回的挖、埋、再挖、再埋，他不知道何时才可以再次领班唱影，可就是这么甘愿冒险而笃定地守护着，像守着他的命。宋国超说："我爸身体已经不好了，他把我叫到床边，眼神都直了，盯着我看了半天，然后说，咱家皮影不能卖，不能烧，这是你爷爷那阵儿买的、刻的，要是丢了，你爹我以后没法见先人。我爸还说了什么呢？他开始跟我托付以后的事，说要是以后皮影又允许演了，你再把箱子挖出来，然后找你这个大爷、那个叔叔……"

70年代末，国家秩序恢复正常，宋国超终于可以光明正大地让自家的这些宝贝重见天日。其中一些拥有二三百年历史的影人、景片、影卷，被宋国超优中选优，捐给了大连市博物馆收藏，共计474件。其余的老物件，补充到重组的义和班里，使演出得以迅速恢复。"我去找那些叔叔大爷，我说国家又让咱们演了，他们一个是高兴，一个是发愁，说没影人咋演。我说我家都藏着呢，马上就能恢复。这帮人乐完了，说你小子胆儿可真肥呀。然后我们能连演了十来宿，也没人觉得累。祖宗留下来的东西，又可以重见天日了。"

为了影，可以赌上身家性命，这种事，宋国超做了不止一次。

五十多岁时，他患上了股骨头坏死，每天疼得下地都费劲，更别提操影演出了。演不了影，就像丢了魂，宋国超居然想的不是治病，而是把买药的钱省下来，继续买驴皮。戏瘾犯了，让徒弟把自己抬到影棚，跪着演。宋国超的老伴儿王淑玲说："我说你遭那个罪，还去演那个，不要命了？'那玩意儿'就那么有瘾？可他根本听不进去呀！回家找他四哥给做了个拐，拄着去演。我一看，说，哎呀妈呀，你'没救了'！俺家俩闺女跟我说，妈，你就别管他，就让他去干吧，你不让他干，他还难受，出去接活儿了，他觉得心情还好。我现在回过头看他那时候的演出录像，在后台拄拐，我眼泪还是直往下掉。"跟着师父一同演出的徒弟葛运峰说："有时候走两步他自己就绊倒了，只要听到舞台后面扑通一声，几乎都是我师父，因为眼神也跟不上了，腿脚还不灵便。但是他为了演好每一个角色，宁可摔，也从来不休息。在排练当中假如卡一下或者摔一下，他首先想到的是刚才他拿个影人，形变没变，位置变没变。演下来之后，浑身那个汗，衣服一拧都能出水。"

葛运峰记得，师父最难的时候，除了带病坚持演出，还得带病干家里的农活，那种场面，至今想来，葛运峰还是忍不住眼泛泪光："他上山干活，用我们农村话讲就是'揽地瓜'，就是地瓜收完之后，肯定有漏网之鱼，但是老农民不舍得粮食，还得再来一遍。这一遍对师父来说就很累人了，他几乎就是拿耙子一寸一寸地筛选，师父腿还不好，他只能趴在地上在那儿扒拉地瓜，有的时候扒拉到晚上六七点天都黑了。累了一天，他到家简单吃两口饭，立马就把他皮影这些东西整出来了，接着刻影，刻到后半夜一两点。"

2011年，当地慈善机构帮宋国超申请了股骨头坏死患者援助项目，北京来的部队医院的专家在6月份为他做了手术，10月份他就急不可耐地去甘肃演出。

艰苦岁月，偷藏影人；身患重病，跪地演出。常人眼中的种种不理解，在宋国超这里都归结为成瘾成魔的痴情。为了影，他一分钟也不想等。

可时间在他的身上还是留下了深深的烙印。笔者在宋国超家，目睹了他教徒弟邓淑华刻影的场景。手术后，他只能别扭地侧坐在炕沿进行雕刻，刻到紧要的地方，还要歪着身子站在地上，浑身拧着劲地把握力道与分寸。长时间用刀，让他右手的尺神经受损，关节多处变形。戴着一副500度的老花镜，他一边感叹岁月不饶人，一边紧紧攥着刻刀，还是不撒手。邓淑华说，师父手上已经落下病了。"老是用手腕来回刻，因为他刻的这个皮子很硬，来回使劲，时间长的话这个地方尺神经受损——用咱们的话叫'麻筋'，其实就是尺神经。他每次教我，坐都坐不住，只能那么斜靠着站着，一教就小半天。你说我啥心情？只能好好跟着学。"

两个小时后，《劈山救母》中三圣母的头茬终于刻好。迎着光亮，打量每一处精细入微的细节，宋国超无比满足。

总觉得时间不够，才会步履匆匆，哪怕跛着脚，也要一刻不停往前赶路。不近人情的严苛，一旦有了人生经历的注脚，看似不合理、不讲理的脾气，也就容易获得理解。

徒弟吴亚南说："他对我们都挺严格的，不管你是在那儿演还是不演，当场就说你。过后我说他，我说你为什么当场就说呢，叫我们下不来台。他说，我要不那么说你们，你们能记住吗，就是叫你们不要忘了，就是哪点地方错了，或者是怎么的了，不要忘了。确实，他当场要是说你，你这么大的人了，过后你想想哪点地方你错了，一般就都能记住了。"

下午被宋国超训哭的王淑琴说："他的严厉，我是怕中更有理解。他就是直肠子人，台后说完也就完了，演出结束后该咋的还咋的。"

在宋国超家，笔者还偶遇来串门的他的弟媳韩宝莲。韩宝莲一进院就拉把凳子跟宋国超老伴儿唠上了，压根没理宋国超。这是带着气来的？韩宝莲也没把笔者当外人，直接数落上了宋国超："我在村委会负责妇女工作，平时村里有点儿啥通知，也会挨家挨户走走，告诉告诉。前几天政府下文，说现在新农村建设，要改造厕所，把各家各户臭气熏天的旱厕改造成封闭式的抽水马桶，政府掏钱，你报名就行。这事儿多好哇，我来他（宋国超）家的时候，人家正在那儿刻影呢，我跟他说了半天，他哼啊哈的也不知道听没听见，就让我走了。我心说他可能是嫌改造厕所麻烦，不想弄呗。结果前几天他又来找我发了一通脾气，说咋没给他家改造。这给我气的，我第一个就上你家来通知你的，你不报名签字，我咋给你改造哇！他这是寻思影的时候，眼里就没别的事儿，合计过味来又找我算账来了。他就这人，我都习惯了。"

🐚 扬名业内的真本事

身为班主，光靠脾气大没用，必须以艺服人。技术全面、技艺精湛，才是宋国超扬名业内的本事。现在，宋国超是唯一一位掌握全套复州皮影戏技艺的艺人，吹、拉、唱、打、拿样样精通，又擅长刻影人、写剧本。

幕布前，影人身姿灵动，或横刀立马，或坐而道情，唱词或婉转或苍劲，剧情渐入佳境。幕布后，则是另一番景象。五六平方米空间里，前排最左侧第一人是操影的，由宋国超担任，中间为贴

手术后，宋国超只能别扭地侧坐在炕沿进行刻影

影的，右为司鼓，后为拉主弦的。一旦苍凉的四弦在手中拉起，便忘记了年龄和寒冷。

一场小型演出，六位演员的配置是最低要求，人手不够时，宋国超既是班主又是导演，同时还要负责操影与唱影，随着剧情发展，不时变换角色，展示不同技艺。

舞动百万兵，靠的就是这一双手，人物角色的刀劈斧砍、策马扬鞭、阵前过招，都有幕后操杆的玄机。表演时，拿上线者（即操影的）为主，贴线人（即贴影的）为辅。拿上线者左手操纵脖条，使影人或前进，或后退，或行动，或坐卧、转身等；右手操纵两根手条，使影人的两臂抬落扬伸，双手张合、指点。贴线人与拿上线者拿法相反。总之，操纵要刻苦练功，练出真本事，才能达到"四两拨千斤"的要求。

与宋国超相识多年的民间艺术研究专家李威老师介绍："宋国超有一个绝活儿就是回马刀。咱们一般别的地方的皮影都是回马枪，拿枪往前刺，他是回马刀，刀呢，或者是横扫，或者是由上往下劈，快如闪电，刀落头落，这个别人一般是没有的……再比如，他演动物，鹤饮水，他那儿没有鹤，但他琢磨禽类饮水都差不多，他就观察他们家那个鸡鸭鹅，先把腿叉开，然后头再扎下去喝，所以他就表现得非常细腻，活灵活现。"

宋国超家的影班，最擅传统大书。生、旦、净、末、丑行当齐全，说、念、唱、打一招一式均有风格，乐谱、曲牌、声腔、音容笑貌都是讲究，极为考验影班的整体实力。

宋国超说："有很多的东西只可意会不可言传，需要你按照剧情自己领会它。我年轻的时候，问过一个老师傅，我说这个影卷您已经倒背如流了为啥还天天看呢？他说：孩子呀，你说错了。每一句话每一个字都有不同的感想，你影评都吃不进去你能演好吗？老人家所说的这些东西确实对我的启发是很大的。民间艺术，虽然看着简单，像草台班子似的，但背后还是有很多学问，需要你钻，你研究。你得用心去揣摩，每一个动作，哪怕一个不起眼的环节，你都不能放过它。比如'草民叩见大老爷''起来吧，一旁说话'，老爷

宋国超向本书作者讲解
操影的技巧

让草民起来的时候你是不能马上起来的，必须得先谢恩哪。观众即便不说这个事儿，作为操影的人，这个动作你得有。动作必须得做出来，动作做不出来，你就演不对味儿，演不到点儿上。"

艺谚有云："白"（指道白）是骨头，"唱"是肉。早年间影班没有女演员，宋国超可以掐着嗓子男唱女腔。他也擅长其他行当，以大、髯为人称道。番军都督"海豹"的一段唱词，浓重的"奋儿腔"（是对冀东地区的昌黎、滦州、乐亭等地方言的称呼），在宋国超口中别有韵味地传出老远。李威老师谈到宋国超的唱，赞不绝口："他这个唱腔也很精彩，他唱大、唱生，非常豪放阳刚。他唱旦，有文旦、武旦之分，武旦唱得非常泼辣，文旦则是非常秀气文静。他还唱丑，也有区分，有的是奸丑，表现得非常鬼祟，喜丑呢就是非常幽默俏皮，这他都有分别的。他的唱里，吸收借鉴了京戏和评戏，糅到皮影唱腔之中，你乍一听，嘿，京味儿很足，评剧味儿很浓，但是最后又回到皮影的这个味儿来。这个在辽南别家没有，只有他有。"

"白"是骨头，"唱"是肉。
宋国超表演《樊梨花征西之"沙场情缘"》

宋国超肯琢磨，在前人基础上更加注重舞台呈现。比如手中的头茬，可以一分为二，就是剧情中的一刀砍下人头落地；而早已备好的一捧红纸屑，便是血光飞溅的视觉效果。他还有不少绝活儿，比如"魔女巧梳妆"，操影时，手部一抹一拽，变脸就瞬间完成。李威说，宋国超有着出众的导演能力，想象力惊人："他创作过的《嫦娥奔月》，月亮咋体现呢？他反复琢磨，最后拿军用的大号手电筒往影幕上打光，效果非常好。而且他这个月亮能大还能小，可以根据后羿和嫦娥爱情故事的不同阶段，进行细腻的变化，充满了诗情画意，很优美生动。这是他的创作、导演才华的充分体现。"葛运峰介绍，师父在布景、道具创新上，从来不输年轻人："他真的是想方设法来烘托皮影的观看性。比如说我们会增加什么烟雾机，演神话剧的时候我们可以从场外来增加烟雾，烘托皮影窗内的这种神话效果。再比如最近演的《断桥》，《断桥》虽然说是在雨中，但是艺术来源于生活、略高于生活，我们就加了雪花机，就是漫天飞雪、雨雪交加的时候，在断桥上唱凄惨的调子，也特别成功。"

宋国超家珍藏了不少影卷，对于一戏之本，他既做到了传承，也有自己的思考和创作。这对于一个文化水平不高的农民来讲，十分难得。

宋国超的刻影，主要是推、拉、转、按四法，看似与其他地区艺人无异，实则内藏辽南一脉皮影造型艺术的不尽乾坤。刻影的制作流程：首先，将驴皮放在缸中发酵，待毛发自然脱落、残肉腐烂后，取出吊在架子上，四角用绳子绷紧，用铲刀刮去残存的毛发和肉，再用铲刀反复刮，直到刮平为止。其次，根据驴皮各部分的质量好坏，将驴皮裁剪分割，背部厚的部分用作影人的腿，轻薄的肚子部分用作影人的头、上身，或做刀剑、桌椅等。再次，待驴皮晾干后，在平坦桌面上铺上纸，将驴皮放在上面，加上平板压平，然后在纸上绘画并贴在驴皮上，或直接在驴皮上绘画。最后，绘制的图画干了以后，即用刀雕刻，雕刻的各种人物形象均是按照古代戏曲中的人物脸谱设计的。雕刻讲求刀法，刻刀锋利，有大、中、小三种，刀把部分跟钢笔杆粗细差不多，刀的形状如钢笔尖。

宋国超所雕刻的影人，装饰性强，线条复杂，纹饰多变，注重通透效果，刀花斑斓，色彩明艳。单说这皮影的头茬，由脸谱和帽饰组成，表明人物的性别、身份、年龄和性格特征。头茬大体可分为14类，即王帽、纱帽、帅盔、扎巾、番王、番扎巾、文旦、武旦、文生、武生、神头、妖怪、甩头、清影。

头茬脸面的颜色，有白、黑、红、绿、黄等之别。白脸采用阳刻，镂空部位映在窗幕后即成白脸，表示这些人物端庄正派；另有一种称为"奸白脸"者，满脸横纹，以示其奸诈邪恶、阴险毒辣；黑脸采用阴刻，表示正义无私、刚正不阿；红脸表示忠义，还有一种称为"肉脸"的淡红脸，表示放荡不羁、油滑不规；绿脸表示凶顽猛烈，常用于强盗和妖

宋国超的刻影细节，
层次分明，栩栩如生

怪；黄脸采用阴刻，直接借用皮色，为一般小人物或佛祖角色的脸色。

越仔细端详宋国超的头茬雕刻，越会惊讶于他对细节的幽微把握，头茬的头饰冠带造型可谓层次分明：一般闺阁少女梳辫子，出嫁者皆盘头；平民之女只有簪环和少数贴花，青衣又无贴花；身份显贵的女性则戴珠凤、插珠花，皇后、嫔妃娘娘和公主则戴凤冠。再看男性冠戴，有纱帽、王帽、太子帽、相帽、冲天冠、平顶冠、太监帽、中军帽、公子巾、叶子巾、员外巾、穷生巾、风帽、道士帽、扎巾、罗帽、帅盔、荷叶盔、耳不闻帽等，其中文武百官的纱帽有方翅、圆翅、尖翅的差别，一般文官戴圆翅，武官戴尖翅。天官地府中的天王、龙王、阎王等冠戴同于帝王将相；神仙头戴莲花，圣母灵姑头顶树叶，一些精怪如鱼、鳌虾、蟹等则直接用原形做头茬……

复州皮影戏的内容来自社会生活、历史传说或地方剧种，对其唱腔和道白，人们耳熟能详，即便是临时路过，仔细看一会儿角色造型、听几句唱词段落，也能够迅速进入剧情，因此其容易引起回忆和共鸣，具有浓厚的文化、群众基础。复州皮影戏唱腔多用大四弦伴奏，这在其他艺术形式中是没有的，因此它在唱腔上的要求也是其他剧种所没有的。复州皮影戏塑造的人物形象十分直接，好人就形象端庄，坏人则形象丑陋。演出过程中，复州皮影戏往往将多种艺术形态混融于一体，如制作影人需要进行服装设计，需要绘画艺术，需要乐队伴奏，需要设计唱腔和表演动作，等等，因此，它是多种艺术形式的综合展演。宋国超是目前复州皮影戏当之无愧的领军人物，也可以说是仅有的一位集大成者。

❧ 深夜的饺子，寂寞的大师

2010 年，大连当地的《半岛晨报》曾以《皮影大师成了"光杆司令"》为题报道过宋国超的窘境。早在 2006 年，复州皮影就成为大连唯一跻身首批国家级非物质文化遗产名录的项目，但真正懂复州皮影的人越来越少，真正愿意看皮影的年轻人则更少。2010 年，宋国超接受采访时皱着眉头苦着脸说，去年一年，他带领的影班只在"农民文化节"上演出过，而且还是会演，"不要钱的"。当时，宋国超还曾在大连的一家博物馆里招待过一批来参观复州皮影展的小学生，看到宋国超表演的皮影戏，300 多名小学生表现出"本能"的好奇与喜悦。宋国超说高兴也高兴，但高兴过后还是担心："以前，我们影班一天要唱 5 个小时，两个月才能唱完一本戏，台下坐满了人，大家伙儿热情高涨，掌声连连；现在谁有那时间看你演两个月呀。这回这批小学生看样子的确很喜欢皮影戏，可等到明天，他们回家了，有动画片，

有好莱坞，有游戏机，也许转眼就会把我们皮影戏给忘了。"在那篇报道的最后，宋国超还说了一番实话，大意是，自己真的像是个"光杆司令"，影班里的六七个成员都回家务农去了，有演出才能临时凑到一起，三请四催人家才愿意来，"我平时的经济来源也以务农为主"。

十年过去了，宋国超的日子好像是有了些起色，但他的寂寞与孤独，在笔者看来，并未得到根本缓解。

日复一日年复一年，宋国超的眼里、心中，只有影，没别的

最愁的是"人"。义和班是宋家几代人的心血，但宋国超的弟弟，早在十几年前就宣布脱离皮影戏，"千万别再找我"。当时弟弟对宋国超直言："哥，你就告诉我，演这皮影能挣几个钱，我有啥理由留下来？"如今留在宋国超身边的，多为五六十岁甚至更高龄的老人，他们一则将皮影戏当作额外收入的来源，二则也是被宋国超的真诚所打动。可当他们也老去了，谁会接班？

留下的人虽然学得认真，但悟性这个东西，并非人人具备。宋国超的徒弟葛运峰说，自己从小也是看皮影戏长大的，从来没觉得皮影戏有多难，但接触到师父之后，才意识到这是一门博大精深的民间艺术，操影、刻影、唱影，其实都可以单列出来成为一门复杂艺术。"我最开始跟我师父学的时候，第一步是让我抄写剧本，用毛笔在宣纸上面写剧本，师父说先别管你理不理解这个剧本，你先感受一下老传统皮影的这种文化。像我师父家的影卷有的传了上百年了，翻得都发黄了，都翻烂了，他就让我感受一下老传统皮影的文化，所以我就抄。抄完剧本之后，师父就开始教我念一些基本的道白和简单的唱腔，继续往里悟，再一点点地就慢慢地教我雕刻和表演。这是一个系统的东西，我也想都学过来，但是有的时候不是像想的那么简单，我认为我可能学了一辈子还是在学皮毛。"

　　第二愁的依然是"人"，看戏的人。笔者在花红沟屯实地探访宋国超排练、演出数日，目睹他精心准备的传统大戏《樊梨花征西之"沙场情缘"》响彻空旷的小广场。幕布上的刀光剑影、幕布后的精彩操纵、演员们的卖力念唱，很是热闹，可视线转到幕布之前，稀稀拉拉的村民，有些纯属过来闲溜达，看几眼就回家睡觉了，有些则一脸木讷、眼神放空，像是在看戏，又像是没在看戏。没有掌声，没有喝彩。

如今追着撵着看皮影戏的村民并不太多

　　有几个调皮捣蛋的孩子，偷偷跑到后台，拿起影人，互相打闹嬉笑起来。脾气火暴的宋国超此时倒显得无比慈祥与宽容——其实下午他还在跟别人抱怨，孙悟空的腿不知道啥时候被谁给掰断了，可这样的夜晚，一群孩子主动过来接触皮影，倒让他略感欣慰，根本就不想打断孩子们的兴致。"坏了我可以重刻，只要有机会宣传皮影，我多刻点儿也不算啥。"

　　演出机会少，也很愁人；好不容易得到一次演出机会，又限制时间，演的不过瘾，看的也不过瘾，更愁人。义和班曾排过传统戏《梅花亭》中高俊招亲的一段，因为市里演出每一个节目只给20分钟，宋国超只得将原本能唱40个小时的传统唱本唱词重新编了一下。宋国超说这也是"形势所逼"，"自己硬练出来的"，根据需要调整演出时长，是像他这样的民间艺人必须具备的能耐。至于如此浓缩，究竟保留了几分原味，丢掉了多少精彩，宋国超无奈地笑笑："能让去演就不错了。"

　　愁人的事，如果想说，怕是能说上三天三夜。可宋国超没时间抱怨，也很不愿意用这些"负能量"的东西影响身边人。他更在意的是自己班主的责任，遇到事了都自己扛着，没有事了就自己溜边歇着。有演出任务时，最少也要提前一天聚齐人马

孩子们好奇地围拢过来，打量花花绿绿的影人。
等他们长大了，他们还会爱皮影吗？

进行排练，都是老艺人，山高路远的也不好让人家来回折腾，宋国超只能让出自己家的两间屋子，包吃包住。《樊梨花征西之"沙场情缘"》演出结束的那个晚上，笔者陪宋国超收拾完所有的道具，坐着三轮摩托一块儿回到他家院子时，发现屋子里已是灯火通明，他的老伴儿王淑玲正一大锅一大锅地煮着饺子，招呼着晚归的演员们进屋赶紧吃口热乎的。

热气腾腾的饺子，蘸一碟混着陈醋的蒜酱，男女老少有说有笑，互相敬着白酒，好像都忘了当天下午的争执、眼泪，晚上演出时的冷场、失误。独有宋国超自己，穿着那件招牌式的摄影记者专用马甲，蹲坐在门口的台阶上一言不发地抽着烟。此刻的他，满足吗，开心吗？笔者不好直接发问，但能明显感觉到他的疲惫、他的孤单。

🍂 尾声

一口道尽千古事，双手挥舞百万兵；三尺生绢做戏台，全凭十指逞诙谐。这说的就是"百戏之祖"——皮影戏。2006年，复州皮影戏被列入我国首批国家级非物质文化遗产名录；2011年，中国皮影戏（包括复州皮影戏在内）被列入联合国教科文组织非物质文化遗产名录。宋国超，则是复州皮影戏的国家级代表性传承人。

有了名气的宋国超，责任也变大了。除了演出、带徒，他还主动寻找机会，不断走进省内外的高校和艺术论坛，开展技艺展演与交流。大连的几所学校是他固定的传习基地，不求这些孩子都能成为皮影戏的传人，只要能为民间艺术留一份审美的认知和微小的薪火，宋国超就已足够欣慰了。

山里的夜拔凉清冽，平均年龄超过50岁的义和班，在深秋的寒风中演足了两晚传统剧目。村民们能走出家门，坐下来看会儿，就是给影匠们最好的礼物。

宋国超与本书作者合影

　　班主宋国超此时已 70 岁，琴师崔汉廷还有 4 天就要过 82 岁生日了……这些年迈的影匠只恨不能再年轻个十岁二十岁，把满身的本领演得畅快、教得通透。

　　阅过千帆，傲骨如初，青丝化作白发，依旧歌咏不绝。这是生命的韧劲，也是从艺的执拗。苦难的力量、生命的力量和时间的力量交织在一处，借由铮铮作响的弦音与唱词，让人心思定。山间又是一个新的黎明，这一天宋国超起得更早，演出的邀约又接下了一个，年过古稀的老人追着光，守着影，抖擞精神，再度启程。

弦外之音道朴情
——青海下弦国家级代表性传承人刘延彪

由青海东大门民和县往西北，经西宁至青海湖畔，这条近300公里的风景长廊，便是纵贯千年的古丝绸之路的要塞：河湟谷地。山川相间的奇特地貌与底蕴深厚的人文沃野互为照应，生息于此的百姓，固守着祖先的文明遗存，传递着质朴的乡土情致。

弦音渐起，唱词苍劲，西宁市湟中区谢家寨村的一位老者，正带领徒弟板弦相和、率性演唱。照民间的说法，谁家里不平安的时候，请这样的盲艺人去唱上一段，就相当于请了神仙来过一回，自会和顺吉祥。

这种深受河湟一带村民喜爱的古老曲艺形式，名为青海下弦，而这位老者，便是已近80高龄的国家级代表性传承人刘延彪。

❧ "那是我们的'河湟阿炳'"

青海东部，是历史上多种民族和多种文化的融合交汇之地，各种历史、宗教、文化古迹分布甚多。说到青海下弦，必须要先说说"贤孝"。这是一种流传于青海河湟地区的民间说唱艺术，大部分内容是劝化人心，流行于湟水流域各地的主要是"西宁贤孝"，盲艺人唱得最多。著名文史学家郑振铎在《中国俗文学史》一书中列举了珍藏在国外图书馆的敦煌文献中最有价值的变文：《丑女缘起》《伍子胥变文》……其内容与今天贤孝中说唱的内容相似。后世许多学者认为，成熟、盛行于明清至民国时期的宝卷，是敦煌变文的嫡传子孙，变文主要吸收了印度佛经的结构形式，内容也以佛经故事为主，而宝卷则在继承的同时使之更加民族化、地方化，成为地道的中国传统讲唱文学的一种。西宁贤孝的曲调有官弦、老弦、下弦、上弦四种，常用的是上弦和下弦两种，能掌握官弦、老弦的艺人较少。上弦说唱相间，演唱长篇曲目；下弦只唱不说，演唱短篇曲目。可见，青海下弦藏身于贤孝，民间艺人多兼而习之。

据《西宁府新志》记载，公元1400年，西宁兵备道柯忠在城内北街创建慈善机构养济院，内有盲人教习唱曲。据西宁市文联退休干部谢承华老人回忆，从光绪十七年（公元1891年）开始，他的奶奶、盲人彭敬香就开始在西宁街头演出贤孝，主要曲目有《七人贤》《方四娘》《杜十娘》等，她和同样是盲人的丈夫谢长德成为"三皇会"会长，每年主持盲艺人的祭祀演出和活动。关于这个三皇会，也颇有来历。它本是新中国成立前盲艺人自发性的曲艺组织。始于何年，已无法考证。三皇会供奉的是"天、地、人"三皇，香钱（即活动经费）自筹，会期是每年的农历三月初三。会期那天清早，所有盲艺人必须按期到"三皇庙"集中。会中摆有三皇牌位，两边对联是：三皇圣德无师浩浩齐天凡世人皆同大本，百姓酬恩有限宿宿在庙为古者共祝长春。大会开始，会长率众燃香点烛，向三皇叩头，接着道士打醮，由主事宣读会规。读罢会规，列队游行，道士在前面念经带路，随后是开道锣，旗杆由执事高举，盲艺人有的拉胡琴，有的打"量天尺""报命知"。当晚，由会长处理三皇会的账务以及盲人之间、盲人与他人之间发生的纠纷和违反会规等事宜。

养济院后几经更名，当地群众称它"孤老院"，从明至清，多有盲人在内教习演唱。由于贤孝、下弦主要在盲艺人之间传承，所以演唱者非常少，这更让贤孝、下弦充满独特魅力。

　　"眼睛不麻入地眯，瘸子不瘸上天眯。"青海省文化馆的李锦辉曾主持青海省民间文艺集成工作，他这样形容湟中区盲艺人刘延彪："那是我们的'河湟阿炳'。"

　　刘延彪生于1942年，自幼失明，形式各异的声响成为他感知世界的渠道，特别是民间音乐、说唱，他对这些格外敏感。刘延彪说："从小我就听这个音乐好听。哎呀，这个音乐怎么这么好听。那时候不论是哪里唱个歌，或者是耍个社火、唱个小调，我要是听见了以后，哎呀，我就走不动了，一定要把这个学会。"

　　刘延彪生长的湟中一带，是青海汉族的传统聚居地。根据前文所述的《西宁府新志》等文献，城内养济院多有盲人教习唱曲，所唱最主要的，是劝人向善的贤孝和以特殊定弦法命名的青海下弦。人生的逆旅与古老的曲艺，在刘延彪五六岁大的时候，顺理成章地结缘了。他回忆："我父亲叫刘文平，我有个叔叔叫刘文芳，他们弟兄两个凑钱买了一个四胡，就是唱影戏用的那种四胡。那时候我每天都在家里听叔叔拉他那个胡，'吱咕吱咕吱咕吱咕'。哎呀，我说，这个听起来响着好听得很。我眼睛也看不见，只能用手去摸，摸完了以后，叔叔就把它挂在墙上下地劳动去了。我说我今天非要看一看。我拿着个长棒棒，站在那个被子上，一棒棒挑下来，我又摸了一摸。哦哟，是这么个长相，一个长罐罐，一个长杆杆，弓子这么拉它就响。哎呀，这个好，我一定要学。等我叔叔回到家的时候，我已经能拉出大概的一些旋律，他惊讶得不得了！"

　　关于自小学艺，刘延彪还有一段神奇的往事。当地老艺人认为三弦的三根弦就代表着三皇，即天皇、地皇、人皇。因为学三弦太痴迷，一天晚上刘延彪累得呼呼大睡，睡到深更半夜，突然梦见一个老汉，手里拿着三弦，弹着一首《老龙哭海》，弹得如梦如幻、悦耳动听。刘延彪赶紧问道，你是谁呀？老汉回答，我是三皇！刘延彪听完这句话，猛然间从梦中惊醒，赶紧磕了个头，跑去叫醒父亲："快帮我上个香，今天我们的祖师爷来了！"家人原本不信，可刘延彪却信誓旦旦，并且真的把那首曲子全部记了下来。他睡意全无，整整弹了一夜，临近天亮时才又进入梦乡。不仅如此，后来家人还发现，无论什么曲子，刘延彪听过后都能记个八九不离十。

　　庄子上有一位陈姓老人，擅长一首名为《满天星》的曲子，这首曲子要有一定的基础才能学会。老人听说刘延彪的事情后，觉得不可思议，认为这尕娃有音乐天赋，就给刘延彪制作了一把二胡，并教给他《满天星》这首曲子。仅用了一个下午的时间，刘延彪就把这首曲子给完整地拉出来了。

　　别人拉弦，多要学艺数年才能出师，反观小小年纪的刘延彪，居然一学就会。到刚满7岁时，他就被大人抱到戏台的小板凳上为演员们伴奏了。这份惊人的天赋，决定了他一生的从艺经历。

　　刘延彪没有严格地拜过师，多属于自学与偷艺。老艺人演出时，他会躲在隔壁，揣摩拉弦的技法，默记故事与唱词。"听说哪里来了老艺人，我一定会托人带我过去。人家在那里唱着，我就躲在角落背着，等他唱完了，我也把他这个背会了。心里高兴得很，今天晚上没白来，虽然走了点儿远路，但是我学会了这么好的曲子，这是我今天最大的收获。其实那时候也没人说你一定要去学这个，就是爱好，就是喜欢。"

　　12岁那年，刘延彪去姥爷家表演拉弦。听说有"神童"来表演，村民们围了个里三层外三层。刘延彪那时刚学了个《方四娘》，他刚端好二胡，就听得"咔嚓"一声响，姥爷家里的隔板被人群挤断了。姥爷是个通情达理的人，朝着乡亲们摆摆手："没事！没事！接着来！"人们在屋子里挤不下，院子里也站满了人，但是院子里的人又听不见刘延彪拉的曲。一位热心的叔伯便在院子中央放了一张大方桌，铺块褥子，把刘延彪抱到了桌子上坐好："就在这儿拉吧！"方桌跟前又放了一个木柜，木柜上放上一圈五六个灯盏，灯盏里添满清油，粗粗的捻子做好，点上灯，小院里顿时就亮堂了起来，这下大家既看得见又听得清了，刘延彪的小脸也被照得红彤彤的。那天晚上他的演出状态格外好，平时从来没人把他当回事，如今端坐在男女老少的最中心，那份满足感，是无法用语言来形容的。一曲终了，乡亲们自然不答应，七嘴八舌地央告着："尕娃，你拉的胡胡阿么这么好听着，简直把我的心尖尖都听醉了呀！""尕娃，再拉给个！"刘延彪二话不说，端起胡拧了拧琴弦，接着又是一首优美的曲子飘荡在农家院。就这样，本来只打算演唱三五首曲子的刘延彪，连续演奏到半夜。当乡亲们依依不舍离开后，姥爷才发现，窗户纸已经被捅得惨不忍睹。原来，刘延彪还在屋里时，院子里也来了很多听曲的乡亲，他们想一睹刘延彪的风采，就把窗户纸全都捅破了。

　　还有一次，小小年纪的刘延彪被请到老营庄去唱曲，唱了个《张彦休妻》。开唱不多久，就听见旁边有一个女人开始是小声啜泣，随后就放声大哭，紧接着全场哭声一片。这戏就没法唱下去了，刘延彪赶紧停下来，喝了点儿茶，让观众们也缓缓，让大家从戏曲的情节中走出来，再接着演《白鹦哥吊孝》《白兔记》《狸猫换太子》这些杂曲。贫苦的岁月里，刘延彪苦中作乐，其实他也用自己的琴弦与唱词，丰富着村民的生活，调剂出平淡岁月中的几抹亮色。

☙ 甘妈妈教唱《林冲买刀》

　　流动演出的艺人给不了刘延彪系统的指点，而在这时候，他遇到了一位贵人，就是著名盲艺人文桂珍（一说文桂贞）。文桂珍生于 1920 年 9 月，艺名尕甘姐，青海省大通县黄家寨人。12 岁双目失明，14 岁进入西宁孤贫院，拜同村盲艺人张奶奶为师，学唱西宁贤孝，16 岁与师母之孙甘富有结婚。文桂珍嗓音浑厚、圆润、柔美，唱风严谨认真，技艺熟练，能演唱西宁贤孝、下弦、平弦等曲种，尤以贤孝和下弦见长。她演唱的下弦段子《林冲买刀》，婉转优美、深沉抒情、哀怨忧伤，虽是单曲体，但唱腔多变，旋律自然流淌，毫无重复之感。板胡伴奏也是该唱段的一大特色，似哭似诉，哽哽咽咽，配合默契，风格独特，百听不厌。文桂珍的《林冲买刀》曾被中央人民广播电台录播，青海人民广播电台也多次录播过她的唱段。刘延彪觉得，文桂珍唱得很讲究，字词感情深切，字正腔圆，正是他想要学到的东西。因为文的丈夫是西宁西川阴山堂的甘富有，不少人会习惯性地管文叫"甘四娘"，刘延彪与文的关系则更近一步，他每次去她家里都要离老远就喊一声"甘妈妈"，表示对她的尊重。其实这里还有一层因由，刘延彪和文的女儿甘玉花是学盲文时的同学，叫文一声"妈妈"倒也合情合理。

文桂珍对刘延彪也是喜爱有加，毫无保留地教给了他《芦花记》《老鼠告状》《林冲买刀》等很多贤孝、下弦曲目。

除了视为恩师的文桂珍，刘延彪也开始全面接触下弦演唱者，只要有民间艺人演唱下弦，他都会前往认真聆听，默默记在心里，然后认真揣摩。那会儿有个叫季玉申的盲艺人，也是下弦艺人，刘延彪就经常和他在一起切磋。让季玉申想不到的是，刘延彪的悟性极高，听上一遍的曲子，便能拉个八九不离十，并且还会融入自己的感受。这在民间艺术传承乃至所有艺术创作中，都是难能可贵的。

1958 年 2 月，青海省民政厅举办青海省盲人培训班，组织一批盲艺人学习盲文、乐理和乐器演奏等基础知识。刘延彪被选中，在这个班上学会了盲谱和盲文，这为他后来成为创作、演出和伴奏俱佳的全能艺人打下了扎实的基础，也让他的艺术素养高于一般的民间艺人。

刘延彪在盲人培训班学了两年，这两年的经历足以影响他的一生。当时教他的老师叫任治平，不仅二胡拉得好，而且扬琴也打得好。通过两年时间的学习，刘延彪从只要有音乐响起就跟着旋律学，到学习盲谱后对音乐有了全新的认识，不仅熟练地掌握了二胡、扬琴、三弦等多种乐器的演奏技艺，还从任治平那里学会了简谱。这一切，让刘延彪在民间音乐演唱和创作中如虎添翼，最主要的是，让他对下弦的传承和研究更加精细。从此以后，刘延彪很轻松就能拼出谱子了，再听到好的音乐，想要准确地记下来也变得更加简单，只需记住乐谱，再按乐谱去弹奏或演唱，绝对不会走音。

　　凭借过人天赋、名师点拨，又经专业化的乐理培训，刘延彪成长迅速。当老一代艺人文桂珍、王元安等逐渐故去或淡出舞台，20世纪七八十年代起，刘延彪逐渐成为青海下弦的代表人物。

　　最考验下弦艺人实力的唱段，是《林冲买刀》。这首长篇叙事段子，从《林冲求子》，到《逼上梁山》，可分成若干小段，如《东岳庙还愿》《定计》《林娘子践行》《买刀》《拷堂》等。《林冲买刀》词格特殊，曲头是长短句，典型词格是两个五字句加一个七字句，曲尾也是长短句，唱词灵活，句数常不固定。主体曲调唱词则是二二二结构的六字句，每句占三音节。

> 西有田虎作乱，南有王庆残员，
>
> 东有方腊造反，替天行道梁山。
>
> ——摘自《林冲买刀》

　　时至今日，能够完整掌握全本《林冲买刀》的，只剩下刘延彪等极少数老艺人。2017年8月，刘延彪带领徒弟郭冬花等人排演《林冲买刀》。刘延彪有个地方与众不同，一般的板胡演奏是右手手心朝向左，拇指食指、中指捏着弓子，而刘延彪是手心向下，满把抓弓，拇指有时抬起，随着板眼悬空微动，味道竟也一点儿不丢。"反手拉"并非他有意炫技，而是小时候没人教，坐下的习惯而已。时间久了，反倒成了他别具一格的拉弓动作。

　　通过刘延彪排演《林冲买刀》，可以看出其技艺特色。随着弦的"粘、扳、揉、扣"，慷慨激昂的唱腔迅速将听众带入共情的世界。

　　青海下弦的音乐体裁可分两类。下弦调、仿下弦调、软下弦调都是主曲体，下背宫则是联曲体。下弦调的前奏曲共二十多个小节，节奏为四二拍，其旋律基础贯穿在整个唱段伴奏的始终，是青海下弦音乐中最具特色的部分，多用于叙事。曲头的唱词是长短句，首句由高音区起唱，旋律回旋下行，后面的唱句与前句呼应，音域宽度达两个八度。曲尾则是唱腔中抒情性最强的部分，艺人口中长短不等的拖腔，旋律婉转优美，情感哀怨忧伤，扣人心弦。

　　下弦调的主体曲调由四个短句组成，如"西有田虎作乱，南有王庆残员，东有方腊造反，替天行道梁山"。在实际演唱中，常将一、二句多次重复形成夺句形式，并根据唱词需要，在适当时候进入三、四句，完成一个主体曲调小段落。曲调旋律有叙事特点，可根据唱词词格和句式的变化以及内容和四声的需要，做各种相应的演唱处理。仿下弦调的主体曲调是上下句式，虽是上下句，但演唱时一般都有反复，至少四句成段，然后才演奏过门。软下弦调的主体曲调基本上是上下句式，旋律与仿下弦调相近。以《鸿雁捎书》中的四句为例："宝钏女正念心思的话，忽听得雁儿叫嘎嘎，口口儿啊叫的王三姐，声声儿叫的王宝钏。"从首句（"宝钏女正念心思的话"）起唱时，常起在高音区，并把前半句的节拍拖长；从中间起唱时，常从第三句（"口口儿啊叫的王三姐"）起唱，并多次反复，形成夺唱，此时不用拖长前半句的唱法，与从首句起唱时形成对比。颜宗成、石永编著的《青海下弦》一书指出，软下弦调的唱腔与越弦（琵琶调）的后两句有明显的共性，可见它是受越弦影响派生出的唱法。

青海省文化馆前调研部、集成办主任石永先生对刘延彪演唱《林冲买刀》的评价是："我们提到青海下弦，通常主要指的就是盲艺人演唱《林冲买刀》。一个作品就能够指代一个非遗项目，可见《林冲买刀》艺术呈现的'全'与'难'。具体说到刘延彪，他是男同志，自弹自唱，首先一个，他有一种阳刚之气。节奏鲜明，音准、发声、行腔具有男同志特有的阳刚之气，别的艺人唱起来是柔情和悲泣，但是刘延彪唱了以后，这种悲痛的气氛减少了一些……他年纪虽然大了，但是在目前来说，能够很完整地唱完《林冲买刀》，真的就是只有他一个人。"

1958 年的夏天，刘延彪在同村老人胡文全的引荐和带领下，加盟了当地的一个戏园子，成为专职演员。此时的刘延彪吹拉弹唱样样精通，尤其擅长三弦，可以说很难找到对手。有一天，刘延彪听到隔壁传来一阵弦子声响，忙问这是什么演出，别人告诉他，这叫青海皮影戏。刘延彪循着音乐声摸索到皮影戏台前，首先用手摸到一道幕布，掀开钻进去，听到一个声音问："尕娃，来这里干啥呢？"刘延彪满脸堆笑："师傅，我是对门拉弦的，你的皮娃娃给我，我摸一摸呗。""好尕娃，给你！摸吧！摸吧！"皮影师傅边说边将皮娃娃递了过来。

让刘延彪感兴趣的当然不只手中的牛皮娃娃，他还是从自己的专业出发，想探究姊妹艺术的声响从何而来。皮影戏艺人耐心地向他讲解皮影戏演出的构成：表演者身藏幕布后面，手拿皮娃娃进行各种动作表演，边表演边唱，再加上三弦、二胡等民间乐器助力，两个人就是一台大戏，演出成本大大降低。刘延彪坐在台侧，仔细听完了《唐王游地府》《罗成显魂》，心中是掩饰不住的激动：原来咱们青海民间艺术是这么博大精深，并不是仅仅拉个二胡、三弦，唱个花儿、小曲那么简单，要想在民间曲艺方面取得一番成就，就必须多加学习，从各种民间艺术中汲取营养。也就是从那时起，刘延彪不再把民间曲艺仅仅当作自己谋生的手段，而是当成自己一生的追求。

刘延彪对古老曲艺的固守，渐至化境。当他昂首吟唱时，屋棚与场院都是他的光明舞台，唱他个七天八夜不眠不休，唱他个痴醉忘我人神共情。

通过刘延彪的演唱，人们依稀可见青海下弦承载的丰富的民间记忆。若追溯其源头，自两汉以来，汉族移民沿着秦陇南道一路西进，或沿丝路进入青海，寻找农耕定居之所，就此把中原地区的宗教信仰、民俗民风散播于河湟大地，中原文化逐步成为主体文化。这看似简单的曲艺形式，即是汉族移民在河湟地区生息繁衍的人文见证。

旧时贫苦的西北生活，伴随这样的吟唱，找寻到民族的精神标尺，唱段中涵盖着淳朴的人格范式与道德劝导。铮铮作响的弦音，让人心思定，产生敬畏。

"学如马毛，也如海洋"

高俅坏良心，
宣来了官兵的身，
二位官兵宣在当堂中。
高俅有语言道：
再叫二位年兄，
宣你不为岔事，
只为少安的事情。
少安领队保会，
观见林冲夫人，
美貌生得极俊，
思欲大病缠身。
有了林冲娘子，
大病能减七分，
无有林冲夫人，
此病能重不轻。
…………

《林冲买刀》又一次开唱，新的时代大幕也正在被徐徐拉开。

当地的老话说，"学如马毛，也如海洋"。刘延彪除了对青海下弦传统曲目有完整继承外，也能跟随时代的发展自己编创新的曲目。这是他与老一代民间艺人相比的一大进步。

　　1979 年，刘延彪在湟中县电影院有过一次堪称经典的演出。那一次，刘延彪想给大家来个新鲜的。他稳步走上台，众人本以为他又要唱《林冲买刀》，没想到，他把郭兰英、王昆演唱过的民歌《社员都是向阳花》来了个板胡独奏。《社员都是向阳花》是一首经典民歌，伴奏乐器中也不乏民族乐器，但用板胡独奏还是第一次。只见刘延彪走到舞台中间，将板胡抱在怀里。他先是摸了摸话筒的位置，感觉话筒有些低。那个时候，话筒还是一个新生事物，没有可以调节高度的支架，只能放在一把矮凳上，话筒的电线弯弯曲曲，连在电影院墙壁上的四只黑黝黝的音响上，这边说话或演奏，整个电影院都能听得清清楚楚。为了让大家听得更加清楚，刘延彪干脆跪在了地上，把板胡的尾部直接对准话筒，开始忘我地拉起了优美的曲子《社员都是向阳花》。这板胡的声音一发出来，满场子鸦雀无声，甚至连人们喘息的声音都听不到，时间仿佛静止了一般，人们完全陶醉在这音乐中。

刘延彪年轻时演唱的照片

　　《社员都是向阳花》是当年中央人民广播电台农民节目的开场曲，可以说是妇孺皆知。谁都没想到，这首经典曲目，竟会被眼前的盲艺人重新演绎得如此精妙。

　　就在大家沉浸在刘延彪的演出中时，意外发生了。胡弦的材质是蚕丝，很容易断，唱曲的过程中总会断一两回，一盘弦几天就用完了。就在刘延彪专心演奏时，板胡的一根弦突然"嘣"的一声断了！刘延彪急中生智，站起来用里弦的音弥补了外弦音，用一根弦拉出了两根弦的音调。一个天大的失误就这么被完美地弥补上了，并且做得天衣无缝，台下顿时掌声如潮……

　　这首《社员都是向阳花》后来还成为湟中县广播站的节目结束曲，陪伴了乡邻十余年。

　　湟中县文化馆馆长赵守昌，就是通过那次演出认识的刘延彪。他把刘延彪请到文化馆，让他专心创作。因宣传需要，在传承传统曲目的基础上，刘延彪先是将一些新词往里添加，创作出了一些表扬好人好事、倡导文明新风、宣传党的政策、弘扬主旋律的曲目。每逢下乡演出，这些曲目都会被搬上舞台，深受群众欢迎。这些曲目题材广泛、内容丰富，但篇幅都比较短，对此刘延彪并不满足，他想要创作一部属于自己的长篇曲目，由此才诞生了轰动一时的《馍馍渣造反》。青海人大多喜食面食，因此青海面食的种类也非常丰富，并形成了一种独特的面食文化。《馍馍渣造反》其实就是描绘这些面食的曲子，最为诙谐有趣，这一曲目又被称为《面食打仗》。

　　刘延彪的艺术创作也来源于生活，他虽看不见世界的精彩与缤纷，却用自己的方式去感悟世界的美貌，并用青海下弦呈现与描摹。改革开放之初，青海的不少农户都种植起经济作物，尤其是油菜，种植面积猛然增加。一到夏天，大片金黄色的油菜花会将村庄包围，沁人心脾的花香引来蜜蜂往来翻飞。青海最大的油菜种植基地在门源，此外，河湟地区也是油菜种植较为集中的地区，几乎每个村落四周都有成片的油菜。受气候影响，青海油菜种植几乎"纯天然、无污染"，所产的菜花蜜自然品质上乘。因此，青海这些地方也就成了放蜂人的天堂。外界"改革春风吹满地"的清新与喜悦，刘延彪似乎也能感知。1983年的一天，他循着油菜花的香气，慢悠悠地走在田间的小路上。本想在油菜花田寻找创作灵感的他，却突然闻到了另一种香气，伸过手去，一下子被刺疼了，原来他摸到了花椒。花椒在青海东部农村种植也非常普遍，尤其是海东循化的花椒，远近闻名。被刺疼的刘延彪一时愣在那里，他的脑海中立刻浮现出一幅画面："我眼睛看不见，心是知道的，一定会有一帮妇女戴着围巾，把整个脸都包裹得严严实实，只露出两个眼睛。她们为什么要这么包裹呢？因为强烈的紫外线会灼伤人的皮肤。她们采摘着树上的花椒，树枝上的刺时不时地扎在手上，但仍难掩她们脸上丰收的喜悦，有人还轻声地'漫'起了花儿：你多么悲伤着给噶，你就走出个家门嘛给噶，远远看见阿哥嘛给噶，你就走向那大路嘛给噶……"

　　兴奋的刘延彪，在油菜花田里无心插柳，被花椒刺痛激发出另一种来自土地和生活的灵感，他迅速完成了板胡独奏《椒香飘浮黄河源》的词曲创作。调子以传统的小调《摘花椒》为基调，用青海特有的民间曲艺形式，展现青海人的生活。刘延彪即兴创作的《椒香飘浮黄河源》在群众中大受欢迎。随后，他以这个自创曲目参

加西北五省（区）盲人录音评比，荣获创作一等奖、演奏二等奖。

🌰 与青海下弦互相成就

1989 年，在省民政厅的推荐下，刘延彪第一次前往北京，参加第二届全国盲人艺术调演比赛并获奖。刘延彪的弟媳李生英，至今记得得知喜讯后全家人扬眉吐气的兴奋之情。李生英特别提到了自己的公公也就是刘延彪的父亲刘文平的反应："奖状拿回家，我们的老汉也就是我的公公，高兴坏了，马上供到外面去了，烧香拜佛，告慰先人，老祖先也要光荣了呗。我公公当时说：'虽然我的这个儿子是个没眼人，但列祖列宗都要看看，我们这个大奖状，是从中央得来的呢！'说完这些话，我公公眼泪就流下来了。"

刘延彪所在的村子虽说叫谢家寨，刘姓却是村里的大姓，和刘延彪一个辈分的至少有三四十个。青海人有在清明节祭祖的习惯，并且要在野外做饭，这一天整个家族都要去，刘延彪他们家族祭祖时，要宰三四只羊，可见人数之多。刘延彪有个四叔颇有文化，听说刘延彪从北京拿了奖，便当即宣布："今后等延彪走了，一定要把这个写到家谱里！"

在民间曲艺唱片卖得红火的年头，曾有做盗版光碟的商人找到刘延彪，让他唱了好几天录了《李翠莲上吊》，仅仅给了老人几百块钱。有人好意提醒刘延彪被骗了，他嘿嘿一乐："算了，人家录上我就高兴着。"

对比其他前辈和同辈盲艺人，刘延彪的确有充足的理由高兴。他说，与自己搭档过的一位盲艺人叫孙有财，也是自己的第一个得意门生。为了养活四个孩子，孙有财一只手扶着架子车杆子，一只手拿着棍子，摸着路边边，把唱曲挣回来的洋芋拉到家里，就这样把孩子养大了。孙有财有胃病，口袋里老是装着苏打粉，疼了就吃一点儿。唱贤孝时，别人给他吃的，他都给孩子留着。艰辛的生活，让孙有财在1998 年就早早去世了。也许，正是因为身边常有这样的悲苦，当幸福来临时，哪怕只是一星半点儿，哪怕自己的权益并未得到百分百的尊重与回报，刘延彪依然处之泰然、乐在其中。

刘延彪与青海下弦互相成就。看似平常的农家老汉，弦音一起，立刻焕发出别样的神采。

一曲《满天星》，已陪伴了刘延彪不知多少年。小时从墙上挑下叔叔胡琴的顽童已至暮年，往事依稀，再无波澜。代表着三皇的这子、中、老三根弦撩拨着心弦，古调悠远，韵味绵长。这一刻，外界的喧嚣与浮躁被阻隔在庭院之外，人生终见活泛，日子有了尊严。

2012年，刘延彪被定为青海下弦国家级代表性传承人。慕名学艺的人更多了。如今，正式拜在门下的徒弟有二十几名，最小的20出头。刘延彪要把自己的一身本事，尽数留给后人。

收徒传艺，刘延彪有过"心理阴影"。他说那还是他20多岁的时候，刚唱出点儿名气，张家庄的一位村民找到他，想请他当自己孩子的师父。性格温和的刘延彪觉得是好事，很痛快地就答应了，但那时候每家生活都比较困难，他也提了一个要求，就是让对方"把尕娃吃的、喝的管上就行，我啥都不要，你看行就领过来"。那人满口应承，第二天就把孩子领到了刘家；娃娃进门之后，他却像没事人一样，吃穿用度全都不管了，彻底把刘家当成了"慈善机构"。家里突然多了一张嘴，刘延彪一家本来就填不饱肚子，现在连个半饱都混不上了。家里人自然埋怨，说刘延彪找了个累赘，不过气过一阵，他还是得尽老师的责任。教了很久之后，刘延彪彻底失望了，这娃不是学曲的料，对拉弦唱曲没有一点儿兴趣。更让刘延彪失望的是，那尕娃拿着刘延彪的二胡跑去和别的孩子玩打土仗，就是两帮孩子互相投掷"土蛋蛋"，那尕娃就把二胡当成球拍，像玩棒球一样用二胡把对方投过来的土块打回去，一把好好的二胡瞬间报废。一把二胡坏了，再拿一把，一会儿工夫就弄坏了刘延彪的几把二胡。刘延彪自认倒霉，赶紧把尕娃给送回了家。

让刘延彪满意的徒弟也有。郭冬花就是刘延彪最得意的学生。同师父一样，郭冬花也是盲人，无法通过看乐谱交流，只能靠听来学。拜师之前郭冬花所学的东西都不是特别正规，和专业民间曲艺相比有一定的差距，这样改正过来更加艰难。一遍遍听刘延彪弹奏，自己再一遍遍练习，但难免还是出错，虽然老师没有责怪，但郭冬花也曾偷偷躲到墙角掉眼泪。后来，刘延彪也意识到了问题所在，就手把手教郭冬花弹奏，让郭冬花记住弹奏时手的位置在哪里。《林冲买刀》《鸿雁传书》《十二月开花》这些传统下弦曲目很快就被郭冬花烂熟于心。

还有一位叫李光荣的健全人，与刘延彪是一个村的，带着几个热馍馍登门，就算拜师了。李光荣从二胡开始学起，刘延彪一个谱子一个谱子念，"re mi sol"，李光荣就一个音符一个音符弹；再就是拉二胡、板胡的手法，比如梅花弦怎么翻，李光荣毕竟看得真切，学起来也就轻松很多。当然，学艺并非一朝一夕的工夫，有一个四度弦，李光荣整整学了十多年，这也是刘延彪的绝活儿。也是从李光荣这儿开始，更多"明眼人"加入到传承青海下弦的行列中，刘延彪说，如今自己的徒弟多数都是眼睛正常的，下弦已经打破了只能在盲人间传承的"惯例"。

李光荣还帮着师父在村上申请成立了一个下弦工作室，随后又成立了大金钱曲艺队。"我们也都老了，不能把这东西失传了！"师父行动不便，李光荣就主动揽下任务，四处奔走，总算聚来了二十多个民间曲艺爱好者，青海省文化馆闻听此事后，也专门给他们配备了乐器。每个星期的周三、周五、周六晚上，爱好者们都会聚在工作室里一起拉胡唱曲，听刘延彪演唱下弦，这些人，多数都是刘延彪的徒弟。

李光荣、郭冬花、郭增吉、哈生辉、田生才、陈毅、贺文武……刘延彪扳起指头数着徒弟们的名字。同时，他心里一直在盘算，有这么多学生，是不是应该搞一个民乐合奏团，在有生之年把青海下弦发扬光大。这是他目前最大的心愿了。

刘延彪所住的院子里，栽种了不少花果。这是他与老伴儿锁神英以及弟弟、弟媳共同打理的。远近闻名的民间艺人在家人的陪伴与照料下，恢复了他最舒坦、自在的模样，栽花弄草，颐养天年。

苔花如米小，也学牡丹开。其貌不扬的农家老汉，就这样守着岁月和本分，将乡音幻成千丝万缕的牵绊，抚慰人心。一曲歌罢，心生滚烫。那是支撑听者排遣寂寞的娱人娱己，是倦鸟归巢依然能够舔舐伤痛的乡情温暖。

古老的青海下弦，在刘延彪这儿得以延续。弦外之音里，是歌者引以自豪的一方水土，是这世界最应聆听的讲述，因为质朴、原生，所以纯粹、珍贵。

卷六

心性

讷讷的剪刀，纸上的满乡

—— 新宾满族剪纸国家级代表性传承人关素镯

　　抚顺市新宾满族自治县，赫图阿拉老城已经很久没下过这么大的雪了。对当地老人来说，这才是隆冬满乡该有的样子。

　　与大雪相伴的，是许多充满年代感的回忆。老房子里，悠悠的摇车、大大的烟袋、厚实的褂袄，面目慈祥的讷讷（满语，母亲）盘坐在炕上，操起剪子，拿过红纸，不描不画、不打草稿，简单地铰、划、戳、旋，便是一幅透射光影充盈喜乐的窗花。

　　关素镯，新宾满族剪纸国家级代表性传承人，就是这样的一位讷讷。看似平常的居家自娱，在她手中，另有一番民族血脉的独特传承和原始影形文化的珍贵遗存。满族传统的嬷嬷人、勇武飞扬的巴图鲁和大青马、俗趣盎然的十二生肖，以及

构思精巧的立体剪纸、灵动跳脱的吊线剪纸……这些看似朴拙的剪纸作品，凝结着关素镅家族厚重悠长的艺术记忆。

从金雅贞到关素镅

关素镅家族土生土长在新宾。提到新宾，则必提赫图阿拉老城。

老城依山而筑，垒土围廊，三面环水，一面靠山，1616 年，努尔哈赤在此登基称汗，建立后金政权。因"龙兴于此"，故尊赫图阿拉为"天眷兴京"。数百年来，勤劳勇敢的满族先民在这片神奇的土地上，创造、守护着独具特色的民族文化。新宾满族剪纸正是在这儿孕育而生、口传身授的一种活态民间艺术。

关素镅的讷讷金雅贞，是新宾满族剪纸的杰出代表，生前曾三次进京表演剪纸，爱新觉罗·溥杰、胡絜青等名人都被她的剪纸艺术所折服。

关素镅的讷讷金雅贞，是新宾满族剪纸的杰出代表

儿时的关素镅与其他兄弟姐妹，围坐在讷讷身旁，一边看剪纸，一边听"唱唱"，再顽皮的孩子也会瞬间安静。关素镅说："我母亲那个年代，也不是说谁要教她的，就是大姑娘小媳妇坐在一块儿也没别的事，那就剪纸呗。而且她们剪纸也不是单纯地只做剪纸一件事，剪的时候都要唠嗑，这个唠嗑不是说东家长西家短，而是就叽叽呱呱地在讲、在唱。讲和唱的内容，都是历史、道德、民族风俗的故事，

我和其他孩子闹的时候，她就会说，都老实过来听故事吧。'公冶长公冶长，南山死个大绵羊，你吃皮和肉，我吃肚和肠'，我们从小就能背下来。有时候也会讲一些精怪的事，吓得一帮孩子一脑瓜子汗，就都老实了。"关素锅的四哥关云来对母亲的回忆，也充满了满族人特有的画面感，他说："在东北都是有炕，以前铺的是炕席，后来就是糊纸，最后就是铺人造革。母亲带着我们几个孩子，用吃完饭以后的面糊贴到炕上，剪完了纸表演给我们看，反正就是哄着我们玩。但是那里面就包含很多艺术，她剪的那些人物和花鸟树木都非常逼真，也不用打稿，也不用提前准备，就是随便拿起来个纸，拿个剪子就能剪出来。我们这些子女爱好的这些东西，都是在我母亲身上遗传的。"

金雅贞作品《吉日杀猪祭祀》

金雅贞作品《葫芦神》

金雅贞的剪纸，成名于 20 世纪 80 年代初。在她的作品里，可以清晰感受到满族民众依附于民间巫俗和节庆奉祀之上的民族特色。她善于架构复杂的巨幅画面，造型简练概括、疏密有序、刚柔相济，物象表现互不遮挡，位置搭配随心所欲，充满灵性与野趣。讷讷的剪纸，也在潜移默化间影响着关素锅的创作。

常年研究满族剪纸的文化学者王光老师，对金雅贞的作品很是推崇，她说："金雅贞开创了满族剪纸的一个新的方向，就是神像剪纸的构图处理，她把不同的时空，不同的人物、事件，放到一个画面里去，画面还不是二维的，而是多维度的。我觉得这种能力实在是太厉害了。我们今天看到的一些青年剪纸作者，就缺少这种统领全局、驾驭题材的能力。我觉得这个一是有技巧方面的问题，更重要的就是这个事件在作者的内心是一种什么地位，是一种什么情感。这种情感升华为崇敬、对祖先和民族文化的无限崇拜，再投射到她的作品中，才会喷发出来这种气势。"

关素锅既是金雅贞剪纸作品的传人，也是其剪纸作品从小家庭走向大社会、为外人所知的全程参与者、推动者。

年轻时的关素镅
在创作剪纸作品

关素镅把对满族文化的热爱
融入到自己丰沛复杂的精神
世界里，加以消化升华

她从青年时代就跟随讷讷赴各地交流展示，金雅贞去世后，关素镅又把对讷讷深深的怀念结集成书，并亲自撰写题为《讷讷的剪刀》的序言。在这本书的最后，关素镅还用一种特别的方式，吟唱、纪念着自己的讷讷。

女儿对讷讷的怀念，以歌寄情，也以纸传承。金雅贞的剪刀，正式交到了关素镅手里。

关素镅是毕业于沈阳音乐学院音乐文学专业的知识女性。她把对满族文化的热爱融入到自己丰沛复杂的精神世界里，加以消化与升华：她既可以独立创作满族民间音乐，朗朗上口流传一方，也能在金雅贞的满族剪纸基础上，守护传统，剪出新路。1987 年，其剪纸《我的祖先麻利麻夫、达其麻夫》参加了全国 18 省巡回展览。1995 年，其窗花剪纸获全国"中华巧女"大奖。关素镅全面继承了金雅贞的剪纸技艺，比如立体组合剪、彩色拼贴剪、松明烟熏剪、火头烧烙剪和吊线动画剪等多种表现形式。

关素镅也像讷讷那样不描不画、不打任何底稿，边剪边构思，随心所欲，心到手到。对于这种随心所欲进行艺术创作的习惯，关素镅说："剪纸的过程，就像一首歌似的，是伴随着时间逐渐展开的造型艺术；它是一种流动的艺术，就像音乐似的，你歌唱完了，时间到了，整体就完成了。而且这个画面就像一个人的人生：我不知道我未来能是什么样，我不知道终点是什么样，我不知道这一生的过程是什么样，我享受这个过程了，等我的剪刀停止了之后我才知道整个画面，这难道不是人生的过程吗？所以民间剪纸是什么？它就是最原始的技法，自古以来就是这么走过来的。"

剪民族之魂，唱八旗之音

历史上，许多满族同胞曾信奉萨满教。他们笃信万物有灵，"祭天于室外，祭祖于室内"；他们不但对天地恭敬膜拜，而且把与生活密切相关的动植物都奉为神明，同时还奉祖先为神。这份民族骨血里的敬畏，贯穿一年四季，也贯穿他们的一生。

在关素镅的作品里出现的鹿、猪、蜘蛛、乌鸦、乌龟等，都隐含着自然崇拜、图腾崇拜和祖先崇拜的遗风。以鹰为例，满族人又把鹰叫作"海东青"，它是一种极具神话色彩的鸟类。爱新觉罗·溥杰在《四平民族研究》创刊号封底的题字为：民族之鹰海东青。可以说，满族人民确如海东青一样，奋飞不止。再如乌鸦，是爱新觉罗家族的图腾。据传说，爱新觉罗家族的先祖凡察和老罕王都被乌鸦救过。

关素镅说，春节时，满族人贴于门楣的"挂签"，颜色须由自家所在旗的颜色决定。比如关素镅属瓜尔佳氏，镶黄旗，挂签就是黄颜色，讷讷金雅贞的娘家是正红旗，挂签就得是红色。到了清明，满族民众上坟不烧纸，而是插"佛托"。"佛托"是满语，翻译成汉语是"柳树""柳木"的意思，因此"佛托妈妈"也称为"柳树妈妈"（"妈妈"，满语，娘娘、女神）。

关素镅说，满族人从来就有崇柳的风俗习惯，因为柳木特别容易存活；他们以柳为神，以柳为祖，以柳为母，对它顶礼膜拜、视若神明，希望自己的子孙后代能像柳树一样有着顽强的生命力，无论在什么样的艰苦条件下都能生存。

佛托就是在一根长 1.5 米左右的柳木杆上串上苞米骨，再在苞米骨上扎一团剪好的五种颜色的纸，五色纸代表万物之源——五行，即金、木、水、火、土，纸团下飘逸着一圈五彩纸条，长 0.3 米左右。据说苞米骨代表女性，而扎缠的一圈五彩纸条则代表子孙，一团纸包住苞米骨，象征着女性孕育了子孙后代；五彩纸条飘垂其下，说明满族人企望子子孙孙世代繁衍、相传不息。主持祭祀的男女长辈上坟插佛托，正好是寄希望于父祖辈，保佑后代昌盛。佛托不仅是对死者的祭奠，同时又被称为"摇钱树"，表示给故人送钱了。

关素镅介绍，清明节插佛托是满族重要的家族祭祀活动，这一祭祀活动由三部分组成，一般在清明节的前三天就开始准备：一是佛托的制作活动，二是准备祭祀用的供品，三是在清明节当天的正式祭祀活动。

关素镅作品里隐含着
自然崇拜遗风

佛托的制作活动由六部分组成：剪五彩条、扎花托、扎花、备木棍、穿苞米骨、粘绑。

1. 剪五彩条

准备五色纸（红、黄、蓝、白、绿五种颜色的纸，长76厘米、宽50厘米，每种颜色6张，共30张）。拿出一张纸，沿长边折成六等分，再对折，先剪出16厘米长的穗，再把中间部分剪成车轱辘形的二方连续图案，这种图案有方形和圆形两种，分别象征着天和地，天圆地方。每个五彩条上都有这种方形或圆形图案5个，每个图案中间开一个方孔，代表着钱币。方形或圆形图案之间由三角形相连，方形的上面剪成一个长方形，圆形的上面剪成一个葫芦形，五彩条顶端留有10厘米左右的空（留着绑木棍时用）。剪好后的五彩条很像一串大钱，寓意为给先人送钱。

2. 扎花托

准备三张纸，把这三张纸都搓成条，在其中一头上用线绑在一起（线要长一些），然后把这三张纸条编成辫，盘成盘。在盘的时候，每盘一圈就用线扎紧，最后盘成一个非常结实的圆盘，这就是花托。

3. 扎花

佛托上扎的花样子一般都是荷花，也有扎牡丹花或芍药花的。花的颜色取决于这家所在的旗：如果这家是正黄旗就扎一朵黄色的花，正红旗就扎一朵红色的花，正白旗就扎一朵白色的花，正蓝旗就扎一朵蓝色的花；如果是镶黄旗就在黄花下边衬白边（形状像叶），镶红旗就衬绿边，镶白旗就衬黄边，镶蓝旗就衬红边。

4. 备木棍

扎佛托用的木棍必须是柳木，长4尺多（大约1.5米），木棍上面削尖，下面削成斜茬。

5. 穿苞米骨

将去粒的苞米骨一个一个穿在柳木棍上，用它做扎五彩条的底托。扎多长的纸就穿多长的苞米骨。

6. 粘绑

以上五样东西准备好后，先把花和花托用线或浆糊固定在一起，再把整个花用线绑在木棍顶端的苞米骨上，最后把剪好的五彩条（30条）用线绑在花托下面，做成像拂尘一样的东西。这就是佛托的制作全过程。

关素锸讲完全部流程后，还饶有兴致地给笔者唱了一首由她自己创作的满族歌曲《插佛托》：

清明节前难遇上一个响晴天，子孙们来到那祖坟前，不烧纸来不拜供，插上佛托纪念阿玛和祖先。大格格买来的五彩纸，二格格动手精心剪，嬷嬷在世家贫寒，飘飘的佛托就是那钱串串。

宁隔那千道水来万道山，不隔那薄薄的一层板，板下的妈妈离我们已多年，只能在梦中见一面。愿神灵保佑后代都成才，愿嬷嬷保佑额娘长寿平安，明年清明节再来培一培土，祖先的恩情永远报不完。

关素锸说，清明节上坟时，满族人从不烧纸，而是在坟头上插佛托，这个习俗一直延续至今。"不烧纸，因为什么呢？这个民族特别懂得保护自己的家园，春天风一大，又拜供又烧纸，跑了荒火把你的家就烧了。所以清明节从来都是插佛托不烧纸，就是这么一代代传下来的。"

吊线剪纸也是关素锸的拿手作品。它是满族人过端午节时在窗前悬挂的一种"葫芦人"，人物造型特色鲜明，头、身、四肢都单剪成含有辟邪寓意的葫芦形状，用细线打上疙瘩连接在一起，吊在窗前，与用卷烟锡纸捏成的"喜蛛"相配，装点出家中俗中见雅、吉祥和谐的节日气氛。吊线剪纸这种手法的运用，其他民族剪纸中罕有。王光老师说："我觉得满族的萨满文化有两个传承的途径，这两个传承的途径是殊途同归：一个是金子一样的嘴传承的民间故事，一个是仙女一样的手传承的剪纸。它们俩互相补充，一个是叙事的，一个是形象的，它们记录了萨满教所有的祭祀的信仰习俗。如果没有这两个途径的记录，我觉得满族文化、萨满文化不会被人们一直记到现在。"

关素锸的剪纸里，极具民族特色的还有满族儿童在做"摆姑娘人"游戏时所剪的嬷嬷人。人物的身子和腿是双层

满族特有的跑马城吊线剪纸

的，头是单剪的，有长长的脖子、精美的头饰，可插到衣服里，根据故事情节的不同可摆放出不同的人物表情，别致有趣。新宾当地文化馆的工作人员潘玲是较早接触到关素铟剪纸艺术的人，在她看来，关素铟与其他生活在新宾一带的满族老人相比，艺术造诣和艺术风格上有着许多不同："她们（其他老人）的剪纸可能就是一些小窗花、蝴蝶、花鸟，但是跟关老师接触之后，就感觉关老师的剪纸作品里，满族元素、满族文化符号无处不在。她拿出一件作品，外行人打眼一看只知道那是蝙蝠，但她会给你顺着蝙蝠的构图，讲出满族人的信俗、崇拜、各种历史典故。别的老人当消遣，她是当一项严肃的课题、一种严肃的使命。"

关素铟剪纸时，会随性地"讲古"与"唱唱"。一曲《正月的姑娘要陪送》唱完，一张剪纸的成品就在她的手里完成。这也是当年金雅贞的习惯。关素铟将之概括为：剪纸，剪民族之魂；唱唱，唱八旗之音；讲古，讲民族的悲欢浩史；传承，传满族的血脉之根。

一边剪纸一边"唱唱"是关素铟的从艺习惯

🦅 萨满遗韵，纸上有灵

法国著名文化人类学家列维－斯特劳斯在《结构人类学》序言《历史学和人类学》中写下了这样一句话："我们的行动和思想都依照习惯，稍稍偏离风俗就会遇到非常大的困难，其原因更多在于惯性……""乡土的痕迹"与民族的生存、发展之间互为照应："乡土的痕迹"成为一个民族的标志，一个民族的特质透过"乡土的痕迹"得以彰显。民族艺术与本民族生存的这片土壤的关系就如同鱼儿和水的关系，彼此成就，保证鱼儿的鲜活也保证水的灵动。

在关素镅的剪纸艺术里，可以清晰看到萨满教对满族先民从原始氏族部落时起就有的精神影响、文化滋润。在原始生产力水平低下的时代，满族先民只能凭借笨重的石斧和木棒从事简单生产；而后的狩猎、渔猎、游牧生活，依然对自然界有巨大的依赖性。在这种情况下，他们对许多自然现象如风雨雷电、酷热严寒、生老病死到底是怎么回事，都无法做出真正的解释，于是只能用自己的思维，把人的属性和自然界的属性沟通起来，在自己的思想意识中逐渐创造了"神"的图腾。膜拜的方式也多种多样，比如民间故事的讲述、民间歌舞的祝祷、萨满法师的领神，以及最寻常可见的剪纸上的遗韵春秋。

"萨满"一词，意为因兴奋而狂舞的人，后成为萨满教巫师的通称。在萨满教信仰下，人们以萨满为信仰的象征体，相信万物有灵，只有通过祭祀山川日月、虫鱼鸟兽、风雨雷电等，才能使其生产生活风调雨顺。

虽然关素镅接受过科学教育，并且是一名学有所成的声乐教师、词曲作家，但由于长期沉浸在这种民族文化中，她主动地接纳了万物有灵的学说。四季更替、昼夜变换、干旱野火、飞禽走兽、野生植物，在她的精神世界里，都被认为是由某种神奇的力量指引着的。如果没有这份笃信，她也不可能真正意义上接过讷讷的剪刀，成为新宾满族剪纸的正式传人。

从沈阳音乐学院音乐文学专业毕业后，关素镅创作过上百首满族歌曲，并以《格格歌曲选集》之名结集，由中国文联出版社出版发行。笔者仔细翻阅了这本歌曲选，发现满族文化对关素镅的音乐创作，几乎有着全方位的影响。第一，在题材内容上，其作品除了全部以反映满族生活为主外，还着重选择最具满族民族特色、能区别于其他民族的生活侧面，或特定场合、特定情节、专用景物，如白山黑水、松花乌拉、八大姓、插佛托、达子饭、嘎拉哈等。第二，在歌词语言运用上，多用满族特有的民族语言，如格格、额娘、讷讷、巴图鲁、领牲猪、背灯肉、八布索利等；歌词中的衬词也是如此，如哲拉拉、哲一哲、勒赫赫、哪依扣喂等。第三，在

关素镅经常会提及萨满文化
对剪纸艺术的影响

鹿的眼睛为"香火"熏烧而成，
"一动香火就是沟通神灵"

音乐上，都是以满族传统音乐为基础，经过吸收融合、加工创作而成，几乎每首歌曲的音乐都能在满族传统音乐中找出它的母体，如《达子花》《天边飞来一只小燕》，脱胎于满族的萨满神歌，《添人进口乐悠悠》，脱胎于满族跳神调。

关于关素镅音乐创作的分析，看似题外话，实则与她的满族剪纸艺术依然存在千丝万缕的关联。音乐与剪纸，就像关素镅艺术人生的左右两翼，伴她飞向辽阔、瑰丽、奇绝的精神天际。

关素镅在与笔者交流时，虽语焉不详，但的确会经常主动提及萨满文化。比如，满族剪纸的创作步骤里，有用"香火"熏烧以促成作品全貌的做法，对此，关素镅的解释是："一动香火就是沟通神灵。你作为人类，什么都灭了信仰也是不能灭的，因为人类伴随着信仰才有更多的文化。有人说萨满绝迹了，我说，不可能绝迹，它只能随着社会的发展、生产力的变化逐渐转型，更全面了，更高级了。"

美国学者米尔恰·伊利亚德在他的那本《萨满教：古老的入迷术》书中提到，古老的中国觉察到了萨满教与动物之间的关系，这种关系承载了一个高度复杂的宇宙的和加入式的象征意义……这种关系具有宇宙（动物通常代表夜晚、月亮和大地等）和加入式（动物等于神话祖先，又等于加入者）的性质。虽然我们不能武断地认为，关素镅剪刀下的新宾满族剪纸有"圣显"的意味，但图形寄托的的确是作者对民族图腾和先祖的追怀。在她的潜意识里，正是凭借不断重复的剪纸过程，民族文化，自然也包括萨满遗韵，才得以"自己现身"。

执拗日久，人也会"疯魔成痴"

2012 年，关素镅成为新宾满族剪纸国家级代表性传承人。与金雅贞朴实随和的个性不同，关素镅守护民族文化的态度更加坚决，行为方式也有自己的一定之规。外界任何一点对满族文化与满族剪纸的杂音，都会让她无比敏感，让她一方面更加努力地保持满族女儿的文化自信，另一方面也在不堪重负的自我证明中陷入身心的困顿。

　　关素锢曾经与别人打过一场官司。据她说，当地的一位文化干部，借走了她母亲金雅贞的很多作品后，出了一本书，但却拒不归还作品，为此，关素锢多方奔走、告状，弄得身心俱疲。这也让她再与外界接触时，先入为主地产生一些排斥心理。

关素锢把自己的作品都藏在母亲生前居住的老房子里，轻易不再示人

　　笔者在寻访关素锢的过程中，不止一次感受过强烈的"挫败感"，这是与其他非遗传承人接触时很少有的经历。第一次，前一晚电话定好了登门时间，第二天一大早，来到关素锢家的时候，却直接被她堵在门口。她花白的头发有些蓬乱，穿一身大红色的棉袄，眼中全是血丝，直勾勾地盯着笔者看了半天说："昨天晚上接完你的电话后，我一宿都没睡，因为我对你不了解，不知道你想看我的剪纸到底是什么目的。你是不是也像以前其他人一样，想来害我？或者像某某某一样，拿着我的作品出去四处展览，不还我了？对不起，今天我不能接待你，你走吧。"

　　第二次，笔者托关素锢的一个远房亲戚说情，再次"短暂性"地获得了她的信任，她说家就别进了，找个茶馆之类的公共场合，给你展示一下我是怎么剪纸的。等笔者到了茶馆，关素锢还是那身红棉袄，背着两个大皮包，表情相当严肃。此次她又有新的说辞："你看看今天外面这天，乌云盖顶。我早上拿出来我这把金色的剪刀，平时铰东西那老顺溜了，但今天说啥都打不开剪子，你说奇怪不？后来我一想，这就是祖先有灵在警告我呢，今天不能动剪子，否则要有血光之灾……"

　　笔者有些沮丧地送关素锢走出茶馆，天色突然放晴，她心情也开始好转，坐在路边的长椅上，主动拿出了剪刀，一边唱一边剪起来。这时，一个路过的小女孩好奇地停住了脚步，关素锢和蔼地把剪好的窗花送给小女孩，叮嘱她回家一定好好保管，说这上面都是保佑她的好东西。笔者试探性地问她，这两天一直随身携带的两个大皮包里，到底装了什么，关素锟说："都是我以前的剪纸代表作，我出门必须都要背在身上，放家里容易被偷。"

执拗日久，人也会"疯魔成痴"，甚至出现幻觉与臆想。在笔者探访的多位非遗传承人中，与关素锟情况相似的，还有医巫闾山满族剪纸国家级代表性传承人汪秀霞，她也说过，自己经常会感受到大山给予的提示，甚至某种神奇的力量。其实，这里面更多的是传承人自己特殊的人生体验与艺术体验结合后产生的复杂联想。以汪秀霞为例，她早年生活困苦，嫁到医巫闾山脚下后，与婆家相处也不甚和谐，心情郁闷时唯有借助剪纸排解烦恼；而剪纸图像中随处可见的自然神崇拜、生殖繁衍崇拜等元素，又反过来给予创作者不尽的解脱。用汪秀霞的话说，大山给予她宁静、平和。一与婆家人争吵，她就往山上跑，脚步越跑越轻快，仿佛左边有狐仙庇佑，右边有柳仙相扶。山风挟裹的不再是阴冷和寒意，而是一段段神秘的传说，最后汇聚到山的深处、高处，那一刻，汪秀霞看到了她心里的山神。于是，她决定把山神剪出来。这一剪下去，果然"如有神助"一般，天马行空，奔腾不羁，山神与野兽共舞，山神统领着自然。医巫闾山向汪秀霞打开了一道只有她能够看见的山门，汪秀霞回报给医巫闾山的，同样是与山相通的奇诡世界。这世界应该如何描绘、如何还原，此中奥义，尽数藏在她的心里。

无论是汪秀霞，还是本文的主人公关素锟，在人生屡有磨难时，正是祖先与神灵恰逢其时地进入到她们的脑海中，成为平凡生命的前行动力，否则，没有这样的寄托与想象，人生怕是会更加艰难吧。

关素锟把艺术放上神坛，把自己关进牢笼，用她的真、她的悟、她的神灵冥想、她的万事万物，打造出另一个世界，心甘情愿地深陷进去，不再出来。留在身边的只有一把剪刀，想起来就剪。俗世烦恼，因剪纸而起，也因剪纸而终。精妙的剪纸成品，掺入几许悲凉的人生底色，成也生活，难也生活。关素锟在剪纸的时候有一句名言："当我们满族女儿拿起剪刀，想剪啥就剪啥，这时候，天是王大，我是王二，我就

关素锟的立体剪纸
作品《嬷嬷人》

谁都不在乎了。"

🌰 这娘儿俩的关系有些微妙

　　拿起剪刀就谁都不在乎的关素镯，其实还有一个最在乎的人，就是她的儿子关春东。这个毕业于东北大学电子信息工程专业的小伙子，自幼跟随姥姥金雅贞生活，耳濡目染，从三四岁起，就已是远近闻名的剪纸神童。

　　如今，这娘儿俩的关系有些微妙。进入青春期后，关春东对拿起剪刀产生抗拒心理，极少再有作品。对于关素镯多年来痴迷于剪纸的如疯似魔状态，他也埋怨颇多。关春东说："其实我挺反感她剪纸的，因为她剪纸就是长时间坐着，特别费时费力，对眼睛不好，有时候还颈椎疼。但是你说这些东西，毕竟是从我姥姥那儿传下来的，家里完全继承这些东西的可能也就是我母亲了，我虽然反对，但是也没办法，还必须要支持，就是这样一个心态。"

　　和关素镯关系最近的四哥关云来，这一天把娘儿俩叫到一家茶馆，明为叙旧，实则说和。关家人凑在一起缓和气氛的方式，依然离不开剪纸。娘儿俩同题作文，剪猪。对往日时光的回忆，让屋子里的气氛生出暖意。又是一场大雪，关春东主动挽着关素镯，迎着风雪回家。娘儿俩之间隔着的那层东西，似乎正在慢慢消解。

　　关春东在与笔者的交流中，不止一次含蓄地提到对母亲身体和精神的担忧："我就是想对我妈说，你得让我放心，你别再起什么'幺蛾子'了。半夜起来下楼去拍人家卡车，说卡车闹着她了、吵着她了，就给我整得特别崩溃——我要是去外地，你可咋办哪？反正就先这样陪着她吧，等她心态好了，我就可以放心地去其他地方闯了。"

　　关春东谈的都是妈妈，但很不愿意谈自己也会剪纸这件事。可关素镯就偏要让儿子陪着自己，负责背着她的作品，包括在向笔者展示她的宝贝时，关素镯也要求关春东从旁观看。这一回她拿出的还真是宝贝：桦树皮剪纸。

关素镯参加活动时，都是儿子关春东一路陪同

难得一见的桦树皮剪纸

2010年上海世博会期间，关素媚就是凭借这些作品技惊四座的。纸张珍贵的年代，满族人只能把苞米窝、桦树皮、白菜叶、树叶等当作剪纸原料，这份就地取材的节俭，也成就了眼前十分罕见的佳作。她继承满族先人对自然的认知，把象征勇武伟力的熊、象征繁殖神灵的蛤蟆、作为天神使者的鹿，剪制在生命树上，贯通天地，守护人间。

展示完桦树皮剪纸，关素媚有些累了，到隔壁房间休息一会儿。这时关春东却悄悄拿起了几片树叶。他冲笔者眨了眨眼睛："你信不，我剪得不比我妈差。"

这个不苟言笑的小伙子，终于肯再次拿起剪刀。像金雅贞、关素媚一样，他不打底稿，拿来就铰，只是多了年青一代的灵巧与心思。半个钟头过后，一幅用树叶作为材质的剪纸作品《月下独钓鱼咬柳》大功告成。弯月、小舟、钓鱼人，充满中国风的意境。难得的是，关春东依然有意无意地保留了柳树，这一满族特有的图腾符号。而水面下轻咬柳叶的鱼儿，则是整幅作品的点睛之笔。

关素媚推门而入。她终于意识到，自己也有了青出于蓝的传人。

在新宾满族自治县，关素媚的传人还有许多。永陵满族小学，曾是关素媚坚持五年之久的传习课堂。不顾年迈的她，每周五下午都会背着自己标志性的大包准时前来。关素媚近年来身体和精神大不如前，徒弟徐丽鸣成了这所小学的专职剪纸教师。她循着关素媚的足迹，把"第二课堂"性质的手工剪纸课，渐渐发展成为全国少有的"校本课"，并编写了自制教材。充满童趣又不失新宾满族剪纸特有风格的教学内容，让这一古老的民间艺术开出更多传承的花朵。

强光照射下，树叶剪纸《月下独钓鱼咬柳》映出清晰的剪影效果

天气映照人心。就像江边昨夜一场急风暴雪，今天已然放晴，曾经，从讷讷金雅贞手里接过的剪刀，压得关素媚陷入一个人的神灵冥想，步履沉重；而今，当她自己也成了一位面目慈祥的讷讷，由儿子、徒弟和传人接过剪刀、接续传承，这段追随先人的路途，也终于不再孤单。

拜过天地拜江河，再拜一拜满族人的柳树妈妈。站在时间的岸边，关素镅用剪纸清晰印刻出自己豁然开朗的人生之门。开合之间，天地可鉴，眼前正是那无限生机。

关素镅与本书作者合影

活鱼要在水中看，剪山剪水剪吉祥

——庄河剪纸国家级代表性传承人韩月琴

"我的人生是剪纸人生，从我记事的那天起，剪纸就始终与我相依相伴，形影不离。创作剪纸和传承剪纸是我生活中最主要的内容，它甚至影响到我的生活方式。吉祥的剪纸文化，还决定了我的人生观。"

剪纸，千百年流传于民间，多是坑头上的妇女自娱的活计，图样上或承载记事，或寓意吉祥，或隐含祝祷，或沟通神灵。初识韩月琴，恰逢 2020 年盛夏，新冠肺炎疫情渐息，她坐在大连数一数二的住宅区"半岛听涛"小区的家里，窗外就是滨海公园，楼后就是巍巍青山。韩月琴一幅幅摆开自己历年的代表作品和荣誉奖励，其气派与气势，其谈吐与眼界，对比笔者之前所见的诸多隐身农家山野的平头百姓、白首妇人，可谓迥异；而详观其作，又的确是扑面而来的淳朴，满目红彤彤、金灿灿、明晃晃，大开大合的构图、纸感刀趣的气韵，的确是民间佳品。淳朴魂魄未丢，而外化于形的，则是脱胎于窗花、棚花、团花、墙花、喜花之上的聚焦于不同选题的大幅作品，民族民俗的地域之美，战"疫"反腐的时代之美，提升求变的技艺之美，刀工剪艺的随心之美，各有侧重，尽显风流。

韩月琴，1941 年出生，庄河剪纸国家级代表性传承人。她用手中的朴光，辉映着家族血脉里的代代承继，也用她自己后天的体悟和各种因缘际会下的触类旁通，完成了独属于她个人的艺术修为。

🐦 跨海而来的巧手人家

庄河剪纸历史悠久，《庄河县志》记载有"剪纸艺术，很早即流传于民间广大妇女中"。根据庄河历史变革和宗教、民俗活动事纪等考证：约从唐代开始，这里就有剪纸；明、清时期开始流行；到清末民初比较盛行。这与辽宁地区民间剪纸艺术整体发展的脉络大体相同。史载：明代的红崖子（庄河原名）等地开埠，成为关内流民涌向东北的中转地；清初，朝廷颁布《辽东招民开垦条例》，大量关内流民接踵而至，关内直、鲁、晋、豫等地区流民从海陆"闯关东"，渐成村落，促成了庄河本土与外来剪纸交融的多样化发展。从建于明清时期的仙人洞上、下庙的宗教用剪纸饰品，流行于清末民初在年节习俗和民间婚丧等活动中的剪纸应用，以及现存的庄河古城老街的建筑装饰和曾经的街市"纸坊"等文化形态中都不难推断，庄河剪纸应当在清朝中后期到庄河建置（光绪三十二年，公元 1906 年）前已普遍流行。20 世纪 80 年代初，辽宁省文化部门组织专家学者对庄河当地进行民间艺术调研时，有数名 80 多岁的剪纸老艺人讲：她们是跟母亲学的，母亲是跟姥姥学的，姥姥是跟姥姥的母亲学的……这进一步证明了庄河剪纸的广泛流传，到现在至少有 200 多年的历史。

韩月琴与庄河剪纸的关系，藏身在她的家族故事里。据她讲述，其祖辈是从山东跨海而来，由山东登州府蓬莱县的海滩上船，飘荡数日，几经风险，才在庄河一个叫"打拉腰"的地方靠岸。举目无亲的一家人自力更生，靠手艺维持生计。

"爷爷他们做苞米面加豆面大饼子卖，还做火烧，做的东西都比别人家的大，所以买的人很多，生意越来越好。另外，男的还做'炒叉子'，就是把苞米泡好了再磨成面团，整成一条一条的，放进滚开的大铁锅里过一下，捞出来沿街叫卖。"韩月琴所提及的炒叉子，时至今日，已成为大连、丹东一带的风味小吃。此"叉子"非彼叉子，乃是用玉米面制成的一种面条，也可以说是现在提倡的粗粮细作的典范。它以玉米为主料，将玉米发酵磨成水面后再经沉淀，上层为淀粉，下层则为馇子面渣；过滤得到淀粉，用手工或模具挤压成条状，直接下到热水锅里煮熟，捞出后辅以葱花、肉丝、海米、蘑菇、蚬子、油盐等配料食之。叉子面色泽金黄，口感滑嫩，味美鲜香，越嚼越筋道。

男人开工赚钱，女人也没闲着。韩月琴的姑姑在山东的时候就会做鞋垫，还有小布艺、剪纸。"我老姑手那是相当巧了。我几岁的时候她还活着。她在街边卖手工艺品，有时候给邻居铰一铰，缝一个鞋垫，帮助家里养家糊口；这是从山东过来时的情况。"

经过上两代人的艰苦努力，到韩月琴记事时，韩家在庄河已站稳了脚跟，置办了二十亩良田，还开办了一家鲜果铺子。

韩月琴的父亲是一位教书先生，这种"乡贤"气质也影响到韩家的门风，一家人都信奉"忠厚传家久，诗书继世长"。母亲娘家是仙人洞村的大户人家，开缸窑的，太姥爷擅长丹青，常把花鸟鱼虫描画在入窑前的盆盆罐罐上，做成的描花细瓷盆，在庄河一带很有名气。

韩家到了韩月琴这一辈，已堪称大家庭，韩月琴的父母共育有两个儿子、七个女儿。在开明父亲的鼓励下，韩家七个女儿也都上了学，这在当时绝不寻常。"我们姐妹七个，一到上学年龄就都入学了，打扮得花枝招展，排成一行，说说笑笑地走在乡间小路上。邻居们都笑着说：'啊呀，七仙女上学去了！'"

七姐妹里，韩月琴排行老六，小名是"小六子"。"我们七姐妹人人爱美、爱打扮，心灵手巧的姥姥和母亲就在我们的衣襟、袖口、帽檐、鞋面上绣牡丹、石榴、桃花、蝴蝶、金鱼、喜鹊等花果鱼禽。不要小看这种民间的刺绣，工序是挺复杂的，姥姥和母亲在刺绣前都要先剪出刺绣样子，贴在待绣的布上，有些样子跟当时在庄河流行的剪纸一模一样。如果问我从什么时候开始接触庄河剪纸，这些根据剪纸而来的刺绣样子，就算是我的启蒙了。"薄薄的一张纸，剪那么几下子，竟然比贴在墙上的年画还好看、还透亮、还喜庆，由不得韩月琴不喜欢、不接近。"等我再长大一点儿，就央求姥姥和母亲教我剪窗花、鞋花、四季花，不久就能自己画自己剪了，尤其是剪'媳妇人儿'，胖瘦高矮，各式各样，都可以按着自己的意愿去剪。"

韩月琴作品《十子十成》。夸张母猪的脸两侧各有五只
正在吃奶的小猪，简练生动，幽默取巧

278

韩月琴作品《抓髻娃娃》。凤凰、石榴、鲤鱼、古钱等多种
吉庆纹饰连接一体，寓意保护子孙世代繁衍

　　韩月琴接触剪纸，源于母亲等人的刺绣启蒙。一旦拿起剪刀，她便仿佛进入一个神奇的世界，欲罢不能。冬天，她坐在炕头，透过窗户观察院子里的鸡鸭鹅狗，画出、剪出它们的样子；春天，她求母亲在窗前留出一块空地，种上花花草草，从发芽看到开花，仔细记下不同节令不同瞬间花草的形态；夏天，其他人都在院子里说笑乘凉，只有韩月琴一个人拿着树枝当画笔，在地面上画大荷花、大公鸡；秋天，庄河一片金黄，韩月琴更来劲了，剪出丰收的景象和硕大的果实。

　　韩月琴说："我出生的家庭跟剪纸有缘，这个家庭经过百年变迁，已经开枝散叶发展成一个家族，即使时代发生变化了，也始终把剪纸天地作为我们生活的乐园。不管是身处顺境还是逆境，无论是家境富裕还是遭逢清贫，我，还有我的家人，始终与剪纸不离不弃。"

🌸 庄河活水的民俗滋养

　　庄河位于大连市东北部，是一座历史悠久的人文之城，早在 6 500 年前的新石器时代这里就有人类生息繁衍，清末始称"庄河"，1913 年改为庄河县，1992 年撤县建市。这里山林泉相连、海河湖相通、岛港城相依，北依千山，南临黄海，以灵秀山水、风情海岛、深厚人文闻名于世。

　　庄河剪纸风格源于古代东北少数民族的剪纸艺术，到清末民初，大批闯关东的贫苦农民来到庄河后，又把山东民间剪纸和齐鲁文化融入其中；同时，庄河处于沿海地区，有很多海岛渔村，海洋渔家文化在剪纸中也多有体现。庄河剪纸在这种长期融合演变中，形成了包含齐鲁文化内涵、兼有东北黑土地韵味、风貌独特、别具一格的文化特质。

　　正所谓"活鱼要在水中看"，保护无形文化遗产犹如池中养鱼，关键是要为"鱼儿"们营造出一个适合于它们生长的客观环境。不论是保护、恢复还是重建有关非物质文化遗产的文化生态，都要让这些文化事象真正回归民众，在他们的生产生活中扎下根来。庄河剪纸从产生那天起就与庄河当地的民俗同生共长，也因民俗活动而保持鲜活、永远灵动。庄河当地很多上了年纪的女性，家中都保存着母亲、姥姥留下的剪纸样子，大字不识一个的妇人，仿佛把一生的阅历浓缩在这些美好而质朴的图案和纹饰里，教给后人生命的内涵、吉祥的意味。庄河剪纸的理念与文化传统，尽在这心手相传、珍藏心间的不言中。

　　韩月琴的儿时记忆，多是家乡的山水与风物，青山翠拥、碧水环绕、银石铺地、飞瀑涧涌，如痴如梦。多年之后，当她开始熟练运用剪纸艺术描绘心中的世界，庄河也就自然成为她取之不尽用之不竭的灵感来源。

　　韩月琴的代表作之一，团花剪纸《双龙汇》，表现的就是庄河的秀美山川和丰饶物产，取材于国家著名风景区冰峪沟中"两河夹一峰"的双龙汇实景。剪纸中心是双龙踏双鲤跃出水面，象征家乡建设奋进腾飞；外圆中庄河农副特产荟萃其间，形象生动；主体图案用吉祥植物花卉和吉祥纹饰相连和点缀，剪工精细；繁复中追求大气，乡土气息浓郁。"我们庄河是个好地方，人杰地灵，青山绿水。我家就住在冰峪沟，那儿的小河里，随便打一盆水，都能打上鱼来，还有小虾小蟹。我们庄河民风绵长，民俗活动也多，我的剪纸也离不开民间传统的东西。我年轻时就参加庄河有名的灯节，我设计的剪纸灯一转，一闪一亮，还有声响，还有孔雀开屏；那时只要我的作品参与灯节，肯定就是获一等奖。现在，有的人做更大个头的灯参加，这我可做不了了。"

　　剪纸是民俗活动的重要载体，韩月琴的童年和少年时光几乎是踩着民俗鼓点度过的。"我爱过年，因为过年就能剪窗花、贴窗花。窗花的题材和样式十分丰富，最能体现出年的吉祥和剪纸的美感。窗花年年都相似，但是窗花年年都剪不厌。"

　　端午节，韩月琴会戴着姥姥、母亲缝制的仙桃、生肖、荷包等串串吉祥物走在乡间小路上；乞巧节、中秋节，她会用应时的饰物和剪纸变着花样去表现心中的欢乐。在庄河民间婚俗和其他生活习俗的影响下，韩月琴剪"囍"字，剪"福"字，剪绣花样子，剪花鸟鱼兽，剪戏曲人物……一切与民俗有关的事物，都在她的剪刀下同生共

韩月琴在讲解《双龙汇》的构图，作品写意地再现了冰峪沟"两河夹一峰"的实景

长、鲜活灵动。

韩月琴对庙会也有着异乎寻常的迷恋，直到现在，听说哪里举办庙会，只要身体允许，她必到场。此行不是看热闹，而是要把庙上的那些法器、旌旗上的图案、纹饰默记在心里，回家再凭记忆画下来、剪出来。这种自觉的学习、模仿，从童年至老年，一贯如此。

剪纸与心性，图样与心地，互相映衬。剪纸的人与得到剪纸的人要互相道谢，因为各自寻找到了生活的美好。

韩月琴的人生走向也与庄河难分难舍，她似乎命中注定离不开庄河。1960 年，初中学历的韩月琴短暂地离开过庄河，被分配到旅大市（也就是如今的大连）中山区昆明街小学担任美术老师。但到了 1962 年，"城市缩减人口"，韩月琴又返回了故里，一边在当地小学代课一边继续坚持剪纸创作。转眼到了第二年，旅大师范专科学校到庄河招生，韩月琴被破格录取。1967 年专科毕业后，她被分配到庄河徐岭公社双丰小学当老师。就这样，她反复地去往旅大，又反复地重回庄河，冥冥中，似乎有一根线在拽着这个极具天赋的女娃：回来吧，回来吧，庄河才是你的家。

吾乡吾土的热爱，除了自然天地和民风民俗的馈赠，藏身当地的老艺人们，也曾给韩月琴不少帮助。年轻时候的她，一有空闲，就把剪刀与红纸随身背好，踏遍家乡的村庄院落，求教散落在各处的剪纸老人。"我愿意学，人家也愿意教我，把我当知心人，把她们家里的剪纸图样和剪纸手法毫无保留地告诉我。有一次，我听说荷花山乡有一位孙淑英老大娘，80 多岁了，剪花鸟剪得特别好，我就翻山越岭到她家。可到她家没见到人，一打听，原来她到 10 里外的闺女家了，我又赶过去。老人待我很好，教会我很多新花样。后来，我还带着孙大娘一起到市里参加剪纸大赛，老人还获了奖呢。"

"我两次重返故土，这是我剪纸人生的重大转折，是命运的奇妙安排。如果没有这两次返乡，我可能是位称职的老师；绘画和剪纸也可能陪伴我终生，但那只是业余的爱好和职业的需要。恰恰因为我一直没有离开庄河这片沃土，一直跟民间的这些老太太们在一起学，在一起剪，我才能够真正地继承下来庄河剪纸的传统。"

🐚 传承六代的剪纸家族

庄河，庄庄有河。四通八达的水路宛若开枝散叶的根茎，供养着郁郁葱葱的生机；交错的水脉犹如大地的血管，流淌着河海交融的文明。水把陆地浸润，陆地把水包涵。水把陆地划作不规则的条块，像大地的叶脉，条条分明、根根相通，远远望去，庄河像是水在大地上画出的一幅精美画卷。

韩月琴扎根庄河，又非一人独美。在她身后，是一个枝丫繁盛、叶脉分明的剪纸艺术家族。

2011 年春节，韩月琴与家族成员在庄河老家

　　她不止一次地提到韩家七姐妹一同成长、一同学剪纸的过程。记忆的闸门打开，涌出来自童年最美好的回味。早上，七个姐妹穿上花花绿绿的褂袄，行进在乡间小路；晚上放学回来，就团团围坐在姥姥和妈妈身边，学做剪纸、刺绣与布艺，姐妹之间还要比谁手工巧、比谁图样美。这种充满稚趣的家族内部"竞争"，一直延续至成年、嫁人之后。如今韩氏七姐妹均年过古稀，她们各有所长，其中六人分别成为庄河谱绣（大姐）、普兰店传统手工布艺（二姐）、庄河"二月二"习俗（四姐、五姐）、庄河剪纸（老六韩月琴）以及庄河端午节习俗（七妹）等国家级或省市级非遗代表性项目的传承人，姐妹们的后代再继续开枝散叶。延绵六代，数至百余人，如此家族性的传承、熏染，深入血脉的良性互学、自觉守艺，十分罕见。

　　从七姐妹的姥姥那辈算起，如今韩家已有六代传人。主力是属于第三代的韩家七姐妹，她们七人好像撑起大树的主干；而第四到第六代传人，则成为舒卷绿意的枝丫和树叶，一脉相承，根深叶茂。第四代传承人、韩月琴五姐的儿媳妇陈莉，曾荣获"辽宁省十大剪纸明星"称号。韩月琴的孙女王紫薇，两岁半就和她一道上电视表演剪纸，八岁获得大连市市民剪纸大赛少儿组一等奖；另一个孙女王紫竹，陪伴奶奶参加过大连夏季达沃斯论坛的技艺展示。

　　2006年秋天，在庄河海边的一个露天大院里，韩月琴操办了一场盛大的家族联欢——韩氏家族剪纸展，展出了老少四辈的五百多幅剪纸，有人还当场创作，现贴上墙。第二年，大连市文化部门为韩家颁发了大连市首个"剪纸之家"牌匾。2015和2016年，韩家又举办过两次家族剪纸展。更年轻的一代人正在循着韩月琴等七姐妹的脚步传递着手中的剪刀，有的坚守传统，有的着眼创新，剪纸的内容和表现形式，以及剪纸手法和刀工剪趣，都展现出庄河剪纸的基本风貌和艺术魅力，寓意吉祥，异彩纷呈。几代人同时挥剪创作的情景赏心悦目，让人心生敬意。

　　韩月琴无疑是这个家族中的核心人物。她有两个"不"，一个是不遗余力，一个是不求名利。她把剪纸当成自己的事业，家里的事，做饭什么的，老伴儿王玉良就是后勤，她都不管，她就一心一意研究剪纸，组织家族剪纸活动，传承剪纸。她经常说这么一句话：我不能把老辈人留下来的剪纸手艺在我这一代和我下一代丢了，特别是成为非遗传承人以后，我作为传承人，就有这个责任和义务把庄河剪纸传承下去。"春节时候，他们在一块儿玩麻将、玩扑克，我必须得带几把剪子、带些纸，我教这些小孩。小孩没有事干，乱跑，我就教这帮小孩剪纸，教到吃饭时候，一人拿出来一大把作品。我这人干啥事吧都挺认真的。前几年腿脚还挺灵便的时候，走街串巷，每家我都得去检查检查；有时候逛街，在商店看见谁了，我都要问一下，最近剪纸没呀？"

　　韩月琴出名之后，她的剪纸作品曾被不少人模仿甚至直接抄袭。对此，她态度淡然："我出了一些书，然后山东有个人，用我书上的少数民族与生肖结合的剪纸也出书了，还写的他的名。别人看见了，让我赶紧起诉。我老伴儿说咱起诉干什么？让他弄吧，说明我这个作品，别人是喜欢的——如果不喜欢，他敢冒这个风险去印刷？他们说谁用我的作品，要写上'版权所有'什么的，我就说不要写这个，我出书就是为了让大家剪纸，这是学习剪纸的一份教材，发给你们就是让你们照我这个去弄，喜欢哪个就弄哪个。我们希望剪纸爱好者越来越多，我们才高兴。"

在拜访韩月琴时，笔者见过一次韩月琴的二姐韩月娥。生于1932年的韩月娥已近九旬高龄，耳聪目明，侃侃而谈，她的家如今也是普兰店传统手工布艺的传承基地。老人除了会庄河剪纸，对于布艺缝制更有着颇多心得，是普兰店传统手工布艺的辽宁省省级代表性传承人。老人讲："手工布艺，从针距到行距，必须要求一致，针脚要细密、整齐，要原汁原味，突出一个'像'字；另外还要做到'实'，不以假乱真，不以机器代替手工，不把别人做的、买的冒充自己的；纯手工制作，充分体现手工布艺的魅力和精彩，最后归到一个字，才是'真'。这表面上看说的是手工，其实也是我们老韩家一贯坚持的做人的道理。"

坐在韩月娥身边，听二姐口若悬河讲述布艺精妙之处的韩月琴，笑眯眯的，一声不吭，好像又回到了小时候，几个姐妹坐在母亲的身边，你拿起剪刀剪裁窗花，我操起针线缝制布偶。

本书作者随韩月琴拜访二姐韩月娥（普兰店传统手工布艺传承人）并合影留念

谈到六妹韩月琴，韩月娥是不住声地夸赞："她没有我爱蹦跶，整天就在妈妈眼前坐着，反正她看的多，学的多。我们其他姐妹想往外跑、上外面去玩，她不，她挺文静的。再大一点儿，她铰出来的鸡呀，花呀，我们一看，都服了——我们虽然是姐姐，但论剪纸，都得学着她了。"

❧ 刀工剪艺的随心随性

韩月琴的剪纸，每一幅都立足于民风民俗，色彩艳丽，喜庆吉祥。从本质上说，她始终没有脱离母体，是一位固守乡土和本分的民间剪纸艺术家；同时，她又把个人的美术素养、时代体悟，逐渐融入艺术提升的过程，注重用传统技法表现现代内容，展现出民间艺术的现代神韵以及剪纸作者本人的不老情怀。

她的剪纸作品，有着和她的精神面貌相同的气质与外貌特征：红彤彤、光灿灿、火辣辣，辉映出传统的神韵、时代的光彩。

技法上：巧拙相济，发于本真。讲究繁简处理和黑白关系构成。善于抓住物象的本质特点，用简洁明快的朴素手法取舍得当地提炼出艺术形象。如常见的"花瓶画"或"金枝玉叶"等，把一棵树成千上万的树叶变为每个枝杈上几簇叶，每簇叶有几片大叶，看上去既形象又茂密。在细节刻画上，采取一些疏密有致的块、面和粗细线条来完成。

图样上：强调对自然物象进行主观改造，追求形象的精气神；形成了圆形、方形、菱形和其他对称形等独特构图，充分体现出剪纸人作为审美主体的心理感受；形象合理，饱满厚重，比自然景物更有美感。剪纸的造型结构由程式化的装饰纹样组合、连接而成。如牛、马、猪等动物的前额或身上，一般剪上旋涡状纹样；小女娃头上梳的两个小辫，剪上两对小鸡或蝴蝶；等等。装饰恰到好处，这是构成剪纸形式美的重要元素。图必有意，意必吉祥，无论是以物寓吉，还是以音谐祥，都是将自己的情感意境与客观物象相融合，道

韩月琴家中随处可见的
剪纸工具与剪纸书籍

出人们对吉祥的理解与憧憬。韩月琴也因此被赞誉为"播撒吉祥的剪纸艺术家"。她的作品借由动物、植物，来完成比喻、象征、假托、谐音等艺术想象，包罗万象，托物寄怀，寓教于美，乐观向上。

刀工剪趣上：韩月琴左手持剪，看似信马由缰，实则心有定数，把"随心走"的古老技法使得炉火纯青。她想怎么剪就怎么剪，看到什么就能剪什么，怎么好看就怎么剪，剪随心动，率意畅情，形到神至，既快又准。这种手法，刀刀见巧，最容易在剪纸过程中随机应变、产生创意，也最能淋漓尽致地体现出作品的"独绝"属性与作者的主观愿望。可以说，每一幅作品都是绝品。

韩月琴特别注意在线条上见功夫，不管是线线相连、以线造型、强调镂空效果的阳剪，还是线线相断、以面造型、突出厚重朴实的阴剪，当连则连，自然连贯，不留痕迹。尤其是对十几种装饰纹样的处理，恰到好处，与主体图案相辅相成、浑然一体，经络贯通得天衣无缝。她还能通过剪出一些疏密有致、粗细不等的条纹和块、面，表现出剪纸聚散有序的阴阳、虚实构成，使剪纸产生层次感。整幅剪纸完成后，千剪不落，万剪不断，拿起不散，展开不乱，堪称绝活。

韩月琴的即兴剪纸，随遇而安，随遇而观，随遇而记，随遇而剪。剪刀和纸张之间似有默契，实则是心灵与手法的随心所欲，给人一种流畅的节奏感和韵律感。剪者舒坦自在，毫不费力；观者喜出望外，叹为观止。正所谓"天机云锦用在我，剪裁妙处非刀尺"！

曾任辽宁省民间文艺家协会副主席的刘益令先生，算是韩月琴剪纸艺术的发掘者之一，他曾多次执笔为韩月琴和她的剪纸家族撰写稿件和书籍。刘益令评价，韩月琴的剪纸有一个承上启下的作用，她集成了老一辈庄河人的剪纸技艺，又融入了现代的风格。在内容上，她涉猎比较广泛，人生百态都有。用得最多的手法是比喻、假托、象征、谐音、剪字，还有吉祥图案，这些东西都是庄河剪纸里比较突出的元素。"比如说她用蛇来比喻有钱人，因为她看到蛇身上的花纹像钱串子似的，所以就产生了'蛇缠兔、必定富'这样的传统剪纸。这些手法，庄河剪纸人都运用得比较自如，有的用一种，有的像韩月琴往往使用多种，产生一种多层次的美。"

刘益令总结，韩月琴的剪纸艺术涵盖了五种美：

第一种是地域特色之美。因为她生在庄河，长在庄河，剪纸活动在庄河，而庄河山清水秀，民族众多，民俗丰富。她的剪纸中有这种地域的美，就是汉族和少数民族融合之美，这也是庄河剪纸的显著特点。

第二种是民风民俗之美。庄河的民风民俗活动无处不在，无处不有。韩月琴特别愿意参加民俗活动，她有一颗好奇心。看见庙里幡子上的花纹，她给记下来；看见人家的窗花好，她也给记下来。可以说，庄河的民风民俗已经渗透到韩月琴的骨子里了。她只要拿起剪子，就会剪出一些庄河的民风民俗符号。她的剪纸看似大俗，其实是大雅的，第一眼看着很质朴，但是你越看越能看出来庄河的民间技艺。这个美不是一般的剪纸艺人能做到的，不是表面的，这里有文化记忆的东西。

第三种是吉祥如意之美。韩月琴2009年出了一本《韩月琴吉祥剪纸》，里面收了近千幅十几个系列的剪纸作品，包括十二生肖系列、动物系列、花卉系列、人物系统、神仙系列、团花系列等，这些系列无一不是表现吉祥的，可以说是图必有意，意必吉祥。

第四种是创新求变之美。这个很难。一般的剪纸艺人，特别是老艺人，他们的剪纸停留在传统比较多一些，但是韩月琴不同。因为她在改革开放以后走出庄河，走向全国，走向世界，她的眼界比较开阔，对时代精神、时代的元素符号、现代人的价值观了解比较透彻，所以她的剪纸既有传统的基础，也有现代的元素。她参加第八届中国艺术节展览的《和谐奥运》就是这样一幅作品。她从民俗中脱胎，但是不换骨，骨子里还是民俗的东西，还是庄河剪纸最基本的表现手法和技法，但是她又从这里脱胎出与现代相结合的东西。

韩月琴近年新作《乡村振兴曲》，分为农、林、牧、副、渔五幅，
把党的富民政策同传统剪纸元素巧妙融合起来

第五种是刀工剪艺之美，主要是剪艺，剪的艺术。韩月琴继承了老一辈剪纸人随心走的剪纸手艺，这个很不容易。什么叫"随心走"？就是拿起剪子，自己心里怎么想的就怎么剪，怎么好看怎么剪，而且想什么就能剪出什么来。有一些不是具象，而是她自己想象的事物，她也能剪出来。"剪随心动，形到神至。"这种随心走的剪纸手法掌握之后，她就能在剪纸创作中最轻松地表现她的内心世界，因为她没有固定的画稿，最容易创新，最容易体现剪纸原生态的美。另外，她在手法上有阳剪和阴剪之分，所谓阳剪就是用线条表现画面，留白很多，阴剪就是用块面表现，很厚重，很粗犷。韩月琴往往把阳剪和阴剪结合在一张纸里，既有很厚重的块面，也有很明朗的线条，所以这个美感就出来了。

播撒吉祥的美妙人生

庄河，是韩月琴艺术之路的起点，也是滋养艺术的沃土；而如今，年事已高的她，被事业有成的儿子接到大连养老。说是养老，韩月琴其实从未放下手中的剪刀；貌似离庄河有些远了，但庄河的山山水水民风民俗，其实早已了然于心。

纵观韩月琴 20 世纪 60 年代以来不同阶段的代表作，取材与主题多有微调，但艺术的本体、根脉从未偏离。她在运用各种程式化图案和传统寓意手法的同时，应物赋形，大胆构思，夸张写神，幽默取巧，打破常规，任意取舍。比如，猪比象肥，鸡比人高，虎长双身，猴子坐在仙桃里，老鼠的耳朵是两朵大牡丹，花卉和人物也是虚实兼容、重在神韵，看似不尽合理，却又有意想不到的美观效果。

1977 年，韩月琴创作的《富贵有余》与其他十七幅剪纸共同入选日本（大连·名古屋）剪纸联展。胖娃娃怀抱大鲤鱼是民间剪纸中常见形态，然而在这幅《富贵有余》中，胖娃娃骑在鲤鱼身上，呈跳龙门姿态，动感十足。"鱼"谐"余"音，象征富裕；鲤鱼的"鲤"与"利"谐音，象征吉利。该作品构图为双圆团花形，两圆之间由古钱连贯，大圆外有五只大蝙蝠和五只小蝙蝠团团围护，既美观又谐"福"音。装饰纹样中的牡丹象征富贵，莲花象征连年长久，葫芦象征驱灾，各有寓意，在体现富贵有余主题的同时，剪出了一派吉祥喜庆气氛。

仔细观看韩月琴作于 2000 年的另一幅佳作《新世纪母子图》，时隔二十多年，依然以团花形（三层）为主构图，剪有五朵牡丹、九朵莲花、一对母子，柳条上飞来两只报喜鸟，小男孩投向母亲怀里，母亲拥抱孩子，用慈爱目光深情凝视。团花象征团圆，牡丹象征富贵，莲花寓意长久，母亲象征祖国，小男孩象征澳门，作品主题已结合时代进行了自觉升华，但图样中的每一个元素，又都是最传统、最民间的。何厚铧收到这幅作品后亲笔回信致谢："隆情厚意，殊深感铭。"

又是十几年过去，2012 年 1 月，韩月琴携四幅作品《九鱼图》《双龙汇》《葫芦万代》《吉庆有余》参加由中国文联、中国民间文艺家协会主办的评奖活动，一举获得中国民间文艺界最高奖——山花奖。其中，《九鱼图》的吉祥气韵，给人以强烈印象。韩月琴将传统技法和传统纹饰发挥到极致：鲤鱼有跳龙门之吉兆，九为极多；整体为双圆团花，群鱼朝拜大鱼，皆展腾达跳跃之姿；构图暗合八卦，旋转不绝，给人以神秘感和想象空间。再看《葫芦万代》。葫芦有灵气，民间视为吉祥物，多在神话故事中出现。"葫芦"谐音"福禄"，寓意驱疫辟邪、延年益寿。葫芦籽实多、藤蔓缠绕绵长，寓意子孙繁衍、世代昌盛。龙凤与十二生肖组成剪纸主体，又与"寿"字、如意、抓髻娃娃、双鱼、仙桃、莲子等吉祥装饰物被安排在一张套色团花剪纸中，突出黑红两色；生肖实而龙凤虚，产生层次美感，长寿、多子、如意、世代生生不息的主题被含蓄地表达出来。

辽宁省剪纸学会会长岳文义先生曾说，韩月琴的剪纸是把"吉祥如意主题发挥到极致，是播撒吉祥的剪纸艺术家"。韩月琴认为，吉祥剪纸是中国人最单纯、质朴、真挚、健康的寄托，人们从最初的诞生、繁衍生命，到人生奋斗的整个过程，事事都盼望着平安顺达，可以说，吉祥如意，是中国人古老而特定的精神需求，也是韩月琴剪纸的主题和灵魂。"我的每幅剪纸，都想达到图必有意、意必吉祥的境界，不但给人以美感，还想通过这样的剪纸给人们带来希望和抚慰，让人乐观和振作。无论是原生态的民俗剪纸，还是被外界肯定的新民俗剪纸，我要剪出的，首先是吉祥的境界。中国传统剪纸中吉祥的图案和纹饰最多，寓意最为丰富，是我创作吉祥剪纸的源泉，使我的剪纸无论怎样创新也不会脱离传统；同时，也与人们精神世界的需求相吻合，所以即便很传统，也永远鲜活，不会被遗弃。"

每年春节，大连市民都会有一份偏得，韩月琴精心剪制的生肖剪纸，会在《大连日报》头版刊登，赠阅给千家万

《富贵有余》与《九鱼图》的创作年份虽相隔三十余年，韩月琴吉祥喜庆的剪制心意却从未中断

户。这一年一会的吉祥礼物，不知会在多少人心中埋下民间艺术的种子。

韩月琴说："我不会评价自己的作品的好与坏，我只想我的作品怎么样让自己满意、让大家都喜欢。我随手给他们剪一个，都带着吉祥的东西，所以他们都很高兴。我的剪纸能给大家带来快乐，带来祝福，带来吉祥。有的人说我愿意跟你照相，愿意要你的剪纸，因为你是吉祥人，我（听了心里）也很美，所以我愿意用我的剪纸为大家服务。"

正讲到这儿的时候，韩月琴家里来了一位她的学生；说是学生，年龄却比韩月琴还要大。83 岁的刘学斌老人，是韩月琴在社区老年大学收下的徒弟，她从十多年前的社区学习班起步，如今也有小成，经常参加市区组织的剪纸大赛。刘学斌除了耳朵背之外，眼不花，手不抖。她翻开自己硕大的布兜子请我们观看她的历年作品，神情振奋，语调昂扬，加之大连人说话本来嗓门就大，震得韩月琴家的客厅似乎都在微微颤动。刘学斌说着说着，突然眼泛泪光："我学习了这个剪纸以后，对我老年健康快乐帮助特别、特别、特别的大！因为我爱好这个东西，这个东西剪出来以后，我往册子里一装，我觉得特别有成就感。我有成就感的时候，我就想到了韩老师，我要感恩韩老师，没有韩老师，我不会有这样的成果。有一次我跟韩老师说，我的耳朵背，但是我的眼睛能看见，今年去体检，一只眼睛（视力）0.7，一只眼睛（视力）0.5，是不是应该知足？83 岁的老太太这样的眼睛，是不是应该感到高兴？你要问我学习剪纸有什么样的感受呢，就是一个字——'乐'，两个字——'感恩'，就是这么一个感觉。没有韩老师，（就）没有我今天这些成就感。"

83 岁的"高龄徒弟"刘学斌带着自己的剪纸作品来看望师父韩月琴

播撒吉祥的韩月琴，还曾用自己的剪纸疗愈过人心。"我前几年住院，在病房里还收了好几个徒弟。一个岁数挺大的老太太，她有抑郁症，姑娘伺候她，她一点儿表情都没有。我这精神头就起来了，过去教她剪属相。老太太属马的，我就给她剪一个马，胸前捧着一个桃子，她就乐了。我还教她姑娘剪'囍'字。屋里一共有四个病床，我都教了，大夫进屋吓一跳，四个病人一人一把剪子，剪纸呢。"

北京大学教授、中国民俗学会副理事长段宝林先生评价，韩月琴的剪纸"内容是美的，表现了喜庆吉祥的精神美"，给人以"强烈、深厚、崇高、新颖的美感"。

而这种吉祥、这种美，归根结底，韩月琴的解释其实就是两个简单的字：好看。"传统也好，创新也好，传承发展也好，都离不开'好看'两个字。我希望我的剪纸老年人爱看，青少年也爱看，女人爱看，男人也爱看，中国人爱看，外国人也爱看。好看才会有人看，才能雅俗共赏，才能有效地发挥剪纸的功能。为了好看、耐看的剪纸，我手不释剪奋斗了半个多世纪，从生到熟，从熟到巧，尽情地享受快乐，也希望你们和我一样快乐。"

韩月琴在家中教孙女王紫竹剪《抓髻娃娃》，庄河剪纸薪火相传

注：刘益令先生对此文的写作多有帮助，深表感谢。

图书在版编目（CIP）数据

寻路非遗：择一事 爱一生 / 吴启川著. -- 北京：
中国人民大学出版社，2022.7
　ISBN 978-7-300-30547-9

　Ⅰ. ①寻… Ⅱ. ①吴… Ⅲ. ①非物质文化遗产 – 介绍
– 中国 Ⅳ. ①G122

中国版本图书馆CIP数据核字（2022）第061943号

寻路非遗

择一事 爱一生

吴启川　著

Xunlu Fei-yi

出版发行	中国人民大学出版社		
社　址	北京中关村大街31号	**邮政编码**	100080
电　话	010-62511242（总编室）		010-62511770（质管部）
	010-82501766（邮购部）		010-62514148（门市部）
	010-62515195（发行公司）		010-62515275（盗版举报）
网　址	http://www.crup.com.cn		
经　销	新华书店		
印　刷	北京尚唐印刷包装有限公司		
规　格	185mm×260mm　16开本	**版　次**	2022年7月第1版
印　张	19　插页4	**印　次**	2022年7月第1次印刷
字　数	329 000	**定　价**	98.00元